《政府会计准则——基本准则》
分析与运用

王国生 ◎ 编著

ZHENGFU KUAIJI ZHUNZE
JIBEN ZHUNZE
FENXI YU YUNYONG

首都经济贸易大学出版社
Capital University of Economics and Business Press

·北 京·

图书在版编目（CIP）数据

《政府会计准则——基本准则》分析与运用/王国生编著. -- 北京：首都经济贸易大学出版社，2018.9

ISBN 978 - 7 - 5638 - 2803 - 6

Ⅰ. ①政… Ⅱ. ①王… Ⅲ. ①预算会计—会计准则—中国 Ⅳ. ①F812.3

中国版本图书馆 CIP 数据核字（2018）第 124845 号

《政府会计准则——基本准则》分析与运用

王国生　编著

责任编辑	周　欣	
封面设计	砚祥志远·激光照排　TEL：010-65976003	
出版发行	首都经济贸易大学出版社	
地　　址	北京市朝阳区红庙（邮编 100026）	
电　　话	（010）65976483　65065761　65071505（传真）	
网　　址	http：//www. sjmcb. com	
E – mail	publish@cueb. edu. cn	
经　　销	全国新华书店	
照　　排	北京砚祥志远激光照排技术有限公司	
印　　刷	北京玺诚印务有限公司	
开　　本	710 毫米×1000 毫米　1/16	
字　　数	409 千字	
印　　张	23.25	
版　　次	2018 年 9 月第 1 版　2018 年 9 月第 1 次印刷	
书　　号	ISBN 978 - 7 - 5638 - 2803 - 6/F · 1544	
定　　价	55.00 元	

前言
Preface

　　财政是政府治国安邦的基础和重要支柱，而政府会计则是财政管理的一项重要的基础工作。

　　2014年12月，国务院批转财政部制定的《权责发生制政府综合财务报告制度改革方案》，确立了政府会计改革的指导思想、总体目标、基本原则、主要任务、具体内容、配套措施、实施步骤和组织保障等一系列措施。根据该方案，我国的政府会计标准体系由政府会计基本准则、具体准则及其应用指南和政府会计制度组成。

　　2015年10月，财政部公布《政府会计准则——基本准则》（以下简称《基本准则》），明确自2017年1月1日起正式施行。《基本准则》的颁布和实施，是我国政府会计标准建设中具有里程碑意义的一件大事，它对于全面深化财税体制改革，构建统一、科学、规范的政府会计准则体系具有重要的基础性作用。

　　在政府会计准则体系中，《基本准则》是"顶层设计"和"概念框架"。其作用在于明确政府会计基本原则和方法，构建政府会计语言框架体系，统驭政府会计具体准则和政府会计制度的制定，并为政府会计实务问题提供处理原则，为编制政府财务报告提供基础标准。《基本准则》的主要内容包括政府会计目标、会计主体、会计信息质量要求、会计核算基础，以及会计要素定义、确认和计量原则、列报要求等。与传统的预算会计制度等会计标准相比，《基本准则》在会计理念、核算基础、会计处理原则和报告披露要求等诸多方面都有较大的变化。

为了满足政府会计实际工作者、政府会计理论研究和政府会计教学的需要，作者编写了本书，为读者学习和掌握政府会计基本准则提供一个有效的平台。

全书具有以下特点：

其一，体现了《基本准则》的理念、精神。内容新是本书的一大亮点，不仅研究对象为2017年1月1日实施的《基本准则》，其框架结构也是严格按照《基本准则》设计的。本书较为全面、系统地介绍了《基本准则》的核心理念及相关内容实质，反映了当今我国政府会计发展的最新状况。

其二，重视与《基本准则》相关理论的研究和拓展。有人认为，企业会计理论丰富、方法多样，政府会计不及企业会计（尤其是政府会计理论发展）。这是一种认识上的误区。政府会计是一个国家政治、经济、财政、税收、会计、统计等多学科融合的产物，也是众多学科相关理论在政府会计中的应用，本书对此进行了多方位、多视角的探究。

在政府会计领域中，预算会计和财务会计的融合、收付实现制和权责发生制的综合应用以及政府运行环境的特殊性，使学习和掌握政府会计极具挑战性，尤其是政府会计跨学科、多领域、经济与政治相互交融，一定程度上加大了理解和掌握政府会计的难度。高度重视政府会计的方法或程序背后的政策、法律等相关环境因素对其所产生的影响，是能否掌握政府会计并且发挥其提供信息、反映政府公共受托责任履行情况的关键。为此，本书在对《基本准则》相关理论进行阐述的同时，也着重从法规层面，如以《中华人民共和国预算法》、《中华人民共和国会计法》、国务院出台的相关行政法规、财政部出台的一系列部门规章和规范性文件为依据，对我国政府会计的内容及其核算方法进行解析。

其三，突出《基本准则》的重要作用和性质。《基本准则》是政府会计的"概念框架"，它统驭政府会计具体准则和政府会计制度的制定，并为政府会计实务问题提供处理原则，为编制政府财务报告提供基础标准。基于这一特性，本书紧扣《基本准则》的核心内容，阐述了它在实施过程中的处理原则，并且精心设计了在理论性、技术性和可操作性等方面极具特点的实例，体现《基本准则》的精髓。通过学习这些实例和相关理论，读者不仅可以轻松地理解和掌握《基本准则》，还能大大提高解决实际问题的能力。

其四，继承发展、改革创新是《基本准则》的一大特色，也就是说，《基本准则》不是凭空杜撰的产物，它是对我国多年来政府会计规范中已被实践证明为行之有效的内容的提升。为此，本书对我国1949年以来主要政府会计规范（预算会计制度）相关内容进行了介绍和梳理，使读者了解我国政府会计规范演变的脉络。

其五，结构合理。本书作者遵循"读者至上"的理念，充分考虑读者的特点，将《基本准则》的理论和方法融于各章之中。本书力求做到内容深入浅出、举例清晰易懂，特别是对难以理解的内容，以流程图形式加以解释，既适合教师讲授，也便于读者自学。

其六，适用范围广泛。本书既可以满足各类财经院校会计、理财、审计、公共或政府管理等专业研究生、本科生教学的需要，也可以作为各级政府、各部门、各单位会计实际工作者掌握政府会计理论和方法的参考依据，还可以作为政府会计准则、政府会计制度的培训教材，以及会计人员完成继续教育的辅助教材。

限于时间因素和作者水平，书中难免存在疏漏和错误，恳请读者批评指正。

概述 / 1

总则 / 63

第一章

概述

第一节 政府与政府会计

一、政府与会计的渊源

政府会计是"政府"与"会计"复合而成的概念。认识和掌握"政府"和"会计"两个概念的内涵和外延，是进一步探究政府会计相关问题的前提。概念是思维最基本的形式，也是科研的最基本工具。在任何完善的理论结构中，概念均应占据重要的地位。无论是系统性研究已取得重大进展的学科领域，还是从头开始发展新的学科领域，概念都是极为重要的。在系统性研究已十分成熟的知识领域，概念为理论结构的进一步发展提供了基础①。研究《政府会计准则——基本准则》（以下简称《基本准则》），也必须从其基础性、关键性的概念出发，探究概念所反映的对象或客体的本质、特征以及众多概念彼此之间的区别和联系，为发挥《基本准则》的功能或作用提供理论依据和支撑。

（一）政府、政府边界和政府职能

1. 政府的性质

"政府"是我们耳熟能详的一个极为普通的概念，将它与会计放在一起来理解或使用，既丰富了人们关于"政府"内涵的认识，也为进一步探讨政府会计问题提供了基础。

一个典型意义的社会是由企业、政府和非营利组织组合而成的庞大系统。在人类社会的发展史上对人类行为能够造成巨大影响的首先应推政府②。美国经济学家约瑟夫·E.施蒂格里兹对政府的功能曾经有过这样一段精辟的论述："从摇篮到坟墓，我们的生活无不受政府活动的影响。"③ 自古以来，政府一直处于社会秩序的中心。在人类历史的实践中，政府一直充当着国家的代理人，无时无刻不在左右着一国经济的发展，也无处不在地影响着人们的生活。现代社会是一个错综复杂的有机组合体，其生存与发展既离不开营利组织所创造的财富的支持，也需要非营利性组织提供的教育、文化、医疗等服务，同时，更需要政府的指

---

① 莫茨，夏拉夫.审计理论结构 [M].北京：中国商业出版社，1990：68.
② 刘勇华.西方政府理论的逻辑结构新论：以洛克的理论构建为基础 [J].河南社会科学，2011（3）.
③ 施蒂格里兹.政府经济学 [M].曾强，何志雄，译.北京：春秋出版社，1988：2.

导、管理、协调、监督、服务、维护和保障。伴随人类文明程度的不断提升，政府在社会中的作用和影响日趋扩大。那么，政府的性质是什么？

阶级性（或政治统治）、社会性（公共性）通常被认为是政府的两个基本属性。此外，自利性作为政府的一个属性常常被人们所忽视①。政府的阶级性表现为政府必须用暴力消灭敌对阶级和敌对势力，镇压被统治阶级和敌对分子的反抗，巩固和保卫国家政权。政府的社会性规定政府必须保证完成社会公共事务的管理②。政府的自利性是指政府除了具有管理公共事务的本质属性之外，还具有为自身组织生存和发展创造有利条件的属性③。

基于本书的研究目标，在此着重分析政府的后两个属性，即公共性和自利性。

首先，政府的公共性指的是"一种公有性而非私有性，一种共享性而非排他性，一种共同性而非差异性"。这种公共性主要表现为社会性和公益性。

社会性是指政府的存在、发展及其一切活动是以人类面临的共性的、普遍的和全局的问题作为出发点，如社会稳定、制度选择、基础设施、宏观调控、环境保护、资源利用、公共服务等；而公益性则是指一种利益所属的公众性而非私人性，一种利益分配的公平性而非独享性，一种利益本位的社会性而非个人性④，公共财产、国民收入、社会分配、社会福利、社会救济、环境保护、良好秩序、公共信息等，通常被称为政府的公益性。

政府乃一种公共人格，应该为实现公共利益而存在，提供服务和增进公共利益是政府最基本的约束性义务和责任⑤。也就是说，创造公共利益是政府产生、存在和发展的一个基本理由，而公共利益通常须通过公共物品的供给来实现⑥。众所周知，政府资源的稀缺性和有限性，使如何实现公共资源的优化配置成为政府发展过程中不能回避的重大问题。政府需要为公共物品的生产及供应、宏观调控经济及社会运行做出一系列的非市场化决策，即公共决策。公共

---

① 谢庆奎. 当代中国政府与政治［M］. 北京：高等教育出版社，2003：8.
② 谢庆奎. 政府学概论［M］. 北京：中国社会科学出版社，2005：24.
③ 金太军，张劲松. 政府的自利性及其控制［J］. 江海学刊，2002（2）.
④ 王保树，邱本. 经济法与社会公共性论纲［J］. 西北政法学院学报，2000（3）.
⑤ 卢梭. 社会契约论［M］. 北京：商务印书馆，1996：135.
⑥ 章贵桥，潘俊. 权力寻租、隐性福利与有效的政府会计报告［J］. 经济体制改革，2013（3）.

决策是指通过政治过程来决定有限的公共资源在不同的公共物品或服务之间进行配置①。科学决策以可靠、相关的信息（包括会计信息）为基础和依据，信息是决策的灵魂。

政府起源于一系列有形或无形契约的签订②。在政府产生以前，人们之间相互独立，彼此间依赖程度不高。但战争的掠夺或生活的不便使人们对抵御侵略或改善生活有了期盼或向往，开始通过契约的签订，把原本属于自己的部分权利让渡给第三方，比如政府，由政府承担保护每个人的人身和财富的义务。这样，公众与政府之间建立了一系列有形或无形的社会契约之网，与此同时，彼此之间也形成了委托受托代理关系。这种关系，可能是政治性的，也可能是经济性的。当存在委托受托责任关系时，反映和报告受托责任履行情况，便成为受托方应尽的义务，而会计则是受托方履行应尽义务的主要表达方式。

其次，对于政府的自利性，按照美国的公共选择理论，人和政府不仅是"社会人"，也是"理性经济人"，他们都是利己的，其行为的首要和最高目标都是追求有利于自己的利益，在追求自我利益的过程中，必然要对行动的收益和成本进行比较和计算，通过比较，从各种可能的选择结果中，选择于己最佳的、最理想的结果。选择过程也是对各种相关信息的筛选过程，其中包括会计信息。

2. 政府的边界

政府的边界即政府与周围各事物的界线。政府周围的事物何其多，有市场、企业、个人、国家、政党、非政府组织、法律和社会等。纵观政府边界研究理论和成果，可以画出政府的边界图，如图 1 - 1 所示。

A 部分为微观政府概念，即狭义的政府，仅指国家行政机关。《现代汉语词典》对政府的解释为，政府是"国家权力机关的执行机构，即国家行政机关"。

我国的最高国家行政机关是国务院，地方国家行政机关分为省（自治区、直辖市）、州或县（市、区）和乡镇三级人民政府。国家行政机关是国家权力机关

---

① 罗辉. 改善和提高公共部门绩效的会计使命：关于建立公共部门管理会计的基本思考［J］. 会计研究，2006（6）.

② 吴金群，耿依娜. 政府的性质：新制度经济学的视角［J］. 浙江大学学报：人文社会科学版，2008（3）.

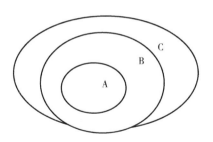

图 1 – 1 政府的边界图

的执行机关，各级国家行政机关都由本级人民代表大会产生，对本级人民代表大会及其常务委员会负责并报告工作，受其监督。下级国家行政机关受上级国家行政机关领导，地方各级国家行政机关服从国务院的统一领导。

按照结构理论，我国行政机关的结构可分为纵向结构和横向结构。其中，纵向结构是指各级政府上下之间、各级政府各组成部门上下之间，构成领导与服从的主从关系。我国行政机关纵向结构如图 1 – 2 所示。

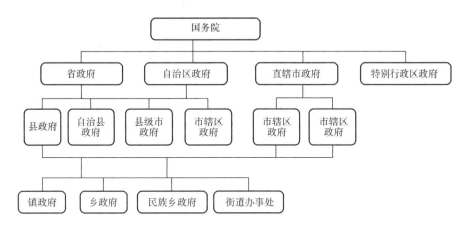

图 1 – 2 我国行政机关纵向结构图

横向结构，是指同级政府相互之间和每级政府各组成部门之间所构成的平行关系。例如，各省、直辖市、自治区政府之间，部（委）内部各司（局）之间，厅（局）内各处（室）之间，都是一种平行协调的横向结构关系，共同对一个上级负责。

B 部分为中观政府概念，是指包括立法、行政、司法等在内的国家机关。

谢庆奎教授在《当代中国政府与政治》一书中指出："政府是国家进行阶级统治、政治调控、权力执行和社会管理的机关。"① 《布莱克韦尔政治学百科辞典》指出："就其作为秩序化统治的一种条件而言，政府是国家的权威性表现形式。其正式的功能包括制定法律，执行和贯彻法律，以及解释和应用法律。这些功能在广义上相当于立法、行政和司法功能。"② 《政府财政统计手册（2001）》指出："一国政府由公共当局及其机构构成，它们是通过政治程序设立的实体，在领土范围内行使立法、司法和行政权力。"③

C 部分为宏观政府概念。联合国、欧盟委员会、经济合作与发展组织、国际货币基金组织、世界银行编著的《国民账户体系（2008）》一书中，把一国经济体划分为五个互不兼容的部门，即非金融公司部门、金融公司部门、广义政府部门、为住户服务的非营利机构部门和住户部门，每个部门都由一系列机构单位构成④，如图 1 - 3 所示。

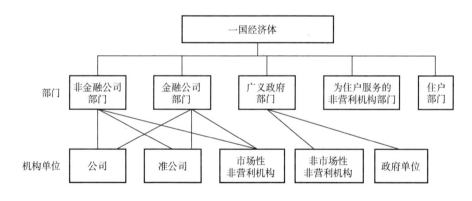

图 1 - 3　一国经济体五部门

从图 1-3 可见，广义政府部门包括非市场性非营利机构和政府单位。

其一，非市场性非营利机构。根据联合国《国民账户体系（2008）》，"非营利机构"（NPI）是出于生产货物或服务的目的而建立的法律或社会实体，但其

① 谢庆奎. 当代中国政府与政治 ［M］. 北京：高等教育出版社，2003：8.
② 米勒，波格丹诺. 布莱克韦尔政治学百科全书 ［M］. 北京：中国政法大学出版社，2002：312.
③ 国际货币基金组织. 政府财政统计手册（2001）［J］. 统计研究，2011（4）.
④ 联合国，欧盟委员会，经济合作与发展组织，等. 国民账户体系（2008）［M］. 北京：中国统计出版社，2012.

法律地位不允许那些建立它们、控制它们或为其提供资金的单位利用该实体获得收入、利润或其他财务收益①。

实践中，非营利机构的生产活动一定会有盈余或亏损，只不过产生的任何盈余都不能为其他机构单位占有。通常在建立非营利机构的章程中会有明文规定：控制或管理非营利机构的机构单位无权分享所产生的任何利润或其他收入。

其二，政府单位。政府单位是指通过政治程序设立的、在特定区域内具有对其他机构单位行使立法、司法或行政权的法律实体。政府单位作为机构单位，其根本功能在于：用源于税收或其他收入的资金承担为社会和住户提供货物和服务的责任，通过转移的手段进行收入和财产的再分配，以及从事非市场生产。

3. 政府的职能

政府的职能是一个"职"与"能"互为表里、相互依存的统一。其中："职"是政府职守，主要是指国家最终权力主体即全体国民通过法律及约定俗成的形式赋予政府的关于实施国家公共管理的战略、任务和措施；"能"就是政府公共行政能力，主要是指政府为完成上述任务所应当建立的正确的行政观念，以及在行政观念指导之下运用公共行政权力、完善政府管理功能、解决公共行政问题以及有效解决其他社会问题的能力。

政府的职能指的是政府活动的基本方向、方式和作用②，反映了政府在政治、经济、社会等公共领域的责任和功能，规定着政府管理的基本方向和主要内容。在人类社会发展史上，政府及其行为和人类的历史一样久远，其职能也在不断地发展和变化。对政府职能，人们的研究目的不同，其职能内涵及其表述也各具特色。从目前看，政府职能的研究呈现出多学科、立体化、全方位的交叉式研究特征。综合政府职能的不同观点，可以将政府职能归纳如表 1-1 所示③。

---

① 联合国，欧盟委员会，经济合作与发展组织，等. 国民账户体系（2008）［M］. 北京：中国统计出版社，2012：70.
② 徐兆明. 转变中的政府职能：全国政府职能理论讨论会综述［J］. 政治学研究，1986（5）.
③ 曹闻民. 政府职能论［M］. 北京：人民出版社，2008.

表1-1　我国政府职能框架

一项 基本职能	二项 市场监管职能	三项 经济调节职能	四项 社会管理职能	五项 公共服务职能
提供广义的公共产品	执法监督； 维护秩序	收入再分配； 资源再配置； 稳定宏观经济	建立法制基础； 投资于公共基础设施； 保护社会弱势群体； 保护环境	提供法律、政策与信息服务； 提供制度与环境服务； 提供安全与保障服务； 提供社会公益事业服务； 提供社会危急管理服务

　　政府职能可以按照不同标准进行划分。从内容上划分，它可以分为政治职能、经济职能和社会职能。

　　首先，政治职能。政治职能是政府的核心职能，是由国家本质决定的。政府是从社会中产生又凌驾于社会之上的一种力量，其政治职能表现为通过掌握并使用国家机器对被统治阶级实行统治，建立和维护有利于统治阶级的社会秩序及内外环境，妥善处理统治阶级内部的各种关系，以维护统治阶级的利益。其核心功能是巩固国家政权。

　　其次，经济职能。如果按照"职能"一词的含义，可将政府经济职能理解为政府在经济运行中的职责（权）、功能或作用。按照人们对事物的认识方式及其表现形式，政府职能有一般和特殊之分、基本和具体之分、主要和次要之分。但按照一般性的理解，政府经济职能可表述为：政府在组织、领导、协调社会经济运行和社会经济发展过程中，为优化资源配置或实现某些特定的宏观经济目标，履行的经济、法律、行政职责及相应发挥的功能[①]。

　　政府的经济职能是与政府相伴而生的。经济职能是实现政治职能的基础和前提。没有经济的发展，人民的生活水平就不可能提高，社会就不可能和谐，政权就不可能稳固。在市场经济条件下，我国政府经济职能主要表现为国有资产管理职能、市场监管职能、宏观调控职能和提供公共产品职能。

　　最后，社会职能。政府的社会职能是指政府职能中除政治职能和经济职能之外的所有职能。它主要包括社会管理与公共服务两个方面。政府的社会管理职能

---

　　① 姚庆丰. 关于政府经济职能的讨论［J］. 社会科学动态，1999（11）.

是指政府通过制定专门的、系统的、规范的社会政策和法规，管理和规范社会组织，培育合理的现代社会结构，调整社会利益关系，回应社会诉求，化解社会矛盾，维护社会公正、社会秩序和社会稳定，孕育理性、宽容、和谐、文明的社会氛围，建设经济、社会和自然协调发展的社会环境①。而政府的公共服务职能是指政府为满足社会公共需求而提供公共产品和服务，具体包括：加强城乡公共设施建设，发展社会就业、社会保障服务以及教育、科技、文化、卫生、体育等公共事业，发布公共信息等，为社会公众生活和参与社会经济、政治、文化活动提供保障和创造条件②。

一个良好的政府，首先是一个有效的政府，而政府的有效性，很大程度上取决于政府职能配置的有效性。政府职能配置是一种制度安排，也体现了政治、经济和管理职能相互间的配合，涉及三要素如何安排以及孰前孰后、孰重孰轻等。在政府职能配置中，能否掌握各类充分、相关信息已成为职能配置有效的前提。这是因为，信息能减少对世界认知的不确定性，并进而改变人类决策的某些目标性事实或概念性模型；信息使其发出者与接收者构成一定的联系③。获取与政府职能配置相关的信息是政府能否有效配置职能并发挥其作用的基础和关键。信息是多方面的、提供的渠道也不是唯一的，与统计信息、价格信息等相比，会计信息以其可比、综合等天然优势在政府职能配置中发挥着独特的作用。

（二）会计及其职能

会计是什么？是艺术、工具、方法、活动，还是科学？仔细推敲，这真是值得争论的话题。汪祥耀教授在《会计准则的发展：透视、比较与展望》④一书中，归纳了西方国家较为有代表性的观点，即会计"艺术论"、会计作为一种"传递信息的过程"、会计"活动"论、会计"语言"论、会计作为一种"历史记录"、会计作为"当前的经济现实"、会计"商品"论、会计"意识形态"论等。

---

① 中国行政管理学会课题组.加快我社会管理和公共服务改革的研究报告［J］.中国行政管理，2005（2）.

② 中国行政管理学会课题组.加快我社会管理和公共服务改革的研究报告［J］.中国行政管理，2005（2）.

③ 美国信息研究所.知识经济：21世纪的信息本质［M］.南昌：江西教育出版社，1999：52-53.

④ 汪祥耀.会计准则的发展：透视、比较与展望［M］.厦门：厦门大学出版社，2001.

在我国，关于会计也曾经有过如"会计管理工具论""会计艺术论""会计信息系统论""管理活动论""会计控制系统论"等观点或学说。20 世纪 80 年代前后，以余绪缨、葛家澍教授为代表的"会计信息系统论"和以杨纪琬、阎达五教授为代表的"会计管理活动论"成为会计定义讨论中的两大学派。

第一，会计信息系统论。1953 年美国著名会计学家利特尔顿教授在其《会计理论结构》一书中指出"会计的显著目的是向管理当局提供控制信息或报告受托责任的信息"，开创了会计信息论先河。1966 年美国会计学会在《会计基本理论说明书》（ *A Statement of Basic Accounting Theory* ）中旗帜鲜明地指出："会计实质上是一个信息系统，更正确地讲，会计为将信息一般理论运用于解决有关高效率的经济活动问题的信息系统。"[①] 自会计信息系统论观点提出后，随着电子计算机在会计中的广泛应用和系统论、信息论、控制论的广泛传播，人们对会计本质的认识不断深化。

1980 年余绪缨教授撰文指出"……根据当前的现实和今后的发展，应把会计看作是一个信息系统，它主要是通过客观而科学的信息，为管理提供咨询服务"[②]。1983 年葛家澍教授在其《关于会计定义的探讨》一文中将会计定义为："会计是旨在提高经济效益，加强经营管理和经济管理而在每个企业、事业机关等单位范围内建立的一个以提供财务信息为主的经济信息系统。"[③] 蒋义宏教授指出，把会计定义为一个系统，首先因为它是由会计核算、会计分析和会计检查等相互关联的部分所组成的集合；其次，我们可以把会计定义为一个人工系统，因为它是人们为了加强经济管理、提高经济效益而建立的系统；再次，我们可以把会计定义为一个信息系统，因为它旨在向各有关部门和个人提供各种有用的经济信息，如各种会计报表和管理报表等；最后，为了区别于其他用途的信息系统，我们不妨称之为会计信息系统[④]。

会计信息系统论将信息论的概念引入会计领域，立足于强调会计能够为经济管理提供信息，并力求概括会计工作所用的方法、程序等内容。

第二，会计管理活动论。会计管理活动论形成于 20 世纪 80 年代。1980 年中

---

① 美国会计学会. 基本会计理论［M］. 北京：中国商业出版社，1991：72.
② 余绪缨. 要从发展的观点，看会计学的科学属性［J］. 中国经济问题，1980（5）.
③ 葛家澍，唐予华. 关于会计定义的探讨［J］. 会计研究，1983（4）.
④ 蒋义宏. 浅谈会计信息系统［J］. 会计研究，1984（4）.

国会计学会成立之初，杨纪琬和阎达五两位教授在《开展我国会计理论研究的几点意见——兼论会计学的科学属性》一文中创造性地提出"会计管理"概念，视会计为一种管理活动，指出"无论从理论上还是从实践上看，会计不仅仅是管理经济的工具，本身就具有管理的职能，是人们从事管理的一种活动"。1981年阎达五教授撰文指出"在商品货币经济存在的条件下，会计是人们反映和监督价值耗费、价值形成、价值实现、价值补偿和分配过程的一种管理活动"①。此后，杨纪琬、阎达五两位教授继续深入地研究，1982年两位教授发表《论"会计管理"》一文②，对如何构建会计管理理论的认知基础进行了全面阐述，得到了实务界的广泛支持，在理论界引起了很大反响。1985年阎达五教授出版《会计理论专题》，对会计管理理论进行全面、系统地阐述；1987年杨纪琬教授精辟地指出，会计是一种管理活动，即会计是参与或直接进行的一种管理和控制活动③。两位教授的这些研究成果，标志着会计管理理论的形成。

会计管理活动论立足于中国企业的管理实践和中国经济发展的客观条件，突出会计的控制职能，深刻地反映了会计的本质特征，不仅能够正确引导会计人员自觉加强经济管理，也对推动中国会计理论建设发挥了积极作用，对于指导当代会计理论研究具有重要意义。

无论是会计信息论还是会计管理活动论，笔者认为，对会计均应该有以下方面的认识：

首先，会计伴随着人类社会发展和经济管理的要求而产生和发展并得到不断完善。它以基本概念或范畴为依据，通过对经济信息的收集、分类、加工、分析、比较和反馈，以满足管理的需要。

其次，现代会计由财务会计、成本会计和管理会计三个部分所组成。财务会计、成本会计和管理会计是企业会计的有机组成部分，三者紧密联系、不可分割，共同形成现代会计的统一体。财务会计进行资产计价和收益确定要依据成本会计提供的相关信息，并且成本信息的归集、分配和结转也是在以复式簿记为基础的财务会计框架内实现的。管理会计制定预算目标、分析和实施不同的决策方案时，有赖于财务会计提供的相关资料，有时还需要对其进行必要的调整和延

---

① 阎达五.从经济效果角度对会计和会计职能的重新认识［J］.财会通讯，1981（1）.
② 杨纪琬，阎达五.论"会计管理"［J］.经济理论与经济管理，1982（4）.
③ 杨纪琬.中国现代会计手册［M］.北京：中国财政经济出版社，1987.

伸，使它们更有效地为加强企业内部管理服务。

再次，会计是人类有意识的管理活动，它有明确的目标。财务会计目标是向会计信息使用者提供与会计主体财务状况、经（运）营成果和现金流量等有关的会计信息，反映各级管理层受托责任履行情况，有助于会计信息使用者做出经济决策；管理会计（含成本会计）的目标是通过运用管理会计工具方法，参与会计部门、单位规划、决策、控制、评价活动并为之提供有用信息，推动部门、单位实现战略规划。

最后，学科分化是现代科学发展的基本趋势，会计学科也不例外。种种会计分支（或领域）的分立与并列也只是某一历史发展阶段所形成的，随着社会经济的发展和科学认识的进步，目前的会计分类很可能有所变化，或被新的学科分类所替代。

(三) 政府与会计的渊源

如前所述，政府（公共部门）、企业（私人部门、市场）和非营利组织是人类社会发展的三种基本组织形式，也是推动、控制和影响社会发展的三股强大的力量。但政府既有与企业、非营利组织相似之处，也有其明显的特点。研究政府会计准则，以下的问题是不能回避但又必须从理论上予以阐述的，即：政府是基于何种原因形成的、形成的目的又是什么？它又与会计有何联系？对于这些问题的答案，以洛克的"政府理论"阐释得最为全面。洛克作为政府理论第一人，在他的"政府理论"中对政府的起源、政府权力的来源及政府的最终目的等做了理性的阐述，且为西方的"政府理论"打下了坚实的基础，也为研究政府与会计之间的关系提供了理论依据。

洛克认为，政府的起源是指人类在进入政治社会之前存在着一种"自然状态"。"人们在自然法的限度内……这是一种平等的状态。一切权力和管辖权都是相互的，没有一个人的权利多于他人。"[①] 平等、自由和享有财产基本权利是人类社会"自然状态"的显著特征。在这种自然状态之下人们过着自由和理想的生活，那么人们为什么还要组成政府呢？因为自然状态中人们对享有人身自由和财产权利不稳定的担忧，以及不断遭受侵害的威胁，迫使人们不得不愿意放弃

---

① 洛克. 政府论：下篇［M］. 叶启芳，翟菊农，译. 北京：商务印书馆，1964.

自由、平等的自然状态而结成政治社会以求得到更好的保护，于是政府便产生了。洛克的理论实际上包含了一个意味深长但是似乎很少被人们提及的问题，即人们在让渡自己的权利之前，经过了一番仔细的"成本与效益"的分析[①]。否则作为有理性的人，他们是不会贸然选择成立政府的。

可见，政府是人类经过成本与效益之间的比较、权衡后的必然结果。政府的孕育过程是与会计结下不解之缘的过程。

首先，比较是一种在变量之间发现经验关系的方法。按照上海辞书出版社1977 年出版的《辞海》的解释，"比较是确定同异关系的思维过程和方法"。确定或指出两个或多个事物间的相似性与不同性、一致性与非一致性、相似性与差异性等是比较的内容或客体。作为一定的思维过程和方法，它是受目的支配和约束的。比较的目的是什么？就是做出一定的决策。可见，比较是人们做出决策的基础。

比较以分类为前提，按照种类、等级或性质分别归类，使比较成为可能。也可将分类理解为比较的前置方法。分类的结果使配比有了相互比较的客体。而"簿记是一种分类的技术方式"[②]。利用簿记系统可以将成本、收入相区别，可以将收入与成本进行对比判断效益如何。成本—效益分析就是建立在对效益与成本的区分、比较之上的，为人类做出一定的决策提供依据。

其次，成本就是为了有效实现目标而必须付出的代价；而效益则是代价付出后所换来的有益成果，它表示的是对于目标的实现程度；"付出"既需要计量过程，也需要计量结果，"成果"也是如此。可见，成本也好、效益也罢，在权衡利弊、计算得失过程中，计量的作用是不可低估的。计量的发展过程折射出人类社会的发展过程，同样，计量过程也折射了政府与会计之间的渊源关系。会计是一门信息和计量的学科[③]，人类在选择政府的决策过程中，也就自觉不自觉地使用了计量结果。虽然人们认识事物一般是从定性开始的，但定量的意义却不容忽视，因为计量的结果是数字，而"数字是永恒的"，使用数字可以简单地解决问题和得出正确的答案与结果。当某定性问题的数量程度得到显露并达到一定程度时，与定性相关的诸多现象的实质才能被充分地揭示出来。可以讲，定量是认识

[①] 刘勇华. 西方政府理论的逻辑结构新论：以洛克的理论构建为基础［J］. 河南社会科学，2011（3）.

[②] 海渥. 会计史［M］. 北京：中国商业出版社，1991：7.

[③] 里亚希－贝克奥伊. 会计理论［M］. 上海：上海财经大学出版社，2004.

的深化和精确化。科学研究证明，蛋白质和核酸等生物分子成分的发现远远早于分子结构的发现，但正是分子结构的发现和对它的定量分析，才深化了人类对生命本质的认识。计量在人类认识事物中的意义由此可见一斑①。人们在选择可否接受"政府"这一管理形式时，计量起到了决定性的作用。

政府会计是直接为政府履行职能服务的。因此，作为一项制度安排，政府会计必须与政府职能相适应并服务于政府履行职能的需要，这是政府会计能够生存的全部理由和根基所在。可以讲，政府与会计的关系是会计学的永恒主题。会计界享有盛誉的杰出学者，英国会计学教授安东尼·霍普伍德曾指出，会计信息被政府用于制定和实施各项政策，如经济稳定政策、价格和工资调控、产业和贸易领域的特定规则，以及在不同时期（战争或和平、繁荣或萧条）整个国家的经济资源规划与管理②。尤其是 20 世纪以来，一些国家的政府职能日渐扩大并逐渐取代了一些企业和私人部门的职能，将政府干预的范围从弥补市场失灵扩大到逆周期，又扩大到保障社会公平和维护社会稳定，政府在提供养老、医保和公立教育等社会项目中的作用不断增加。随着政府职能的扩大，政府预算支出急剧增加，公众税收负担不断加重。并且，由于缺乏市场竞争约束，政府的公共计划还产生了传统的低效率等一系列问题。

曾任美国会计学会政府和非营利组织部主席及北美华人会计教授会会长的陈立齐教授精辟地指出，政府会计在反映政府受托责任、提供政府客观决策所需信息等诸多方面发挥着其他管理学科无法比拟的作用。每个现代政府都应该有一个强有力的支撑财政政策制定及财政管理的会计体系③。

二、政府会计的概念

顾名思义，政府会计是"政府"和"会计"各自特征相互结合的产物。它既是一门经济学，一门政治学，又是一门政府管理学，涉及各个方面，有其内在的规律性。政府会计的概念应体现这种特殊性。

---

① 赵德武. 会计计量理论研究［M］. 成都：西南财经大学出版社，1997：10.
② 霍普伍德. 置于社会与组织环境中的会计研究［M］. 北京：北京大学出版社，2013：39.
③ 陈立奇. 西方国家政府会计专题讲座（十三）　基于权责发生制的财务报告：国际准则及其在中国的应用［J］. 预算管理与会计，2014（5）.

（一）国外关于"政府会计"的概念

法国有关法律规定的政府会计定义："公共会计记录行政部门（国家、地方政府和行政事业单位）的账目……公共会计的目的是为能了解和控制预算和资金流动的步骤、财产状况、成本和年终结果。公共会计与企业会计一起构成国民会计的一部分。"① 可见，法国界定的政府会计范围与公共部门会计一致。

曾两度担任美国会计协会会长的会计权威学者艾利克·L.柯勒在其编纂的《会计词典》中指出，政府会计即"国家、省、州、市单位之会计原则、惯例及处理程序"。

美国政府会计专家陈立齐教授认为："政府会计是政府的财务计量和报告体系。在不同的政治和经济体制下，政府的构造不同，发挥的作用也不同。""会计制度的环境影响政府公布财务信息的动机，也影响潜在使用者对这些信息的需求。"②

国际会计准则委员会（IASC）的规定指出，政府会计是指用于确认、计量、记录和报告政府和政府单位财务收支活动及其受托责任履行情况的会计体系。

（二）国内关于"政府会计"的代表性概念

关于政府所用的会计，20世纪20年代称"官厅会计"，三四十年代称"政府会计"，自50年代至《基本准则》颁布前称"预算会计"。

虽然政府会计是国际上通行的称谓，但中华人民共和国成立后，很长一段时期并没有将政府会计的定义写入会计准则或者会计法律。人们对什么是政府会计的认识可谓仁者见仁、智者见智。众多的学者、专家、教授仅从不同的角度对政府会计的概念进行了界定。

李建发教授（1999）认为："政府会计是一门用于确认、计量、记录政府受托管理国家公共事务和国家资源、国有资产，报告政府公共财务资源管理的业绩及履行受托责任情况的会计学分支。"③

李定清教授（2002）认为，政府会计是一个与企业会计具有同等地位的会计

---

①　周红．法国公共会计体制评价［J］．会计研究，2002（3）．

②　陈立齐．美国政府会计准则研究［M］．陈穗红，石英华，译．北京：中国财政经济出版社，2009：8．

③　李建发．政府会计论［M］．厦门：厦门大学出版社，1999．

学分支，以政府预算管理为中心的宏观管理信息系统和管理手段，核算、反映和监督中央及地方政府（财政机关和行政单位）业务活动的营运情况，不以营利为目的，提供反映政府单位受托责任的会计信息，以使会计信息使用者做出经济、社会和政治判断的会计体系①。

王雍君教授（2004）认为，政府会计是用以对公共部门的财政交易或事项进行记录与计量，并将记录的结果报告给公共信息使用者的信息系统，作为一个信息系统，政府会计通过向信息使用者提供相关、可靠和及时的信息，来满足其制定和改进决策、管理、受托责任和其他需要②。

财政部国库司（2004年）认为，所谓政府会计，是指反映、核算和监督政府单位及其构成实体在使用财政资金和公共资源过程中财务收支活动的会计管理体系。

邢俊英教授（2007）认为，"政府会计是对政府财政交易或事项进行确认、计量、记录和报告，提供决策有用信息、全面反映政府受托责任的一种信息系统"，并认为，"确认、计量、记录和报告反映了政府会计核算的主要环节；而提供决策有用信息、全面反映政府受托责任体现了政府会计目标；政府会计作为一个信息系统同时也是一个控制系统"③。

张通博士（2010）认为，政府会计是指政府单位或部门采用一定的确认、计量和报告方法，核算反映政府资金和资源在其范围内运动的过程和结果，最终全面、系统地反映其预算执行情况、资金运用活动、政府财务状况、财务管理业绩以及政府受托责任等，是政府推进民主决策、实施正确的财政政策和宏观调控的信息基础④。

刘光忠（2010）指出，政府会计是运用会计专门方法对政府及其组成主体（包括政府所属的行政事业单位、政府性基金等）的资产负债、运行业绩、现金流量等情况进行全面核算、监督和报告的会计管理系统⑤。

王彦教授等（2012）认为，政府会计是反映和监督政府组织掌握和使用公共

① 李定清. 试论政府会计的特征与构建 [J]. 生产力研究, 2002 (5).
② 王雍君. 政府预算会计问题研究 [M]. 北京：经济科学出版社, 2004：15.
③ 邢俊英. 基于政府负债风险控制的中国政府会计改革研究 [M]. 北京：中国财政经济出版社, 2007：71.
④ 张通. 中国公共支出管理与改革 [M]. 北京：经济科学出版社, 2010：193.
⑤ 刘光忠. 关于推进我国政府会计改革的若干建议 [J]. 会计研究, 2010 (12).

经济资源及其活动情况的会计。它以货币为主要计量单位，对政府财政资金和非财政资金活动的过程和结果，进行完整、连续、系统的反映和监督，借以加强政府的预算管理和财务管理，提高公共经济资源使用效益。政府会计活动是政府管理活动的重要组成部分[①]。

由上述分析可以得出学者们关于政府会计的共同点：政府会计是对政府财政交易或事项的确认、计量和报告；通过政府会计报告给使用者提供信息，政府会计是一个信息系统；政府会计行为本身也是一种管理活动，具有反映、核算、监督、控制功能。具体来说，可将政府会计的特征总结如下：

其一，政府会计是与企业会计具有同等地位的会计学分支，包括政府财务会计、政府预算会计和政府成本会计三部分。政府财务会计是主要为政府公共管理提供充分的财务状况信息以及绩效评价所需信息的会计系统；政府预算会计以收付实现制为基础对政府及其组成主体的预算收入、支出和结余情况进行记录和报告；政府成本会计是提供政府成本信息的会计系统。

其二，政府会计的本质是一种管理活动。政府会计是基于人们对预算资金管理的需要而产生的一种管理活动，它既为预算管理提供信息，又直接履行管理的职能。

其三，提供预算执行情况、资金运用活动、政府财务状况、财务管理业绩以及政府受托责任等信息体现了政府会计的目标。

其四，政府财政资金和非财政资金活动的过程和结果构成政府会计的对象和内容。

其五，资产负债表、财务业绩表、净资产变动表、现金流量表及相关附表和说明等构成政府综合财务报告的内容，从而实现全面反映政府所拥有资源、承担债务、公共服务成本和绩效考核等目标。

三、与"政府会计"相关概念的辨析

认识"政府会计"前，区分下列与政府会计易混淆的几个概念是十分必要的。

---

① 王彦，王建英. 政府会计 ［M］. 北京：中国人民大学出版社，2012：6.

（一）非企业会计与政府会计

顾名思义，企业会计以外的会计为非企业会计。王庆成教授（2004）指出，会计按照会计主体是否从事经营活动，分为企业会计和非企业会计两大系统。中华人民共和国成立以来，非企业会计在我国称为"预算会计"。在会计这个大系统中，首先要分为企业会计和非企业会计两个子系统。非企业会计子系统应当按照会计主体的性质、职能划分为政府会计和非营利组织会计两个分系统，其下再分设若干会计分支①。侯文铿教授（1998）指出，非企业单位会计是指除企业会计以外的其他各种会计，过去主要是指预算会计，凡是与国家预算有密切联系的会计都包括在预算会计之内②。王湛（2005）指出，构建我国非企业会计体系主要有两种思路：一是根据会计主体的受托责任和资金来源来构建非企业会计体系，非企业会计应当包括政府会计和民办非营利组织会计两大部分，其中，政府会计适用于有财政资金来源的各类会计主体，包括财政总预算会计、行政单位会计、事业单位会计、政府基金会计和参与执行财政预算的其他单位会计。二是根据会计主体及其提供公共产品、服务的性质来构建非企业会计体系，非企业会计应当包括政府会计和非营利组织会计两大部分。其中，政府会计包括财政总预算会计、行政单位会计、政府基金会计和参与执行财政预算的其他单位会计③。

无论非企业会计范围如何界定，政府会计均是非企业会计的组成内容之一，非企业会计包括政府会计。

（二）非营利组织会计与政府会计

非营利组织会计也是与政府会计极易混淆的概念。在认识非营利组织会计前，有必要先对国内外非营利组织之间的区别加以说明和分析。

对于我国来说，"非营利组织"是一个外来语。什么是非营利组织？人们对其概念的界定是多样的。有的从非营利组织与其他组织的区别的角度进行界定，有的从社会管理的角度定义，有的从法理学的角度进行概念界定。

世界银行从法理学的角度对营利组织进行了界定。在其编写的《非政府组

---

① 王庆成. 论我国非企业会计组成体系的构建［J］. 会计研究，2004（4）.

② 葛家澍，侯文铿，陈同娟，等. 会计大典：非企业单位会计［M］. 北京：中国财政经济出版社，1998：1.

③ 王湛. 关于建立我国非企业会计体系的探讨［J］. 财会月刊：会计，2005（2）.

织法的立法原则》中指出，非营利组织是指在特定的法律系统下，不被视为政府部门的协会、社团、基金会、慈善信托、非营利公司或其他法人，而且不以营利为目的①。《国民账户体系（2008）》指出："非营利机构是这样一类法律或社会实体：其创建目标虽也是生产货物和服务，但其法律地位不允许那些建立它们、控制它们或为其提供资金的单位利用该实体获得收入、利润或其他财务收益。"②

学术界主要通过对非营利组织特征的说明来界定非营利组织。例如，美国约翰·霍布金斯大学教授莱斯特·萨拉蒙主要从组织的结构特征角度对非营利组织进行探讨。他认为，同时具有以下五个特征的组织可称之为非营利组织：①组织性，即这些机构都有一定的制度和结构；②私有性，即这些机构都在制度上与国家相分离；③非营利性，即这些机构都不向他们的经营者或所有者提供利润；④自治性，即这些机构都基本上是独自处理各自的事务；⑤自愿性，即这些机构的成员不是法律要求组成的，这些机构接受一定程度的时间和资金的自愿捐赠③。

美国财务会计准则委员会（Financial Accounting Standard Board，FASB）在其1980年12月发布的财务会计概念公告第四辑《非营利组织编制财务报告的目的》中指出："识别非营利组织的主要特征有：①绝大部分资财来自资财提供者，它们并不期望按照其所提供资财的比例收回资财或获得经济利益；②业务营运的目的，主要不是为了获取一笔利润或利润的等同物而提供货品和劳务；③不存在可以出售、转让、赎买，或一旦机构清算，可以分享一份剩余资财的明确的所有者权益。"可以看出，FASB是从财务会计角度给出非营利组织的特征的。

目前，我国尚未对非营利组织做出统一、严格的界定和划分。因此，界定中国的非营利组织需要满足一定的基本条件，即"不以营利为目的且具有正式的组织形式、属于非政府体系的社会组织，它们具有一定的自治性、志愿性、公益性或互益性，但并非面面俱到，需要客观而动态地加以观察和理解"④。

---

① 王冠，赵颖. 非营利组织的再定义［J］. 北京青年政治学院学报，2011（4）.

② 联合国，欧盟委员会，经济合作与发展组织，等. 国民账户体系（2008）［M］. 北京：中国统计出版社，2012：82.

③ 萨拉蒙，安海尔，里斯特，等. 全球公民社会：非营利部门视界［M］. 北京：社会科学文献出版社，2002：3.

④ 王名，贾西津. 中国非营利组织定义、发展与政策建议［EB/OL］. ［2012-01-04］. 百度文库.

从表1-2可见，我国仅原则性明确了公益性组织或非营利组织，均未对公益性组织或非营利组织应具备的基本条件或界定标准做出具体规定①。

表1-2　非营利组织界定标准

非营利组织形式		法律依据
公益性组织	公益性社会团体	《公益事业捐赠法》第10条第二款：本法所称公益性社会团体是指依法成立的，以发展公益事业为宗旨的基金会、慈善组织等社会团体
	公益性非营利组织	《公益事业捐赠法》第10条第三款：本法所称公益性非营利的事业单位是指依法成立的，从事公益事业的不以营利为目的的教育机构、科学研究机构、医疗卫生机构、社会公共文化机构、社会公共体育机构和社会福利机构等
社会团体		《社会团体登记管理条例》第二条规定：本条例所称社会团体，是指中国公民自愿组成，为实现会员共同意愿，按照其章程开展活动的非营利性社会组织
民办非企业单位		《民办非企业单位登记管理暂行条例》规定：本条例所称民办非企业单位，是指企业事业单位、社会团体和其他社会力量以及公民个人利用非国有资产举办的，从事非营利性社会服务活动的社会组织

无论在中国还是在国际上，非营利组织都并非一个具有明确内涵和外延的术语，各个国家和地区根据自己的实际情况有不同的侧重，但有一点人们的认识是一致的，即非营利组织是独立于政府和企业之外的社会组织。

由于非营利组织可以由政府创办和运营，也可以由民间来组织，所以，存在公立非营利组织会计和私立（民间）非营利组织会计之分。根据表1-2，我国将非营利组织按所有权性质区分为公立和私立（民间）两种，公立非营利组织主要是指国有事业单位，而民间非营利组织主要是指各类社会团体、基金会和民办非企业单位。在我国，非营利组织具体包括：①科技组织，如研究机构、科协组织等；②教育组织，如幼儿园、小学、中学、职业技术学校、大专院校和大学等；③文体组织，如公共图书馆、文化站、文艺表演团体、体育团体等；④传媒组织，如广播电视台（站）、报纸杂志社等；⑤健康和福利组织，如医院、养老院、孤儿院、福

---

① 邵金荣. 非营利组织与免税：民办教育等社会服务机构的免税问题［M］. 北京：社会科学文献出版社，2003：38.

利院、儿童保护组织、红十字会等；⑥宗教组织，如各类寺庙、教堂等；⑦基金会，如以教育、医疗卫生、宗教及以慈善为目的而组织设立的各类基金会①。

与非营利组织分类相适应，我国分别制定了《事业单位会计准则》《事业单位会计制度》《医院会计制度》等行业会计制度，适用于各级各类事业单位，并单独制定《民间非营利组织会计制度》，适用于那些依照国家法律、行政法规登记的社会团体、基金会、民办非企业单位和寺院、宫观、清真寺、教堂等。

可见，我国事业单位是政府组织还是非营利组织一直是理论界和实务界长期争论但悬而未决的问题。若事业单位性质为政府组织，事业单位会计也即政府会计的组成部分。

在境外，如在美国，"非营利组织也是形式多样并履行各种不同的职能。非营利组织的数量估计有几十万到 100 万之多，其中包括私立高等院校、各种保健机构、图书馆、博物馆、职业与行业协会、互助会与社会福利组织以及宗教组织"②。需要说明的是，目前美国的上述非营利组织中，通常按照它们的所有权性质区分为公立和私立两种，如表 1 − 3 所示。

表 1 − 3　广义政府组织和非营利组织

广义政府组织				非营利组织		
类别		职能	隶属关系	遵循会计标准	类别		遵循会计标准
政府机构公立	企业	执行或基本执行政府职能，业务运行不以营利为目的	属于州和地方政府以及归其所有的企业和非营利组织	政府会计准则委员会发布的会计规范	私立	企业	财务会计准则
	非营利组织					非营利组织	

（三）公共会计（或公共部门会计）与政府会计

公共会计或公共部门会计与政府会计也是既有联系又不完全相同的概念。

国际货币基金组织编制的《政府财政统计手册（2001）》，按照机构单位的

---

① 李建发. 政府与非营利组织会计［M］. 2 版. 大连：东北财经大学出版社，2011：4.

② 威尔逊，卡特鲁斯，海. 政府与非营利组织会计［M］. 2 版. 北京：中国人民大学出版社，2005.

不同经济目标、职能和行为，将其划分为经济体中五个单独的机构部门，即广义政府部门、金融公司部门、非金融公司部门、为住户部门服务的非营利机构、住户部门，如表1-4所示。

表1-4 公共部门及其与其他机构部门的关系

广义政府部门	金融公司部门	非金融公司部门	为住户部门服务的非营利机构	住户部门
公共	公共	公共	私人	私人
	私人	私人		

可见，公共部门由广义政府部门和所有公共公司构成。按照作者理解，非金融公共公司在我国就是国有非金融企业，金融公共公司是指国有金融企业。由于各国对政府与公共部门的范围界定存在一定差异，这样政府会计范围与公共部门会计范围就存在以下不同关系：

政府会计 = 公共部门会计

政府会计 > 公共部门会计

政府会计 < 公共部门会计

国际会计师联合会下设的国际公共部门会计准则理事会制定的公共部门会计准则，被称为"国际公共部门会计准则"。在其"准则的范围"中指出："除非另有说明，准则适用于包括国家政府、地区性（如：州、省、管区）政府、地方（如：市、镇）政府以及构成其组成部分的主体（如：政府部门、政府机构、理事会、委员会）在内的所有公共部门主体。准则不适用于政府企业。"可见，国际公共部门会计准则的"公共部门"小于国际货币基金组织《政府财政统计手册（2001）》所界定的政府。

美国财政学家B.J.理德与约翰·W.斯韦恩指出："公共部门会计是指对在预算执行阶段发生的财政行为进行记录。在该阶段形成的记录——实际收入和实际支出的标准，形成了下一轮预算编制阶段估计收入和支出，对预算执行结果进行决算和评估以及预算执行过程中财政决策的基础。"[①]可见，公共部门会计等同

---

① 理德，斯韦恩. 公共财政管理［M］.2 版. 朱萍，蒋洪，译. 北京：中国财政经济出版社，2001：16.

于预算会计，但比政府会计范围小。

（四）预算会计与政府会计

在境外，预算会计与政府会计的界限较为清晰，而我国则较为模糊。我们将在本节第二部分专门对其予以说明。

四、政府会计的环境与特征

（一）政府的环境特征

政府、企业和非营利组织是当今社会的三种组织形式。政府的性质及其运行的复杂环境具有与非营利组织、企业相同之处，也有不同于企业的特点，这就决定了政府会计对象、会计要素、会计规范等与企业存在差异，这种差异对政府会计产生了深远的影响。

任何社会的政府都既是一个政治实体，也是一个经济实体。从经济角度看，政府作为一个专门的机构，它所从事的活动与其他经济实体（企业、金融机构、住户）的经济活动相比具有不同特征。王彦等（2012）从运营目的、提供服务有偿或无偿、经济资源取得方式以及经济资源使用的限定性等方面分析了其特征。

1. 政府目标的非营利性

获取丰厚的利润是刺激投资者向企业提供资源的主要因素。已经创立起来的企业，虽然有改善职工待遇、改善劳动条件、扩大市场份额、提高产品质量、减少环境污染等多种目标，而营利是其最基本、最一般、最重要的目标。营利不但体现了企业的出发点和归宿，而且可以概括其他目标的实现程度，并有助于其他目标的实现。但政府是不以营利为目标的经济组织。政府运营目标不是增加组织自身的财富，而是谋求能够采取一定途径或方法，将其活动渗透到社会生活的各个方面，如经济建设、国防建设、教科文卫、社会保障等，提供更多更好的公共产品或公共服务。政府的运营目标存在天然的非营利性、模糊性、多元性和非量化性的特点。

2. 财务资源来源的无偿性

在财务资源的来源方面，与一般企业的资源不同，"政府有着通过税收（例如，对财产、销售或所得征税）强制取得财务资源的特权"①。因此，政府财务资源主要来自税收，此外，接受捐赠、按成本补偿原则收取的服务费等，也是其主要的财务资源。可见，无偿性是政府取得和使用财务资源的主要特征。对企业而言，财务资源典型的非债务来源是投资者的投资和销售产品或服务的收入。而这些筹资来源通常不是政府和非营利组织财务资源的主要来源。

3. 政府受托责任的多样性

什么是受托责任？政府公共受托责任的特征是什么？现代社会，受托责任关系已普遍到任何一个国家、一个团体的内部成员之间。广义来讲，受托责任关系涉及委托人和受托人两个当事人。委托人就是人民、股东、捐赠人、其他各种资金的提供人；受托人是指政府、董事、企业、事业单位等负责人以及其他各种受资人。可见政府受托责任是全部受托责任的一部分。只要委托人将资财的经营管理权授予受托人，受托人接受托付后即应承担所托付的责任，便形成了受托责任或受托关系。现代社会生活中，政府受托责任建立在公民与政府之间的委托代理关系基础之上。它具体包括行为和报告两个层面。一方面，政府应当从人民的公共利益出发，管理好人民托付的公共财产，履行好国家和社会公共事务管理职责；另一方面，政府应当向公众及其代表（立法机构）报告其受托责任的履行情况。

政府提供的业务和服务是多种多样的，在这些业务和服务中，还可以设计完成多种目的和目标。政府的活动不考虑营利指标，但政府对财务资源的使用通常受到有关法律、法规、合同、协议等来自外部的约束。具体表现为有关的法律、法规、合同、协议等通常限定政府对财务资源的使用用途，目的是确保政府财务资源的使用能有效地达到相应的公共目的，这就构成了政府的一个非常重要的受托责任。为有效地管理政府的各种财务资源，使相应的财务资源切实地按照有关的要求用于相应的目的，政府会计通常都设置相应的基金，并将各基金设置成一个相对独立的财务和会计主体，用以分别核算不同用途的财务资源的来源和使用情况。

4. 政府的监督与控制

由于政府的资源是稀缺的，所以有必要采用成本分析和其他控制评价技术，

---

① 弗里曼，肖尔德斯. 政府及非营利组织会计：理论与实践［M］. 7 版. 赵建勇，徐梅兰，周锐铎，等，译. 上海：上海财经大学出版社，2004：3.

来确保资源使用的经济性、有效性和高效率。

（二）政府会计的特征

政府会计的特征与政府的特征紧密相关。政府会计的特征在于其程序设计旨在预防欺诈行为，确保各部门遵守法律要求①。李定清（2002）、赵建勇（2004）、王彦等（2012）中国学者将政府会计的特征概括如下：

1. 政府会计的内容主要受预算而非市场所支配，预算决定会计和财务报表的内容

政府是特殊的集团。"政府和私人企业、家庭一样，它也在进行着各种消费和投资活动，提供着种种社会产品……甚至政府本身从某种意义上说也是一种产品。"② 资源的有限性，决定了政府的各项经济活动需要按照计划、预算实施。预算既是政府的年度财务收支计划，也是政府取得和使用财务资源的主要依据③。对于政府来说，预算是一种法定程序，经批准的预算，是一种法律文件。预算一旦获得批准，政府即获得了相应的支出授权。之后，政府就可以按照批准的预算取得相应的财务资源，并按照批准的预算发生相应的支出，同时，在此过程中完成相应的工作任务。对于特定类型的组织，主要是对政府单位而言，预算除了起到为其构建业务框架的作用外，更经常的作用还在于它是一种法律文件，成为这些组织的立法机构据以拨款的依据④。

会计是一项服务活动，必须满足一定环境下的信息需求。在政府和非营利组织环境下，关于财务资源的取得和分配、管理者对财务资源使用的指示和控制及其就财务资源和其他资源承担的经管责任的决策，通常依各种社会政治的目标和限制而不是获利能力来做出。法律与监管的限制就是用来指导政府和非营利组织实现这些目标。于是，政府和非营利组织的会计与财务报告就强调对可支用的财务资源的控制和经营管理责任。对该环境下的会计影响最大的两个法律和监管方面是：①基金的使用；②预算的突出作用⑤。

---

① 李，约翰逊，乔伊斯. 公共预算体系 ［M］. 北京：中国财政经济出版社，2011：334.

② 胡庆康，杜莉. 现代公共财政学 ［M］. 上海：复旦大学出版社，1997：1.

③ 赵建勇. 政府会计的显著特征：兼谈政府会计教育 ［J］. 会计研究，2004（9）.

④ 拉扎克，霍布，艾夫斯. 政府与非盈利组织会计导论 ［M］. 北京：机械工业出版社，2003：47.

⑤ 弗里曼，肖尔德斯. 政府及非营利组织会计：理论与实践 ［M］.7 版. 赵建勇，徐梅兰，周锐铎，等，译. 上海：上海财经大学出版社，2004：3.

2. 采用双重会计基础

《企业会计准则——基本准则》第九条规定："企业应当以权责发生制为基础进行会计确认、计量和报告。"企业会计只采用单一的权责发生制核算基础。《政府会计准则——基本准则》第三条（政府会计体系与核算基础）规定："政府会计由财务会计和预算会计构成。财务会计应当采用权责发生制。预算会计一般采用收付实现制，实行权责发生制的特定事项应当符合国务院的规定。"政府会计提供的会计信息一方面需要反映预算执行情况，另一方面需要反映政府的财务状况。以反映预算执行情况为目的进行会计核算的对象是政府掌握的现金资源，而以反映财务状况为目的进行会计核算的对象则是政府掌握的经济资源。

政府预算一般采用收付实现制。因此，核算预算执行情况的预算会计也一般采用收付实现制。但政府整体的财务状况需要反映政府整体的资产、负债和净资产的情况。因此，一般采用权责发生制。

3. 收入与费用（支出）不存在配比关系

除了政府企业之外，政府在某一特定期间内收入和成本的关系与企业是不同的。在大多数情况下，政府的收入主要不是通过市场的互惠性交易而取得的，而是根据法律法规或合同协议等的规定，通过税收、收费、接受补助或接受捐赠等渠道而取得的。所以，政府会计中的收入在取得时具有无偿性的特征①。在政府会计中，支出的目的不是为了取得收入，而是为了遵循有关法律法规的要求达到相应的公共目的。因此，支出不需要区分为收益性支出和资本性支出，也不需要考虑与收入在因果关系上进行配比，并且不以营利为目的，从而也就不需要考察利润的实现情况，设置利润要素没有意义。但是在预算会计系统中，政府每年的预算收支活动可能会出现余缺。若全年预算收入大于预算支出，就会出现预算结余；反之，则出现赤字或亏损。在预算会计系统中需要设置"预算结转与结余"账户。

某项服务的提供并不产生收入。大多数政府的收入来源于税收，即使在收取服务费时，这些费用也经常得到税收收入的补充。纳税人是非自愿的资源提供者。他们不能选择是否纳税，支付了税款也并不必然赋予他取得任何特定的公共服务或利益的权利。政府通常将从各种来源取得的资源用于支付各种服务。因

---

① 赵建勇. 政府会计的显著特征：兼谈政府会计教育 ［J］. 会计研究，2004（9）.

此，除了政府从事的商业型活动外，在取得的资源和提供的服务之间没有"交换"关系。

4. 存在基金会计主体

与企业资金运动相比，政府财务资源的运动有其独特之处。从财务来源看，政府的财务资源主要来源于纳税人缴纳的税收、向社会公众发行债券筹集的资金及国有资产经营收益等。无论财务资源来源于何处，资源提供者对其用途及使用效果等必然予以关注；同样，政府受人民委托使用和管理国家财务资源，社会公众、立法机构、监督机构以及政府债券投资人等都关注政府的财务收支情况及结果。

从财务资源的用途看，政府行政机构依据立法预算对财务资源使用目的、用途的限定安排预算支出。财务资源使用目的或用途的限定，要求政府行政当局应当按预算限定组织财务活动，即每一项预算限定用途或目的的财务资源都必须专款专用，不得挪作他用。为了单独报告这种资金受托责任的履行情况，政府会计需要设立"基金"并对其进行单独核算及报告，这就形成了以某种资金为主体形式的会计主体，又称"基金会计主体"。形象地讲，这里的基金就像一个"储藏罐账户"，"罐"中的各种资金和资源都被贴上了规定用途的标签，具有专款专用的特征[1]。

从会计角度透析，基金是一个狭义的概念，意指具有特定目的和用途的资金。政府单位的出资者不要求投资回报和投资收回，但要求按法律规定或出资者的意愿把资金用在指定的用途上，从而形成基金。

政府会计环境和特征，一定程度影响了政府会计的对象和内容。例如，人们通常关注财务资源的取得和使用，即关注营运资本的来源和使用，关注预算状况及现金流量，而不是净利润或每股收益。政府职责的非营利性、规范性决定了政府会计对象的广泛性，政府会计对象是预算资金包括公共财政预算、一般性财政预算、政府性基金预算、国有资本经营预算、社会保障预算等的收支及其相关的资产与负债等的资金运动。政府会计对象是政府受托管理的剔除文物资产、自然资产等暂时无法计量的资产之外的所有资产、负债、收入、支出等资金运动。

根据政府会计对象的特点，我国《基本准则》第三条规定，政府会计由预

---

[1] 米克塞尔. 公共财政管理：分析与应用 [M]. 6 版. 北京：中国人民大学出版社，2005：56 – 60.

算会计和财务会计构成。政府会计要素也分为政府预算会计要素和政府财务会计要素。其中：政府预算会计要素包括预算收入、预算支出与预算结余；政府财务会计要素包括资产、负债、净资产、收入和费用。

五、政府会计基本程序

政府会计目标的确定，既为建立政府会计准则提供了依据，为指导和约束会计行为提供了规范，同时也为评价、修改政府会计制度提供了标准。而实现会计目标必须通过一定的程序并采用科学的方法，其中，确认、计量、记录和报告构成了政府会计的基本程序。会计发展过程也是会计程序的发展过程，会计程序已从单一的记录程序发展到今天的确认、计量、记录和报告四个程序[①]。

确认是会计行为的初始阶段，也是会计循环过程的起点，并贯穿于会计循环的全过程。确认主要是对经济交易或事项进行会计要素的界定。它对会计计量和会计报告都有至关重要的影响。尽管对经济业务的计量伴随着复式簿记的产生、发展和逐步完善而不断发展，但财务会计中的另一个环节——确认的思想产生相对要晚很多，至少理论上出现与确认相似的概念是在18及19世纪之后的事了[②]。

计量是财务会计完整运行系统（确认、计量、记录和报告）的核心环节，也是实现会计目标的重要阶段。正如亨德里克森所言，"会计上的计量应指向为特定用途提供相关的信息，帮助会计目标的实现"[③]。会计计量本身不仅是会计处理程序中的一个重要环节，而且也是一种不可缺少的会计技术方法。可以讲，会计计量的发展水平往往直接标志着会计信息系统的发展水平，会计计量的逐步演进与逐步完善，也就是财务会计的不断发展过程。

记录是指在确认和计量基础上对经济业务事项运用会计账户进行账务处理的方法。记录主要解决某项交易或事项在会计上"如何登记"的问题。没有会计记录，政府交易或事项中的数据就会变得很分散、杂乱无章，不能转化为有序的会计信息。

报告是确认、计量和记录的结果，是连接政府、企业和社会投资者等会计信息使用者的载体和桥梁。政府财务会计目标主要通过财务报告得以实现。

---

① 潘上永. 论现代会计的程序发展［J］. 上海立信会计学院学报，2006（5）.
② 陈守德. 收入确认若干问题研究［D］. 厦门：厦门大学，2003：23.
③ 亨德里克森. 会计理论［M］. 王澹如，陈今池，译. 上海：立信会计图书用品社，1987：87.

会计信息的产生过程是会计确认、计量、记录和报告的结果。在这四个环节中，确认解决定性问题，是质的认定，即"是什么"，计量解决定量问题，即"是多少"，确认和计量解决政策问题，在整个会计行为中，确认和计量起着导向作用；记录是方法，解决"如何登记"的问题；报告是结果，即"结果如何"。因此，只有在会计确认、计量、记录和列报都符合政府会计准则及其指南的前提下，才能为财务报表使用者提供决策相关的会计信息，也才能真正实现财务报告的目标。

第二节 政府会计规范形式

一、会计规范的内涵

根据《现代汉语词典》的解释，规范即"约定俗成或明文规定的标准"。规范告诉人们，应该如何做，而不应该如何做。当人们将规范引申到会计领域时，就形成了会计规范。什么是会计规范？不同的研究者研究的目的不同，也就形成了不同的会计规范概念。

任何一种职业规范的形成都是通过长期的职业活动实践逐渐形成的。会计规范亦是如此。从广义看，会计实务是由一系列的专业活动构成的，通过经济信息的获取（确认）、加工（计量）、处理（记录）、存储和传输（报告）等一系列工作实现其目的，但这些过程需要一定的技术规范以保证程序的稳定、有效。同时，会计信息是一项重要的社会资源，社会管理者从维护社会经济秩序的角度看，单位的投资者、债权人从维护自身经济利益的角度看，会计活动与社会公众利益密切联系，会计的显著特征是需要规范。但从狭义视域看，会计规范是指根据会计发展规律制定的有关会计确认、计量、记录和报告的基本准则。

阎达五教授（1993）指出："会计规范它是一种标准，这种标准规定了会计工作应该这样做，而不应该那样做；这种标准为判别会计信息的是与非或好与坏提供了依据，即按这一标准从事会计核算，提供的会计信息就是真实与允当的，否则就不能获得注册会计师审计的认可，公众也就有充分的理由怀疑这些信息的真实可靠性。"[①]

---

① 阎达五，贾华章，肖伟. 会计准则原理与实务［M］. 北京：科学普及出版社，1993：1.

吴水澎教授（1994）从会计规范的功能进行定义，认为："会计规范，是指协调、统一会计处理过程中对不同处理方法做出合理选择的假设、原则、制度等的总和。"①

陈亚民博士（1991）从特征和效用角度下定义，认为："会计规范是在会计领域内起作用的一种社会意识形态，具有公认性、统一性、客观性、广泛适用和反复适用性；作为一种标准，它帮助会计人员解决如何工作的问题，为评价会计工作提供客观依据；作为一种机制，它是保障和促进会计活动达到预期目的的一种制约力量。"②

汤云为、钱逢胜（1997）等从形式和目的的角度对会计规范进行了定义，指出："会计规范指所有能对会计实务起约束作用的原则、准则、法规、条例和道德的总和，是应会计实践活动的需要而发展起来而又用于指导和约束会计行为的准绳，它是联结会计理论目标与会计实务的桥梁和纽带。"③

安德鲁·希格森（1986）指出，会计规范是指"报表编制者以外的团体或编制报表的组织或个人对于外部报告的编制、内容和形式所强加的约束"④。

陈珉（2004）指出，延伸到会计领域，规范这一术语最基本的含义就是引导和制约进行会计工作的标准。其次，会计规范的第二层含义是对会计工作进行评价的依据。这种评价可以由会计人员自己做出，即自我评价；也可以由其他人来评价，即社会评价。此外，"会计规范还有第三层含义，即会计规范是引导会计工作往特定方向发展的一种约束力和吸引力"⑤。

纵观上述会计规范的定义，可对会计规范有以下认识：一是实施会计规范的目的是实现会计的目标。目标是指引行为的航标。二是会计规范主体，即谁来规范会计，它包括：会计规范由谁来制定，谁来监督执行，谁来评价规范执行程度，以及谁来制定评价标准等。三是会计规范客体，简单地说就是指会计规范的物质承担者，或会计规范的对象，即会计规范是规范谁的，谁必须遵守会计规范主体所制定的各项法规、规则、制度、条例等，否则就要受到相应的处罚。四是

① 吴水澎. 会计学原理 [M]. 沈阳：辽宁人民出版社，1994：307.
② 陈亚民. 会计规范论 [M]. 北京：中国财政经济出版社，1991：21.
③ 汤云为，钱逢胜. 会计理论 [M]. 上海：上海财经大学出版社，1997：49.
④ 希格森. 公司财务报告：理论与实务 [M]. 钱逢胜，徐华新，译. 上海：上海财经大学出版社，2007：47.
⑤ 陈珉. 会计法律规范的经济分析 [M]. 上海：上海财经大学出版社，2004：20.

会计规范方式，指会计规范的手段，即会计规范主体采取什么样的手段、方式、方法对会计规范客体进行规范。

二、政府会计规范模式

纵观全球政府会计规范模式的发展，可将政府会计规范模式分为两类：一是准则模式；二是制度模式。

（一）准则模式

准则是会计准则的简称，其概念前已述及。准则模式，即以一系列会计准则规范政府会计确认、计量、记录和报告等行为。会计准则规范的对象为某一特定的交易或事项或某一财务报表的特别报表项目，阐述对该对象进行确认、计量和报告所引用的概念或定义、确认和计量标准以及列报和披露的要求。

采用准则模式，又分为两种形式：一是以概念框架统领各项准则的规范体系。在这类规范模式中，存在一组对报告目标、信息质量特征、有关报表项目或会计要素概念等进行界定的概念。如美国联邦会计准则咨询委员会的概念公告、加拿大公共部门会计委员会制定的建议公报等。二是没有概念框架统领的一系列准则构成的规范体系。众所周知，新西兰是世界上最早在整个政府会计系统中进行全面改革的国家，但该国政府和企业共用一套准则，也没有概念框架或某个准则做统领。

（二）制度模式

在我国，无论是企业会计还是政府会计（预算会计），采用的规范形式主要是制度。会计制度是规范会计行为的基本规则和方法①。制度模式，是指以会计科目表为核心规范会计行为的一种制度安排。

会计制度有广义与狭义之分。广义的会计制度，即国家统一会计制度。《会计法》第五十条指出：国家统一的会计制度，是指国务院财政部门根据本法制定的关于会计核算、会计监督、会计机构和会计人员以及会计工作管理的制度。而狭义的会计制度是指财务会计核算制度。会计制度模式的特点是以某一特定部门

---

① 中华人民共和国会计法讲话：全国会计人员继续教育系列教材（之三）［M］．北京：经济科学出版社，1999：231．

特定行业或所有部门的企业为对象，着重对会计科目的设置、使用说明和会计报表的格式及其编制加以详细规范①。对于政府会计来说，其制度是以各级政府财政部门、行政单位和事业单位为规范的客体或对象，并对科目的运用、会计分录以及财务报表和预算会计报表的编制及报送做出具体的规定。

制度是以具体、易学、易操作见长，其重点规范会计的行动与结果，并侧重于记录和报告；而准则则是以抽象、概括见长，重点是规范会计决策的过程，侧重于确认和计量。

会计制度和会计准则是两种规范财务信息的形式。两者在规范会计实务的作用上，应是殊途同归的，只是主观条件（财务会计的目的和作用）和客观因素（各国国情、经济体制、企业形态）不同而已②。纵观各国的政府会计规范，准则模式和制度模式的采用几乎平分秋色。在规范内容上，准则和制度有一定的趋同。近年来传统上以法律形式（会计制度）规范政府会计行为的国家陆续接纳会计准则的形式。它们制定会计准则，将其作为会计核算的参照依据。

三、我国政府会计规范形式的发展

（一）制度模式

1. 制度模式的基本内容

中华人民共和国成立以后，我国的会计规范就采取"制度"的形式。葛家澍教授指出（2001），这种"制度"规范会计行为的形式为人民所亲见乐闻，而且制度向来被认为是法规的组成部分，具有明显的统一性和强制性③。作为一种制度安排，会计制度的特点是以某一特定部门（如财政部门）、特定单位（如行政单位或事业单位）或特定基金（如社会保险基金）为对象，着重对会计科目的设置、使用说明和会计报表的格式及其编制加以详细规范。

堪称中华人民共和国预算会计体系和方法奠基之石的两本著作，即《各级人民政府暂行总预算会计制度》（1950）和《各级人民政府暂行单位预算会计制

---

① 葛家澍．关于我国会计制度和会计准则的制定问题［J］．会计研究，2001（1）．
② 余佳霖．财务会计信息规范之研究［D］．厦门：厦门大学，2001．
③ 葛家澍．关于我国会计制度和会计准则的制定问题［J］．会计研究，2001（1）．

度》（1950），其内容都分为 8 章，分别为第一章总则、第二章会计科目、第三章会计凭证及簿记、第四章会计报表、第五章会计实务处理程序、第六章计算决算（总预算会计制度称为"决算"）、第七章会计交代、第八章附则。此后，会计制度随着政治、经济发展变化不断进行调整。相比而言，财政总预算会计制度内容相对稳定，单位预算会计制度变化比较显著。但无论会计制度如何变迁，会计科目及其设置和会计报表的编审是其规范的核心内容。可以讲，会计制度主要是解决财务会计确认、计量、记录和报告四个环节中的会计记录以及会计报表编制程序等问题。

2. 预算会计制度的历史沿革

对会计制度的历史回顾不是简单地重温会计制度历史，而是对该会计制度的演化"过程"进行研究，以获取新的知识和认识。英格兰的哲学家、经济学家和历史学家休谟曾指出，历史不仅是知识中很有价值的一部分，而且还打开了通向其他许多部分的门径，并为许多科学领域提供了材料。

预算会计作为我国非物质生产部门的专业会计，是伴随中华人民共和国的诞生而形成并发展起来的，并随着我国政治、经济的变化而逐步得到发展。由于人们对我国政治、经济发展过程的认识不尽相同，有关预算会计发展阶段的认识也存在差异。

张通博士将预算会计制度分为"预算会计制度初建阶段（1949—1953 年）""预算会计制度逐步发展阶段（1953—1978 年）""预算会计制度改革探索阶段（1978—1992 年）""预算会计制度改革全面展开阶段（1992—1999 年）""预算会计向政府会计转变的研究阶段（2000 年至今）"共五个阶段[1]。

荆新教授（2008）撰文，将我国预算会计划分为 1949—1977 年改革开放以前的 29 年和 1978—2008 年改革开放以后的 30 年两个阶段[2]。

张雪芬教授（2010）撰文指出，60 年来预算会计大体经历了三个发展阶段，1949—1978 年计划经济下的预算会计、1979—1993 年有计划的商品经济下的预算会计和 1994 年以后社会主义市场经济下的预算会计[3]。

王晨明（2009）撰文指出，我国预算会计的发展经历了 1949—1977 年传统

[1]　张通. 我国预算会计制度改革回顾与展望［J］. 预算管理与会计，2009（2）.
[2]　荆新. 中国预算会计改革的回顾与展望：纪念改革开放三十周年［J］. 预算管理与会计，2008（11）.
[3]　张雪芬. 我国预算会计 60 年改革探索及启示［J］. 会计之友，2010（4）.

预算会计体系形成阶段、1978—1992 年传统预算会计体系完善阶段、1993—2000
年现行预算会计体系建立阶段三个阶段[①]。

根据上述研究结果，可将预算会计制度的演变过程归纳如表 1 − 5 所示。

表 1 − 5　预算会计制度的演变过程

时　间	阶　段
1949—1953 年	预算会计制度初建阶段
1953—1978 年	预算会计制度逐步发展阶段
1978—1992 年	预算会计制度改革探索阶段
1992—2011 年	预算会计制度体系形成阶段
2011 年至今	预算会计制度向政府会计制度转变的研究阶段

（1）预算会计制度初建阶段（1949—1953 年）。1949 年中华人民共和国成
立，开启了中华民族发展的新纪元。这一时期是我国国民经济经过长期战争后的
恢复时期，新中国面临摆脱财政困难、恢复经济的重任，其中，会计工作的紧迫
任务是清理整顿旧中国落后混乱的会计制度。1950 年 10 月，财政部召开第一次
全国预算会计和金库制度会议，讨论并通过了《暂行总预算会计制度》《暂行单
位预算会计制度》。同年 12 月，财政部颁布了《各级人民政府暂行总预算会计制
度》和《各级人民政府暂行单位预算会计制度》，并从 1951 年开始实施。"这两
个会计制度，首次为我国财政机关和行政、事业单位的会计工作确立了一套内容
丰富、具体、体系较为完整的统一规范。"[②] 这两个制度堪称新中国预算会计体
系和会计方法的奠基石。

（2）预算会计制度逐步发展阶段（1953—1978 年）。1953 年（我国第一个五
年计划开始）我国进入有计划的大规模经济建设和社会主义改造时期。在新形势
下，预算管理体制适当降低了集中的程度，采取侧重集中统一，同时又有一定灵活
性和适当分散的办法。与此相适应，预算会计制度伴随着预算体制的变迁而不断得
到完善和创新，先后对银行执行预算出纳业务、中央经费实行限额拨款、规范预算
单位银行账户管理、国库管理等内容做了制度安排。这些制度安排使预算会计在
"一五"时期得到稳步发展。在"大跃进"时期，由于片面地强调群众的主观能动

---

① 王晨明. 中国政府预算会计的改革与发展：纪念建国六十周年［J］. 中国农业会计，2009（10）.
② 杨纪琬. 中国现代会计手册［M］. 北京：中国财政经济出版社，1988：2.

性，在"先破后立"的理念下，预算会计制度和基础工作受到严重冲击。1965 年财政部颁布《预算会计工作改革要点》，这是预算会计制度变迁的重要转折点，使受到"大跃进"冲击的预算会计工作得到恢复和发展。之后，随着"文化大革命"的开始，预算会计工作走入低谷，受到严重的冲击和破坏①。

（3）预算会计制度改革探索阶段（1978—1992 年）。《中共十一届三中全会公报》指出："现在我国经济管理体制的一个严重缺点是权力过于集中，应该有领导地大胆下放。"从 1980 年开始，我国计划经济时代的"统一领导、分级管理"财政预算管理体制向"划分收支、分级包干"体制演变。伴随着预算管理体制的改革，预算会计也进行了相应的制度调整。1984 年，财政部在原 1963 年制度的基础上，制定了《财政机关总预算会计制度》，以适应改革开放后经济发展的需要。1985 年，国务院发布了《中华人民共和国国家金库条例》。1989 年，财政部又根据预算分级包干体制管理要求，陆续修订和制定了《财政机关总预算会计制度》和《事业行政单位预算会计制度》。

1989 年《事业行政单位预算会计制度》的特点可总结如下：一是规范的范围和内容广泛。制度制定的依据、适用的范围、会计基础、会计假设、会计制度制定的权限、会计主要职责、关于会计工作和会计人员的要求、会计工作规则、会计人员职业道德、会计记录、会计报告、会计交接和会计档案管理等均包括在会计制度中。二是核算与管理并举。预算统一性的强制性基于预算落实的刚性。制度的优点是容易被广大会计人员接受，操作方便，易懂易学。会计人员能直接使用科目进行记录，并按规定程序和格式编制报表。

（4）预算会计制度体系形成阶段（1992—2010 年）。1993 年 10 月，党的十四大明确提出，我国经济体制改革的目标是建立社会主义市场经济体制。与之相适应，1993—2002 年中国财政进入一个新的历史时期②。市场经济体制国家的财政运行机制特征是以满足社会公共需要为口径界定财政职能范围，并构建政府的财政收支体系，建立公共财政框架体系。预算会计是政府的财政基础，为了适应财政改革的需要，1994 年根据国务院颁布的《关于实行分税制财政管理体制的决定》的要求，建立了"分税制"的预算管理体制。预算体制变迁必然会导致预算会计制度变迁。1993 年年底，财政部正式启动预算会计改革，成立了预算

---

① 张通. 我国预算会计制度改革回顾与展望［J］. 预算管理与会计，2009（2）.
② 谢旭人. 中国财政 60 年［M］. 北京：经济科学出版社，2009：367.

会计改革领导小组。1996 年，财政部颁发《预算会计核算制度改革要点》，为预算会计制度变迁提出目标要求。经过 3 年多时间有目标、有规划、有组织的研究设计，借鉴国际政府会计惯例、企业会计改革成果经验，于 1997 年陆续出台《事业单位会计准则（试行）》《事业单位会计制度》《行政单位会计制度》《财政总预算会计制度》，并规定该准则和制度于 1998 年 1 月 1 日起在全国范围内实行。至此，形成新的预算会计制度体系。

与 1989 年会计改革相比，新的预算会计制度体系的显著变化包括：一是明确了狭义"会计制度"规范的内容，突出其核算规范的特点，不再将会计机构、会计人员、会计交接、会计档案等属于会计工作管理范畴的内容纳入核算制度中；二是建立"五位一体"的预算会计体系，即预算会计体系由财政总预算会计、行政单位会计、事业单位会计、国库会计和税收征解会计等构成，事业单位实行"准则加制度"的会计规范模式；三是重新设计预算会计要素，包括资产、负债、净资产、收入、支出；四是统一采用国际通用的借贷记账法。

1989 年 1 月 1 日实行的《事业行政单位预算会计制度》和 1997 年的《事业单位会计制度》《行政单位会计制度》《财政总预算会计制度》的结构比较如表 1–6所示。

表 1–6　会计制度结构的比较

《事业行政单位预算会计制度（1989）》	《事业单位会计制度（1997）》	《行政单位会计制度（1997）》	《财政总预算会计制度（1997）》
第一章　总则	第一部分　总说明	第一章　总则	第一章　总则
第二章　会计工作的组织	第二部分　事业单位通用会计科目	第二章　一般原则	第二章　一般原则
第三章　会计核算方法	第三部分　年终清理结算和结账	第三章　资产	第三章　资产
第四章　货币资金的核算与管理	第四部分　会计报表的编审	第四章　负债	第四章　负债
第五章　全额预算收支的核算与管理	第五部分　附件	第五章　净资产	第五章　净资产
第六章　预算外收支的核算与管理		第六章　收入	第六章　收入

《事业行政单位预算会计制度（1989）》	《事业单位会计制度（1997）》	《行政单位会计制度（1997）》	《财政总预算会计制度（1997）》
第七章　差额单位和自收自支单位收支的核算与管理		第七章　支出	第七章　费用
第八章　成本费用的核算与管理		第八章　会计科目	第八章　会计科目
第九章　专项资金、专用基金的核算与管理		第九章　年终清理结算和结账	第九章　会计结账和结算
第十章　往来款项和应缴预算收入的核算和管理		第十章　会计报表的编审	第十章　会计报表的编审
第十一章　财产物资的核算和管理		第十一章　附则	第十一章　会计电算化
第十二章　年终清理结算和结账			第十二章　会计监督
第十三章　会计报表的编审			第十三章　附则
第十四章　会计交接和会计档案管理			
第十五章　附则			

（5）预算会计制度向政府会计制度转变阶段（2011年至今）。随着教育、科技、文化、医疗卫生体制改革的日益深化，为了配合2000年以来的部门预算、国库集中收付、政府收支分类、国有资产管理等各项财政改革措施的需要，财政部陆续修订了一系列会计制度。财政部于2010年12月颁布了新的《医院会计制度》和《基层医疗卫生机构会计制度》，于2012年12月发布了新修订的《事业单位会计制度》，于2013年12月陆续颁布了《彩票机构会计制度》《中小学校会计制度》《科学事业单位会计制度》《高等学校会计制度》等行业事业单位会计制度以及《行政单位会计制度》，于2015年10月发布了新修订的《财政总预

算会计制度》。

这些新的事业单位会计制度、行政单位会计制度和财政总预算会计制度，通过采用"双分录"的核算方法，在核算预算收支的同时，全面核算单位资产负债，尝试将预算会计和财务会计功能相融合，既核算反映政府预算收支执行情况，也核算反映政府资产负债情况，标志着政府会计制度体系基本建立和完善。

（二）准则模式

1. 政府会计准则的初步尝试

20世纪90年代，我国预算会计工作进入一个崭新的发展时期。1996年，财政部颁发了《预算会计核算制度改革要点》，对预算会计变迁提出了目标要求。经过深入调查研究，1997年年底财政部颁发《财政总预算会计制度》《事业单位会计准则（试行）》《事业单位会计制度》《行政单位会计制度》。其中，制定《事业单位会计准则（试行）》是我国政府会计准则建设的有益尝试，也是政府会计规范由"制度"模式向"准则"模式迈出的坚实一步。

1997年的改革将事业单位会计从事业行政单位会计中分离出来，并单独制定事业单位会计准则。《事业单位会计准则（试行）》共分为九章54条。各章及其主要内容是：第一章"总则"（1~9条）规定了事业单位的会计主体、客体，法规依据，适用范围，会计假设，记账采用的本位币和记账方法，以及应当使用的文字；第二章"一般原则"（10~20条）规定了会计核算的一般原则；第三章"资产"（21~26条）将事业单位的资产分为流动资产、对外投资、固定资产、无形资产等，并逐一对这些资产的定义、核算等做出了规定；第四章"负债"（27~30条）将事业单位的负债分为借入款项、应付账款、预收账款、其他应付款、各种应缴款项等，并对这些负债的定义、核算等做出了规定；第五章"净资产"（31~35条）指出了事业单位的净资产是指资产减去负债的差额，包括事业基金、固定基金、专用基金、结余等，并对这些净资产的定义、核算等做出了规定；第六章"收入"（36~39条）指出了事业单位的收入是指事业单位为开展业务活动，依法取得的非偿还性资金，包括财政补助收入、上级补助收入、事业收入、经营收入、附属单位缴款、其他收入和基本建设拨款收入等，并对这些收入的定义、核算等做出了规定；第七章"支出"（40~43条）指出了事业单位的支出包括事业支出、经营支出、对附属单位补助、上缴上级支出、基本建设支出等，并对这些支出的定义、核算等做出了规定；第八章"会计报表"（44～51条）规定事业单位的会计报表包括资产负债表、收入支出表、基建投资表、附表及会计报表附注和收支情况说明书等，并对这些报表的内容、编制等做出了规定；第九章"附则"（52～54条）主要规定了本准则不适用的单位，以及准则的生效时间和解释权。

2. 准则模式的发展

为了进一步规范事业单位会计核算工作，财政部对《事业单位会计准则（试行）》（财预字〔1997〕286号）进行了修订，以财政部令第72号发布了《事业单位会计准则》（以下简称《会计准则》），于2013年1月1日起施行。

与原准则相比，2013年的《会计准则》主要在以下方面做了调整：

第一，明确根据《会计准则》制定事业单位会计制度和行业事业单位会计制度。

第二，明确了事业单位会计核算目标应当反映受托责任，同时兼顾决策有用。

第三，合理界定会计核算基础，与财务规则相协调，规定事业单位会计核算一般采用收付实现制，部分经济业务（事项）、行业事业单位可以采用权责发生制，具体范围另行规定。

第四，合理界定了会计要素，考虑到采用权责发生制核算的行业事业单位，其会计要素应当以"费用"替代"支出"，明确了会计要素包括资产、负债、净资产、收入、支出或者费用。

第五，强化了事业单位会计信息质量要求：将第二章标题由"一般原则"修改为"会计信息质量要求"；对会计信息质量增加了全面性的要求。

第六，在资产构成项目中增加了"在建工程"，为将基建账套相关数据并入会计"大账"提供了依据。

第七，明确了各会计要素确认计量的一般原则。

第八，明确了事业单位对固定资产计提折旧、对无形资产进行摊销的，由财政部在相关财务会计制度中规定。

第九，调整了净资产项目构成，增加了"财政补助结转结余""非财政补助结转结余"等。

第十，完善了财务会计报告体系，规定财务会计报告的主要内容及相关报表的基本列报格式。

3. 准则模式建设的里程碑

2015 年 10 月 23 日，时任财政部部长楼继伟签署财政部令第 78 号，公布《政府会计准则——基本准则》（以下简称《基本准则》），自 2017 年 1 月 1 日起施行。《基本准则》分为总则、政府会计信息质量要求、政府预算会计要素、政府财务会计要素、政府决算报告和财务报告、附则共六章 62 条。

《基本准则》的实施是政府会计领域一次重大的制度变革，是我国政府会计标准建设中的里程碑。它将进一步规范单位会计行为，提高会计信息质量，有助于夯实单位财务管理基础，提升财务管理水平，能够准确反映单位运行成本，科学评价单位绩效，全面反映单位预算执行信息和财务信息，提高单位财务透明度。

第三节 政府会计准则的性质、制定和组成

一、政府会计准则的性质

会计准则是会计实务的提纯，是会计理论的延伸，对会计准则实务和理论问题研究的广度和深度决定了会计准则的质量和效用。"会计的历史，实际上是一部企图使会计工作准则化的历史。无论是制定会计规程的机构所颁官方文告，还是会计理论的早期文献，都曾明显地为创建和维护准则做过努力。"①

会计准则产生于 20 世纪初的美国，当今世界上最完善、最具有权威的准则产生地也首推美国，其准则对世界各国的影响是普遍而深远的，无论是国际会计准则还是公共部门会计准则都以其为蓝本。

研究会计准则首先要从其概念入手，因为概念是研究问题的起点。无论是社会科学研究，还是自然科学研究，明确界定研究过程中所应用的一些基本概念，是减少不必要的混乱和争论的有效方式②。会计准则是当今国内外会计界使用极为广泛但又极难准确定义的一个概念。盘点国内外关于会计准则的概念，可能有助于我们对政府会计准则的认识。

20 世纪 30 年代，美国会计师协会最早提倡制定会计准则的专题委员会主席

---

① 井尻雄士. 三式记账法的结构和原理［M］. 上海：立信会计图书用品社，1989：6.
② 刘峰. 会计准则研究［M］. 大连：东北财经大学出版社，1996.

乔治·梅曾于 1936 年的年会上解释："会计原则就是正式采纳的规则。"这是从其性质上界定会计准则①。

20 世纪 40 年代，美国著名会计大师佩顿和利特尔顿指出："会计准则本身并不是会计程序，但是准则却着眼于程序。""会计准则应当有可能成为对程序的指南并且具有广泛适用性。"② 这是从其职能上界定会计准则。

20 世纪 50 年代，美国注册会计师协会会计术语委员会解释为："准则是所采用的或宣称的一般法则，当作行为的指南，行为或实务的一个确定的基础……"③

20 世纪 80 年代至 90 年代初期，我国会计领域曾经一度有过对"会计原则""会计制度""会计标准""会计准则"等概念混用的现象，对各词之间的关系也曾有过探讨和争论。

杨纪琬（1989）指出："我们现在所讲的会计准则，一般是指财务会计准则。从这个前提出发，会计准则的含义一般定义为：进行会计核算工作的规矩，处理会计业务的准绳。"④

虽然实际工作中普遍地使用这几个名词，其在论文、专著乃至官方文件中也频频可见，但其内涵却言人人殊，甚至有些人觉得扑朔迷离，不大讲得清楚。出现这种现象，一方面说明改革开放的春天，使禁锢着人们精神、文化的枷锁得到解放，会计领域呈现百花齐放、百家争鸣的新局面，会计理论发展进入一个崭新阶段；但另一方面，我们在为这种活跃的会计学术氛围欢呼的同时，也深深意识到"建立中国特色的、以讲求经济效益为中心的会计理论和方法体系"，一个必不可少的条件是会计名词规范化⑤。名词不规范，将会对我们进行会计研究和学术探讨、发展会计理论、推动会计实务带来不利的影响。统一会计名词，是政府会计管理部门、社会会计组织义不容辞的责任。陈毓圭教授在《会计准则讲座》一书中谈道：1989 年 1 月，在上海金山召开的中国会计学会会计原则和会计基本理论研究组的研讨会上，大家一致赞成开始广泛采用会计准则这个概念进行会计研究和政策设计。也是在这次会上，研究组名称改为会计基本理论和会计准则研

①　王开田. 会计规范理论结构［M］. 北京：中国财政经济出版社，2001：194.
②　佩顿，利特尔顿. 公司会计准则导论［M］. 北京：中国财政经济出版社，2004：6.
③　米勒，波格丹诺. 布莱克韦尔政治学百科全书［M］. 北京：中国政法大学出版社，2002：312.
④　杨纪琬. 关于会计准则的若干问题［J］. 会计研究，1989（2）.
⑤　娄尔行. 界定成本、费用、收入、支出、收益、损失等会计名词的涵义［J］. 会计研究，1990（6）.

究组①。

我国明确提出会计准则的概念，并将其作为一个重要的会计理论问题进行研究，是 20 世纪 70 年代末和 80 年代初在会计学术界开始的。在我国，较早地以官方名义界定会计准则的当属 1992 年财政部编辑的《企业财务会计改革讲座》，书中写道：简而言之，会计准则就是会计核算工作的规范，它主要是就经济业务的具体会计处理做出规定，以指导和规范企业的会计核算，保证会计信息的质量②。可见，当时讲的会计准则是指企业会计准则。

会计是不断发展的管理学科，它会随着经济的发展和科技的进步而不断发展，会计相关概念的内涵也在不断深化、拓展。2006 年我国财政部副部长王军在《关于中国企业会计准则体系建设与实施的若干问题》一文中，高屋建瓴地对会计准则做了全面、透彻和清楚的诠释，指出应从三个方面总体把握"会计准则"的内涵：①会计准则是反映经济活动、确认产权关系、规范收益分配的会计技术标准，是生成和提供会计信息的重要依据；②会计准则是资本市场的一种重要游戏规则，是实现社会资源优化配置的重要依据；③会计准则是国家社会规范乃至强制性规范的重要组成部分，是政府干预经济活动、规范经济秩序和从事国际经济交往等的重要手段。

二、政府会计准则的制定

（一）政府会计准则制定的必要性

我国现行的政府会计标准体系基本形成于 1997 年前后，主要涵盖财政总预算会计、行政单位会计与事业单位会计，包括《财政总预算会计制度》《行政单位会计制度》《事业单位会计准则（试行）》《事业单位会计制度》，医院、基层医疗卫生机构、高等学校、中小学校、科学事业单位、彩票机构等行业事业单位会计制度，以及《国有建设单位会计制度》与有关基金会计制度等。在会计核算基础上，现行政府会计一般采用收付实现制，主要满足财政预算管理的需要。行政单位会计和事业单位会计在收付实现制核算的基础上还不同程度地采用了"双分录"的记账方式，同时记录非现金资产和负债，在一定程度上兼顾了单位财务管理的需要。但随着我国财政预算改革的深入推进、行政事业单位体制改革

---

① 陈毓圭．会计准则讲座［M］．北京：中国财政经济出版社，2005：4.
② 财政部．企业财务会计改革讲座［M］．北京：经济科学出版社，1992：30.

的不断深化，以及对政府权责发生制财务信息需求的增加，原有预算会计信息的局限性日益凸显：一是无法完整反映政府资产情况，导致一些政府资产管理基础信息缺失；二是负债信息不完整，难以有效防范财政风险；三是政府运行成本不透明，不利于有效监控。

政府会计改革是基于政府会计规则的一项庞大的系统工程，其中，构建统一、科学、规范的政府会计准则体系是政府会计改革系统工程的基础与核心。

政府会计准则是政府会计实务在理论上的概括，它是政府会计工作所应遵循的规则或指南，是判别会计工作优劣的准绳。"技术规范性"是会计准则的显著特征，政府会计准则源于政府会计实务，它是政府会计确认、计量、记录、报告等环节技术性（独特的技术方法）的反映。会计技术的背后存在着理论基础，政府会计准则就是对会计技术方法经过一定的理论提纯，来指导会计方法的选择和运用，用以规范政府会计核算活动，提高政府会计信息质量①。制定高质量的会计准则有助于编制以权责发生制为基础的政府综合财务报告，反映政府整体财务状况、运行情况和财政中长期可持续性，为开展政府信用评级、加强资产负债管理、改进政府绩效监督考核、防范财政风险等提供支持，促进政府财务管理水平的提高和财政经济可持续发展。

（二）政府会计准则制定原则

任何一项新制度，都包括借鉴、继承和创新三个方面的内容，制定政府会计准则自然也不例外。

1. 借鉴

借鉴，在其词义上，多指跟别的人或事相对照，以便取长补短，即"取人之长，补己之短"。构建我国政府会计准则需要借鉴的内容主要包括两个方面：一是借鉴国外关于政府会计准则的理论和方法；二是借鉴国外企业会计准则的理论和方法。

借鉴国际政府会计准则、企业会计准则建设的经验要充分考虑我国政府会计的特点。对于与国际政府会计、企业会计具有共性的业务和事项的处理，应建立在完善政府财务会计核算功能的前提下，如权责发生制基础的应用。借鉴

---

① 汪祥耀. 会计准则的发展：透视、比较与展望［M］. 厦门：厦门大学出版社，2001：44.

国际政府会计准则、企业会计准则相关规定，并不是照搬照抄，而是要充分考虑政府会计主体特点及其面临的环境，比如资产在处置环节的会计处理、对外投资的处理、自行研发无形资产的确认和计量等方面都充分考虑了政府会计主体的特点。

2. 继承

政府会计改革不是简单地抛弃，而是克服、抛弃原有会计标准中过时、不适用的内容，又保留和继承以往发展中对新准则建设有积极意义的东西，这就是"继承"。政府会计准则建设的继承，就是继承多年来我国行政事业单位和财政总预算会计改革的有益经验。

3. 创新

创新是一个民族进步的灵魂，是国家兴旺发达的不竭动力。创新就是政府会计准则建设要反映当前政府会计改革发展的内在需要和发展方向，如当前我国政府职能的转换，公共财政体制的改革，政府收支分类科目以及政府绩效评价制度、政府监督制度等的变化。改革必然要创新，政府会计改革也必须创新。在《基本准则》中建立统一的政府会计"概念框架"，重构政府会计核算模式，全面引入权责发生制会计核算原则，充分体现了政府预算管理改革的要求，充分体现了我国政府会计准则创新已经取得显著的成绩。

（三）制定政府会计准则的工作程序

在总结多年政府会计改革研究与实践经验，并适度借鉴企业会计改革做法和国际公共部门会计准则的基础上，财政部会计司于 2014 年 4 月形成《基本准则（草稿）》。5 月初，通过组织专家研讨、征求司内各处意见、召开司务会等形式，对草稿进行修订完善，在此基础上形成《基本准则（讨论稿）》。根据部领导指示，于 5 月底就讨论稿征求了国库司、预算司等部内 14 个司局的意见，6 月份，根据相关司局反馈的意见和建议对讨论稿进行系统修改和完善，并对相关问题进行深入研究。7 月中旬，邀请理论界、实务界和地方财政系统的专家对修改后的讨论稿进行集中研讨，在此基础上形成《基本准则（送审稿）》。8 月初，经报部领导审定后，正式启动基本准则部门规章立法程序。条法司对《基本准则（送审稿）》进行初审后，于 9 月份形成《基本准则（征求意见稿）》，并开始在全国财政系统征求意见。11 月中下旬，会计司会同条法司对来自财政系统的 186 条意见和建议进行逐条分析，对征求意见稿进行系统修改和完善，形成第二次征求意见稿。

三、政府会计准则的组成

在我国会计领域，很长时期都不使用"政府会计"一词，也就更谈不上"政府会计准则"的概念。2015 年财政部颁布《政府会计准则——基本准则》，开创了我国政府会计规范的先河，是中华人民共和国成立以来政府会计发展史上的一次革命，也是我国会计改革的一项重大成果。它对我国政府会计理论体系、会计实务及整个社会的发展都将产生深远的影响。政府会计准则体系作为技术规范，有着严密的结构和层次。

政府会计准则作为主要规范政府会计确认、计量、报告等活动的法规形式，应该是一个由不同层次和部分组成的、严密的结构体系。不同层次之间、不同部分之间互相制约、互相配合，共同指导和规范政府会计核算行为。我国政府会计准则由基本准则、具体准则以及应用指南三部分构成，各部分各司其职，并相互联系。

（一）基本准则

政府会计基本准则，用来指导具体会计准则的制定以及指导没有具体会计准则规范的经济业务的处理。它是进行会计核算工作必须共同遵守的基本要求，体现了政府会计核算的基本规律。

国际会计准则理事会和美英等主要经济发达国家都有财务会计和财务报告概念框架，而我国则用《企业会计准则——基本准则》取代。虽然，基本准则可能是我国未来概念框架的过渡形式，但现在当作我国的概念框架，却具有鲜明的特色、新意并符合中国国情。

基本准则用于规范政府会计目标、政府会计主体、政府会计信息质量要求，以及政府会计核算基础，以及政府会计要素定义、确认和计量原则、列报要求等原则事项，是对会计核算一般要求所做出的原则性规定。基本准则具有覆盖面广、概括性强的特点。基本准则指导具体准则的制定，并为政府会计实务问题提供处理原则。

基本准则在整个准则体系中起统驭作用，主要规范会计目标、会计假设、会计信息质量要求，以及会计要素的确认、计量和报告原则等。基本准则是政府会计准则体系的概念基础，其作用是指导具体准则的制定和为尚无具体准则规范的会计实务问题提供处理原则。

（二）具体准则

1. 具体准则的性质

2015 年 10 月 23 日，财政部印发了《基本准则》，为建立统一、科学、规范的政府会计准则体系奠定了基础。为了积极落实改革方案，进一步规范政府存货、投资、固定资产和无形资产的确认、计量和相关信息的披露，我们根据《基本准则》制定发布了存货等四项具体准则。

政府会计具体准则，简称"具体准则"。具体准则是政府会计准则体系的主要构成部分，它以基本准则的内容要求为依据，是针对各种经济业务做出的具体规定。对政府会计要素的确认和计量、特殊业务及事项的处理、政府财务报告编制和信息披露、基金会计核算等进行具体规范。

具体准则根据基本准则的要求，就会计核算的基本业务和特殊行业的会计核算做出规定①。具体准则依据基本准则制定，用于规范政府发生的经济业务或事项的会计处理，详细规定经济业务或事项引起的会计要素变动的确认、计量、记录和报告（国发〔2014〕63 号）。制定具体会计准则，把基本准则所规定的各项原则落到实处，是建立中国会计准则体系的重要一步。它主要规范政府发生的具体交易或者事项的会计处理，为政府会计主体处理会计实务问题提供具体而统一的标准，有助于解决政府经济改革和发展中出现的新的会计问题。制定具体准则，完善了我国的政府会计准则体系，有利于发挥会计准则规范政府会计行为、有效配置经济资源并有效实现政府既定目标的作用。

"一国会计准则的制定与发展从根本上讲是由其会计环境所决定的，而会计环境在很大程度上又取决于经济环境。"② 经济在不断发展，改革就不会停止。这两方面因素，使政府会计环境日趋复杂多变。具体会计准则也是一个不断完善、不断创新的过程，没有止境，只要有经济活动，就要继续制定会计准则。

---

① 财政部会计事务管理司 . 企业会计准则讲解［M］. 北京：中国财政经济出版社，1993.
② 陈毓圭 . 中国会计准则国际协调［M］. 北京：中国财政经济出版社，2009：77.

制定政府会计准则是否需要与国际惯例趋同？这是一个值得探讨的问题。众所周知，我国企业会计准则的国际化经历了协调、趋同和等效认可等阶段，已经取得一定成效。与企业会计相比，政府会计信息国际需求没有企业会计信息国际需求影响的范围那么广和那么深。究其原因：一是政府会计的经济交易或事项通常是在政府管辖范围内进行的；二是任何一个国家都有与别国不同的政治、经济环境。

2. 具体准则的分类

具体准则是政府会计准则体系的主要构成部分，借鉴国际上不同政府会计准则以及我国企业会计准则的经验，可以将具体准则分为财务报告类准则、会计要素类准则和特殊业务类准则三类①。有研究成果表明，中国政府会计具体准则应规范的内容包括共性业务、特殊业务和财务报告三个方面。

（1）财务报告类准则。财务报告类准则规定政府财务报告的目标、模式、核算基础、内容和附注等。

（2）会计要素类准则。会计要素类准则主要是对会计要素的确认、计量的披露做出具体规定，包括资产类、负债类、净资产类、收入类、费用类准则等。在此基础上，根据公共财政管理的需要，还要进一步细化，如固定资产、无形资产、存货等准则。

从西方各国和国际会计准则委员会所发布的准则看，有的国家对会计准则的各项内容按一定的逻辑关系进行了合理的安排，如日本的《企业会计准则》就分为一般原则、收益表原则和资产负债表原则三部分；相反，美国和国际会计准则委员会的会计准则都是按照有关专题制定的，各准则之间并不存在一定的逻辑顺序。这种结构安排是与这些国家和机构制定准则的背景紧紧联系在一起的。

（3）特殊业务类准则。特殊业务类准则主要对政府某些特殊业务的确认、计量与报告做出规定，包括衍生金融工具、风险与债务减值准备、政府融资租赁等准则。另外，政府会计还需要特别关注的是预算信息和基金信息的提供。

具体准则基本涵盖了政府各类会计主体各类经济业务的会计处理标准。截至2016 年年底，我国的政府会计具体准则情况如表 1 - 7 所示。

---

① 戚艳霞，张娟，赵建勇. 我国政府会计准则体系的构建［J］. 会计研究，2010（8）.

表 1-7　政府会计具体准则一览表

	框　架	基本内容
政府会计准则第1号——存货	第一章　总则 第二章　存货的确认 第三章　存货的初始计量 第四章　存货的后续计量 第五章　存货的披露 第六章　附则	存货准则所规范的存货，是指政府会计主体在开展业务活动及其他活动中为耗用或出售而储存的资产，如材料、产品、包装物和低值易耗品等，以及未达到固定资产标准的用具、装具、动植物等。考虑到政府储备物资的取得、调拨、管理、处置、权属确定等与本准则规范的存货有较大不同，因此将其排除在存货准则范围以外。另外，考虑到政府收储土地规模较大且具有不同于一般存货的显著特点，也对其进行了范围排除。关于政府储备物资、收储土地等，我们将单独制定相关准则
政府会计准则第2号——投资	第一章　总则 第二章　短期投资 第三章　长期投资 第四章　投资的披露 第五章　附则	投资准则所规范的投资，是指政府会计主体按规定以货币资金、实物资产、无形资产等方式形成的股权和债权投资，分为短期投资和长期投资。政府会计主体外币投资的折算，适用其他相关政府会计准则。另外，关于PPP模式中政府的投资，鉴于其涉及的核算内容较为复杂，我们拟单独制定相关准则
政府会计准则第3号——固定资产	第一章　总则 第二章　固定资产的确认 第三章　固定资产的初始计量 第四章　固定资产的后续计量 第五章　固定资产的披露 第六章　附则	固定资产准则所规范的固定资产，是指政府会计主体为满足自身开展业务活动或其他活动需要而控制的，使用年限超过1年（不含1年）、单位价值在规定标准以上，并在使用过程中基本保持原有物质形态的资产，一般包括房屋及构筑物、专用设备、通用设备等。考虑到公共基础设施、政府储备物资、保障性住房为政府会计主体经管的资产，其使用目的和管理方式不同于一般固定资产，且这类资产规模较大，有关管理办法还在研究制定之中，我们拟根据具体情况制定相关准则。另外，自然资源资产的定义和内涵尚不明确，是否需要制定相关准则，需要做进一步研究
政府会计准则第4号——无形资产	第一章　总则 第二章　无形资产的确认 第三章　无形资产的初始计量 第四章　无形资产的后续计量 第五章　无形资产的披露 第六章　附则	无形资产准则所规范的无形资产，是指政府会计主体控制的没有实物形态的可辨认非货币性资产，一般包括专利权、商标权、著作权、土地使用权、非专利技术以及其他财产权利等

3. 具体准则的结构

内部结构性，是指具体准则的内部结构，即具体准则的表述方式、层次及内容等。具体准则的内部结构一般包括以下几个方面：

（1）总则。总则是每一项具体准则最前面的概括性条文。一般包括每项准则制定的目的、适用范围、术语定义、本准则与其他准则之间的关系等。总则具有较强的概括性。总则中所涉及的术语定义，通过揭示术语的内涵，指出会计术语所反映的本质内容，明确术语的逻辑方法，以便于会计确认、计量和报告等会计行为。

（2）基本内容。具体准则的基本内容，是对每项具体会计准则所要规范的具体内容的界定，是具体事项确认、计量、记录以及可供选择的方法与程序。例如，存货具体准则，首先应界定存货的范围、确认标准、计量模式和方法的选择等。这是每项具体准则的实质核心，对范围、确认标准要力求制定同一尺度，便于最终汇总，而对于计量模式与计价方法的选择则应适度宽松，给会计主体一定的选择权，体现行业和企业的特点。

（3）披露。"披露"与"列报"是在会计文献中出现较为频繁的概念。其关系如何？列报，是指交易和事项在报表中的列示和在附注中的披露。在财务报表的列报中，"列报"通常反映资产负债表、利润表、现金流量表和所有者权益变动表等报表中的信息，"披露"通常反映附注中的信息。

会计确认、计量、记录的最终目的是向与企业有经济利益关系者披露相关财务信息，是会计行为的终结。应否披露、披露什么、披露多少应结合具体会计目标及其实际内容而加以规定，使整体结构与内部结构相协调、一致。

（4）附则。附则是具体准则的附属部分，主要对实施日期等专门术语以及与过去相关准则的关系等内容做出规定，一般不对实质性内容做出规定，是具体会计准则的制定机构对已公布和实施的具体会计准则保留的解释、说明权。所有的法律、法规不论是否设立了附则一章，都有实施时间的规定，并且只要设有附则一章，其实施时间一般都放在附则中规定。

基本准则为在政府会计具体准则层面规范政府发生的经济业务或事项的会计处理提供了基本原则。四项具体准则依据基本准则制定，其适用范围、资产确认标准和计量要求等均与基本准则保持一致，保证了政府会计标准体系的内在一致性。

（三）应用指南

一项具体准则不论订得多么详细，在执行过程中，总会遇到一些难以解决或不明确的问题。这就需要指南或解释，如同法律需要指南或解释一样。指南或解释是需要有权威性的，它同准则应具有同等效力①。

政府会计"应用指南"，顾名思义是要解决应用问题的。按照《现代汉语词典》的解释，"应用"有"使用""直接用于生活或生产的"等含义。"应用"，是指能将学习材料用于新的具体情境，包括原则、方法、技巧、规律的拓展，代表较高水平的学习成果。"应用"需要建立在对知识点掌握的基础上。"指南"，即辨别方向的依据，为人们提供指导性资料或情况的东西。将"应用指南"引入政府会计领域，是指导会计人员将具体会计准则直接应用在会计实践活动中的依据。应用指南是政府会计准则体系的组成部分，它是针对准则难点和关键点所做的操作性规定，主要包括具体准则解释和会计科目、主要账务处理等，为政府执行会计准则提供操作性规范。虽然具体准则为会计实践活动提供具体可操作性的依据，但不可否认，会计活动是紧密结合实践的一项复杂的系统工程，在具体实施中，面临着一系列的技术难题。政府会计准则应用指南是由财政部颁布的部门规章，是对会计准则的进一步解释和具体说明，具有与基本准则、具体准则同等的法律效力。可见，它是我国法规体系的有机组成部分。

应用指南一般包括三个部分：一是准则解释，主要对各项准则的重点、难点和关键点进行具体解释和说明；二是会计科目，主要根据政府会计准则规定应当设置的会计科目及主要账务处理等；三是财务报表，主要根据政府会计准则规定以及主要账务处理结果，对报表格式及编制提出若干要求等。

第四节　政府会计基本准则的性质及其结构

一、政府会计基本准则的性质及其作用

从国际会计惯例看，无论是国际会计准则理事会，还是美国等国家或者地区，在其会计准则中通常都制定有"财务会计概念框架"，它既是制定国际财务报告准则和有关国家会计准则的概念基础，也是会计准则制定应当遵循的基本法则。

---

① 葛家澍. 关于会计准则与会计制度的关系等问题 [J]. 会计研究，1995（1）.

在会计准则体系中，基本准则是"顶层设计"，重点在于明确基本原则和方法，构建会计语言的框架体系①。我国政府会计基本准则类似于国际会计准则理事会的《编报财务报表的框架》、国际公共部门会计准则的概念框架和美国财务会计准则委员会的《财务会计概念公告》，在政府会计准则体系建设中扮演着同样的角色，它在整个政府会计准则体系中起着统驭作用。如果说，《会计法》《预算法》是整个会计规范体系中的基本法，那么，基本准则就是整个准则体系中的基本法。它采用假设、目标、要素、确认、计量、披露等基本概念和一般原则，指导会计准则的制定，评估已制定的会计准则，并对在没有具体准则的领域中所发生的一些交易和事项进行恰当的会计处理。所以，我国的基本准则，既是理论，又是准则。基本准则规范了包括财务报告目标、会计基本假设、会计信息质量要求、会计要素的定义及其确认、计量原则、财务报告等在内的基本问题，是会计准则制定的出发点，是制定具体准则的基础。

在我国，会计准则属于法规体系的组成部分。根据《立法法》的规定，我国的法规体系通常由四个部分构成：一是法律；二是行政法规；三是部门规章；四是规范性文件。其中，法律由全国人民代表大会常务委员会通过，由国家主席签发；行政法规由国务院常务委员会通过，由国务院总理签发；部门规章由国务院主管部门部长以部长令签发。在我国政府会计准则体系中，基本准则属于部门规章。

政府会计基本准则是进行会计核算工作必须共同遵守的基本要求，它体现了政府会计核算的基本规律。基本准则用于规范政府会计目标、政府会计主体、政府会计信息质量要求、政府会计核算基础，以及政府会计要素定义、确认和计量原则、列报要求等原则事项，是对会计核算一般要求所做出的原则性规定。该准则具有覆盖面广、概括性强等特点。基本准则指导具体准则的制定，并为政府会计实务问题提供处理原则，其作用主要表现在以下几个方面：

第一，基本准则是统驭具体准则制定的依据。基本准则规范了包括财务报告目标、会计基本假设、会计信息质量要求、会计要素的定义及其确认与计量原则、财务报告等在内的基本问题，是制定具体准则的基础，对各具体准则的制定起着统驭作用，可以确保各具体准则的内在一致性。《基本准则》第三条明确规定："企业会计准则包括基本准则和具体准则，具体准则的制定应当遵循本准则

---

① 戴柏华.认真学习贯彻《政府会计准则——基本准则》　加快推进政府会计改革［EB/OL］.［2015－12－21］. www.gov.cn.

（即基本准则）。"在政府会计准则体系的建设中，各项具体准则也都明确规定按照基本准则的要求制定和完善。

第二，为会计实务中出现的、具体准则尚未规范的新问题提供会计处理依据。在会计实务中，政府经济交易或事项是在不断发展的，一些新的交易或者事项在具体准则中尚未规范但又急需处理，这时，政府不仅应当对这些新的交易或者事项及时进行会计处理，而且在处理时应当严格遵循基本准则的要求，尤其是基本准则关于会计要素的定义及其确认与计量等方面的规定。因此，基本准则不仅扮演着具体准则制定依据的角色，也为会计实务中出现的、具体准则尚未做出规范的新问题提供了会计处理依据，从而确保了政府会计准则体系对所有会计实务问题的规范作用。

二、政府会计基本准则的结构

一部法律，在形式上可以分为法律的外部结构和法律的内部结构。研究法律的外部结构，主要是研究法律条文的安排和布局问题。法律的内部结构，是指法律规范内部各个组成部分的搭配和排列方式①。研究政府会计准则框架问题也是如此。

政府会计基本准则结构，是指组成政府会计基本准则整体的各部分的搭配和安排。该准则具有严谨的系统性，并且也是一个有机整体。科学设定政府会计准则的外部结构和内部结构，可以使准则更加准确地反映社会关系的要求，更易于社会各界理解、掌握和运用该法律。基本准则的结构如图1-4所示。

在会计准则体系中，基本准则是"顶层设计"，重点在于明确基本原则和方法，构建会计语言的框架体系。《基本准则》共六章62条。

第一章为总则。总则是该制度的总纲或基本规定，对会计制度的重要原则问题、各章节核心内容以及不宜在其他各章节中做规定的问题等做出规定。就本准则来说，总则的规定对本准则各章节具有统驭作用。总则的具体内容如下：

第一，立法目的和制定依据。立法目的条款是在法律文本中专门用来表述整个法律文本之目的的特定法条形式，一般是指通过立法及法规实施所要达到的意图和目的，如《基本准则》第一条中的"为了规范政府的会计核算，保证会计信息质量"，即《基本准则》的立法目的。制定依据是指《基本准则》产生的依托或根据，如《中华人民共和国会计法》《中华人民共和国预算法》等。

---

① 孙佑海. 循环经济法的基本框架和主要制度论纲［J］. 法商研究，2007（3）.

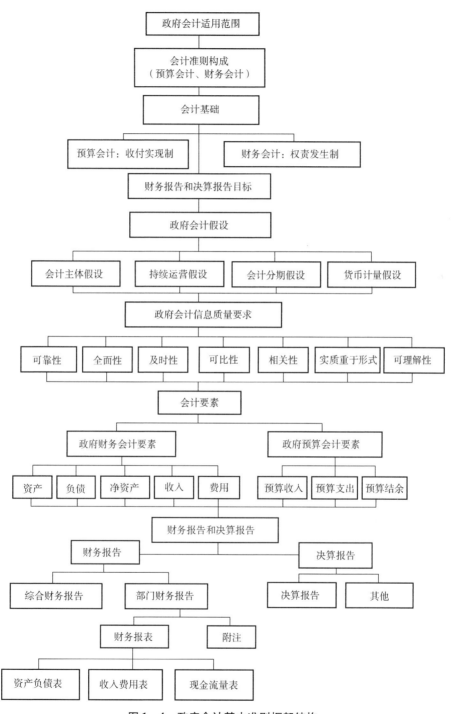

图1-4　政府会计基本准则框架结构

第二，适用范围。法律的适应范围（即其效力范围）一般包括三个方面的内容，即法律在空间上、时间上的效力范围以及法律对人的效力范围。如《基本准则》第二条指出，本准则适用于各级政府、各部门、各单位（以下统称"政府会计主体"）。可见，准则主要对其在空间上的效力范围做出明确的规定。

第三，政府会计体系与核算基础。我国政府会计体系，是从预算会计体系逐步演化而来的。我国在制定政府会计的过程中，立足国情，充分研究国外政府会计的形成过程、体系结构、主要内容、实施范围等，并在此基础上构建了由财务会计和预算会计构成的科学的政府会计体系。

第四，政府会计基础诸如现金制、应计制是政府会计的一个基本问题，也是政府会计改革的核心，关系到政府会计体系的建设与发展[①]。会计核算基础有收付实现制和权责发生制。财务会计应当采用权责发生制，预算会计一般采用收付实现制，实行权责发生制的特定事项应当符合国务院的规定。

第五，政府会计准则体系。政府会计准则是一个完整体系，包括基本准则、具体准则及应用指南。基本准则是政府会计准则体系的概念基础，其作用是指导具体准则的制定和为尚无具体准则规范的会计实务问题提供处理原则；具体准则用于规范政府发生的经济业务或事项的会计处理，详细规定经济业务或事项引起的会计要素变动的确认、计量、记录和报告；应用指南包括会计科目设置及使用说明、财务报表格式及编制说明等。

第六，政府会计目标。政府会计目标是政府会计理论最为基础的部分。从事任何科学的研究工作，都必须首先明确学科的研究范围和目标，政府会计这门学科也不例外。本准则分别就预算会计、政府会计目标做出明确的规定，同时也具体提出了政府会计信息使用者。

第七，政府会计前提（假设）。在政府领域，会计前提是对某些未被认识的会计现象，根据客观的正常情况或趋势所做的合乎情理的判断和估计，从而形成会计信息系统赖以存在的构成会计思想基础的公理或假定。依据这些前提条件，会计核算的范围、内容与期间能得以界定，会计人员也能确定收集和加工会计信息的程序和方法。目前，公认的四大基本前提为会计主体、持续经营、会计分期和货币计量。

---

① 荆新，高扬．政府会计基础模式：比较与选择［J］．财务与会计，2003（9）．

此外，本准则还对记账方法等内容做出规定。

第二章为政府会计信息质量要求。政府会计为实现其目标，需要提供满足使用者需求的政府会计信息，如果提供的信息不具备一定的质量要求或特征，就无法满足使用者的需求，政府会计自然也就未能完成其目标。第二章明确了政府会计信息应当满足的七个方面质量要求，即可靠性、全面性、相关性、及时性、可比性、可理解性和实质重于形式。

第三章为政府预算会计要素。现代会计学家认为，会计要素是最基本的会计概念，是对会计对象所做的基本分类。会计要素的重要性并不低于会计假设和会计原则，它是会计理论研究的核心内容和连接各种会计实践（将财务会计要素及其加工生成的信息传递给使用者）的桥梁和纽带，会计要素的划分科学与否，对于完善政府会计准则、实现会计目标以及为信息使用者提供有用的会计信息具有重要意义，同时也关系到会计确认、计量、记录与报告的准确性。因此，无论营利组织会计准则还是政府会计准则，都将会计要素作为其规范的核心内容。前已述及，政府会计主要是由财务会计和预算会计组成。虽然两者均寓于政府会计体系之中，但两者目标不尽相同，确认、计量和报告的内容也存在差异。第三章规定了政府预算会计要素，规定了预算收入、预算支出和预算结余三个预算会计要素的定义、确认和计量标准，以及列示要求。

第四章为政府财务会计要素。本章规定了资产、负债、净资产、收入和费用五个财务会计要素的定义、确认标准、计量属性和列示要求。

第五章为政府决算报告和财务报告。政府决算报告和财务报告分别反映了预算会计、财务会计一定时期确认、计量和报告政府会计主体运营活动的结果，也是政府会计主体预算收支执行结果或财务状况和运行情况、现金流量等增减变动情况的综合反映。第五章规定了决算报告、财务报告和财务报表的定义、主要内容和构成。

第六章为附则。根据《现代汉语词典》的解释，附则是"附在法规、条约、规则、章程等后面的补充性条文，一般是关于生效日期、修改程序等的规定"。基本准则的附则也是如此。此外，为了理解基本准则中的重要概念，使人们对此有一个统一、正确的认识，基本准则附则还规定了相关基本概念的定义。

第五节　政府与企业会计基本准则的比较

　　《政府会计准则——基本准则》与《企业会计准则——基本准则》分别作为政府和企业会计的"概念框架"，统驭政府和企业会计具体准则、应用指南以及相关会计制度的制定，并为政府和企业会计实务问题提供处理原则，为编制各自财务报告提供基础标准。但由于政府与企业各自目的不同，规范各自领域会计活动的基本准则也必然存在一定的差异。本节以两个准则为依据，对两者异同进行比较与分析。

一、准则框架结构的比较

　　纵观两个基本准则，其框架结构差异不大，基本一致。它们均采用中国法律"章节加条文"的形式，没有简单地搬套国际财务报告准则、国际公共部门会计准则所采取的引言、范围、定义、内容等体例，使我国所有的会计标准达到一致和统一。两个基本准则框架结构的比较，如表 1-8 所示。

表 1-8　两个基本准则的框架结构

《政府会计准则——基本准则》	《企业会计准则——基本准则》
第一章　总则	第一章　总则
第二章　政府会计信息质量要求	第二章　会计信息质量要求
第三章　政府预算会计要素	第三章　资产
第四章　政府财务会计要素	第四章　负债
第五章　政府决算报告和财务报告	第五章　所有者权益
第六章　附则	第六章　收入
	第七章　费用
	第八章　利润
	第九章　会计计量
	第十章　财务会计报告
	第十一章　附则

由表1-8可见，两个基本准则规范的内容主要涉及总则、会计信息质量要求、会计要素确认和计量原则、财务报告等会计基本问题。两个基本准则之间的差异突出地表现在两个方面：一是《政府会计准则——基本准则》包括"政府预算会计要素"；二是《企业会计准则——基本准则》单独设置了"会计计量"一章。

首先，众所周知，一个政府的财务管理和预算构成该政府运行的基础。在现代社会，预算编制、修订、发布等内容，既是政府活动的核心，也构成预算会计的核心内容。预算是国家政权建设的一个重要组成部分，是国家管理社会经济事务、实施宏观调控的重要手段。它是国家的基本财政计划，是财政管理的核心环节。它反映着整个国家的路线、政策，规定了政府活动的范围和方向，反映着国家施政方针和效果。因此，单独将预算作为政府会计基本准则规范的内容，并指导相关内容的确认和报告是有其特殊意义的。

其次，对会计要素确认、计量、报告构成了财务会计的重要特征，其中，计量在财务会计体系中居于核心地位。为此，《企业会计准则——基本准则》单独设置一章对会计计量属性问题进行了专门规范，要求企业在对会计要素采用历史成本计量的同时，还可以在保证会计要素金额可靠计量的前提下，采用重置成本、可变现净值、现值和公允价值的多元计量模式，并对这些计量基础的概念、含义和应用条件等做出了原则性规定。与此不同的是，《政府会计准则——基本准则》未将会计计量单独设置一章，而是将此内容融合在资产要素中。

二、会计基础和财务报告目标的比较与分析

（一）关于会计基础的比较与分析

选择一定的会计基础，对于任何会计体系都是至关重要的。会计基础是指会计交易或事项的记账基准。其核心涉及两个方面的内容：一是交易或事项发生该不该记账；二是收入和费用应该属于本期还是属于下期。

无论是《政府会计准则——基本准则》还是《企业会计准则——基本准则》，有关会计基础、财务报告目标相关问题都是安排在总则中予以规范。总则主要是对"准则或制度"中的重要原则问题、各章节主要核心内容、不适宜在其他各章节中规定的问题等所做出的原则性规定，它对各章节的相关内容具有统

驭的作用。

权责发生制能够更好地反映会计主体的财务状况、经营成果，提供更具决策相关性的信息，使其成为企业会计的基础。对此，《企业会计准则——基本准则》第九条规定，企业应当以权责发生制为基础进行会计确认、计量和报告。

但《政府会计准则——基本准则》规定采用两种会计基础，即预算会计实行收付实现制，财务会计实行权责发生制。

众所周知，《预算法》是规范政府预算行为的根本大法，而我国《预算法》第五十八条规定，各级预算的收入和支出实行收付实现制。作为反映政府预算执行情况的预算会计必须采用与预算法相一致的会计基础，即收付实现制。虽然预算会计与政府财务会计同为政府会计的有机组成部分，但两者也存在一定差异。《政府会计准则——基本准则》合理划分、明确会计基础适用范围：预算会计一般实行收付实现制，财务会计实行权责发生制。通过预算会计核算形成决算报告，通过财务会计核算形成财务报告，全面、清晰反映政府预算执行信息和财务信息。

从会计基础角度，对政府财务会计与预算会计做适度分离，厘清预算管理、财务管理与政府会计三者之间的关系，有利于更大程度地发挥政府会计的财务与预算管理功能，能够实现我国政府预算会计"合规性"和政府财务会计"绩效性"的双重管理目标。

按照《政府会计准则——基本准则》的规定，政府会计由预算会计和财务会计所组成。

（二）报告目标的比较与分析

与企业会计财务报告目标作用相同，政府会计财务报告目标也直接决定着政府财务报告披露内容、形式，并决定着《政府会计准则——基本准则》中会计主体、会计基础、会计政策等相关问题。根据财务报告目标理论，谁是财务报告使用者、需要什么信息以及以何种方式提供信息构成了财务报告的完整体系。两个基本准则在这三个方面都存在一定差异。

政府与企业目的不同，会计信息使用者不同。《政府会计准则——基本准则》指出，政府决算报告使用者包括各级人民代表大会及其常务委员会、各级政府及其有关部门、政府会计主体自身、社会公众和其他利益相关者，政府财务报告使用者包括各级人民代表大会常务委员会、债权人、各级政府及其有关部门、政府会计主体自身和其他利益相关者。

《企业会计准则——基本准则》没有这样众多差异的会计信息使用者。其财务会计报告使用者包括投资者、债权人、政府及其有关部门和社会公众等。可见，《企业会计准则——基本准则》将投资者作为首要的服务对象和会计信息使用者。

财务报告的目标是向财务报告使用者提供与政府的财务状况、运行情况和现金流量等有关的信息，反映政府会计主体公共受托责任的履行情况，有助于财务报告使用者做出决策或者进行监督和管理。

可见，两个基本准则明确提出了"财务会计报告目标"的概念，并对"财务会计报告目标"进行了理论概括，根据我国国情的特殊性，以及资本市场发育程度和两权分离情况的不均衡性，明确提出我国财务会计的目标，不仅要提供有关各方所需的会计信息，而且也要反映管理层受托责任的履行情况，有助于财务会计报告使用者做出经济决策。两个基本准则将"决策有用观"与"受托责任观"两种观点有机地结合起来，明确了会计信息的使用者及其用途，不仅为建立和完善具体会计准则指明了方向，也为会计要素的构建、财务会计报告的设计提供了可靠的依据。

三、会计信息质量要求的比较

高质量的会计信息是政策制定者和市场参与者进行经济决策和反映评价其受托责任履行情况的重要依据。作为会计基本准则的重要组成部分，会计信息质量要求起着承上启下的作用，是连接财务报告目标和基本准则其他组成部分的桥梁。一方面，会计信息质量要求是财务报告目标的具体化，体现着财务报告目标在信息质量方面的要求；另一方面，会计确认、计量、记录和报告的处理程序及基本方法标准的原则性规定，直接受到会计信息质量要求的指导。为此，两个基本准则无论是从结构还是从内容看，都十分关注会计信息质量。在两个基本准则的第一章"总则"后，专门设置了第二章"会计信息质量要求"，对会计信息质量要求做出了明确规范，既突出了会计信息质量要求在基本会计准则体系中的重要性，又使第二章逻辑性更强，使之与新准则第一条"保证会计信息质量"相呼应，使基本准则本身更具逻辑性。

需要说明的是，两套准则在以下方面存在差异：一是重要性和谨慎性是企业会计信息质量要求的内容，但《政府会计准则——基本准则》未将两项信息质量要求纳入其中；二是全面性信息质量要求体现在《政府会计准则——基本准则》中，但在《企业会计准则——基本准则》中未包括此项信息质量要求。

四、会计要素的比较

两个基本准则在会计要素的构成、定义及要素确认与计量要求上既有相同点又存在差异。

（一）会计要素的种类不同

《企业会计准则——基本准则》规定了资产、负债、所有者权益、收入、费用和利润六个会计要素。企业可以据此描述、归纳企业经营活动的基本规律，揭示会计要素变化的内在联系，反映企业的财务状况和经营成果。

与《企业会计准则——基本准则》不同，《政府会计准则——基本准则》关于会计要素的规定分为两部分：一是政府预算会计要素，包括预算收入、预算支出与预算结余；二是政府财务会计要素，包括资产、负债、净资产、收入和费用五个会计要素。

两个基本准则名称相同的要素，其内容有相同的一面，也存在一定区别。

（二）会计要素的定义不同

有关会计要素的定义及其确认与计量是基本准则的核心内容之一。由于企业与事业单位在性质上存在一定的差异，两个基本准则关于会计要素的定义存在明显的不同。

五、财务报告的比较

为了总括反映会计核算的结果，两个基本准则在对会计要素进行规定之后，均单列了报告一章，对报告的内容做了原则性的规定，但两者在以下几个方面存在差异。

（一）名称不同

《政府会计准则——基本准则》将报告一章称为"政府决算报告和财务报

告",而《企业会计准则——基本准则》使用的是"财务会计报告"的称谓。可以看出,《政府会计准则——基本准则》中"报告"的内容包括预算执行情况报告,即决算报告和财务状况报告,而《企业会计准则——基本准则》中不包括预算报告。

两个基本准则关于财务报告的概念差异不大,体现了该报告是反映会计主体某一特定日期的财务状况和某一会计期间的运行情况及现金流量等信息的文件,包括财务报表和其他应当在财务报告中披露的相关信息和资料。两者编制的基础一致,采用权责发生制。

"政府决算报告"是政府会计准则特有的内容。它是综合反映政府会计主体年度预算收支执行结果的文件,通常包括决算报表和其他应当在决算报告中反映的相关信息和资料。

两者的差异主要基于以下原因:一是《企业会计准则——基本准则》与《会计法》《企业财务会计报告条例》中财务会计报告的称谓相吻合;二是"财务会计报告"与国际通用的说法一致,便于与国外沟通。

(二)组成内容不同

《政府会计准则——基本准则》的"报告"部分,包括"政府决算报告"和"政府财务报告"两大部分。其中,政府决算报告包括决算报表和其他应当在决算报告中反映的相关信息和资料。政府决算报告的编制主要以收付实现制为基础,以预算会计核算生成的数据为准。政府财务报告的编制主要以权责发生制为基础,以财务会计核算生成的数据为准。两个基本准则关于财务报告的组成内容区别如表1-9所示。

表1-9 财务报告的比较

政府财务报告	政府综合财务报告	财务报表				其他
	政府部门财务报告	资产负债表	收入费用表	现金流量表	附注	
	企业财务报告	资产负债表	利润表	现金流量表	附注	

政府综合财务报告是指由政府财政部门编制的,反映各级政府整体财务状况、运行情况和财政中长期可持续性的报告。政府部门财务报告是指政府各部

门、各单位按规定编制的财务报告。

此外，两个基本准则关于财务报表以及附注的界定也是基本一致的。

政府财务报告的内容远比企业财务报告内容宽泛，除了要包括会计报表及报表附注说明外，还应包括与政府使用、管理公共经济资源有关的多方面说明。

第二章

总则

第一节　基本准则制定的目的、依据和适用范围

为了规范政府的会计核算，保证会计信息质量，根据《中华人民共和国会计法》、《中华人民共和国预算法》和其他有关法律、行政法规，制定本准则。

（《政府会计准则——基本准则》第一条）

本准则适用于各级政府、各部门、各单位（以下统称"政府会计主体"）。

前款所称各部门、各单位是指与本级政府财政部门直接或者间接发生预算拨款关系的国家机关、军队、政党组织、社会团体、事业单位和其他单位。

军队、已纳入企业财务管理体系的单位和执行《民间非营利组织会计制度》的社会团体，不适用本准则。

（《政府会计准则——基本准则》第二条）

按照《现代汉语词典》的解释，总则是指"规章条例的最前面的概括性条文"。它是一部法规的总纲，或基本规定。主要对该部法规的重要原则问题、各章节主要的核心内容、不适宜在其他各章节中做规定的问题等做出规定。我国一般法规都有总则这一章，基本准则也是如此。

一、制定基本准则的目的

很长一段时期，我国政府领域的会计标准体系为预算会计体系。该体系的特点是以收付实现制为核算基础，并以财政总预算会计制度、行政单位会计制度、事业单位会计准则或制度为依据，主要提供反映政府预算执行情况的信息。在当时的历史背景和经济环境下，这一体系在准确反映预算收支情况、加强预算管理和监督等方面发挥了重要的基础性作用。

迈克尔·查特菲尔德（1974）指出：会计的发展是反应性的，也就是说，会计主要是应一定时期的商业需要而发展的，并与经济的发展密切相关[1]。政府会计的发展也是如此。随着我国政治、经济的发展，预算会计标准体系的局限性日趋凸显，如制度、办法、规定等种类繁多，缺乏统一、规范的政府会计准则体

---

[1]　查特菲尔德. 会计思想史［M］. 北京：中国商业出版社，1989：2.

系，不能提供信息准确完整的政府财务报告，不能如实反映政府的资产或负债，不能客观反映政府运行成本等。同时，也无法满足公共财政管理的一系列改革举措（如：部门预算、国库集中收付制度、政府收支分类、财政拨款结转和结余资金）对政府会计核算所提出的新要求。2013 年 11 月，党的十八届三中全会提出了"建立权责发生制的政府综合财务报告制度"的重要战略部署；2014 年 8 月 1日，新修订的《预算法》也对各级政府财政部门按年度编制以权责发生制为基础的政府综合财务报告做出明确规定；2014 年 12 月，国务院批转了财政部《权责发生制政府综合财务报告制度改革方案》，确立了政府会计改革的指导思想、总体目标、基本原则、主要任务和实施步骤；2015 年 10 月 23 日，财政部发布了《政府会计准则——基本准则》（财政部第 78 号令），即《基本准则》。《基本准则》的出台，开启了构建统一、科学、规范的政府会计标准体系的大门，在我国政府会计改革进程中具有重要的里程碑意义。

《基本准则》第一条开宗明义指出了制定该准则的目的，具体表现为以下两个方面。

（一）规范政府的会计核算

财政是国家治理的基础和重要支柱，政府会计是财政管理的一项重要基础性工作。政府会计的目标是提供定期的财务报表，反映政府公共服务和分配公共资源的情况，充分揭示政府的财务状况、财务业绩和受托责任履行情况。俗语讲："没有规矩，不成方圆。"政府会计活动必须有一定的"游戏规则"，使其提供的信息能够满足政府各种管理活动、各类决策行为的需要。规范政府的会计核算可以采用不同的形式，会计准则和会计制度则是两种主要的规范形式。由于会计制度历史悠久，具体且易懂易学，操作方便，所以其长期以来成为政府会计工作者喜闻乐见的一种形式。但由于政府会计环境不断发展和变化，众多新情况、新问题层出不穷，政府会计制度因灵活性差而受到理论界和实务界的诟病，政府会计国际化趋势日益明显，我国政府会计采用准则形式就成为一种必然要求和结果。

会计准则以其能够提高会计人员的职业判断能力，掌握财务会计的全过程，并能举一反三，增强解决新问题的本领[①]等优点，成为全球会计标准采用的主要

---

① 葛家澍. 关于我国会计制度和会计准则的制定问题［J］. 会计研究，2001（1）.

形式。我国的政府会计标准体系由政府会计基本准则、具体准则及其应用指南和政府会计制度组成。《基本准则》明确了政府会计标准体系中需要解决的基本问题、基本原则和方法，它不仅为建立国家统一的政府会计标准体系奠定了基础，也通过所制定的概念或定义、确认、计量和披露标准，规范各级政府、各部门、各单位的会计核算。

（二）保证会计信息质量

任何会计改革的目的都是希望通过实施一系列改革措施或政策，改进会计信息的质量，提高会计信息的决策有用性，增强优化资源配置的功能。政府会计准则的建设也不例外。会计准则是会计活动具有约束作用的一套规则，是一种技术规范。作为政府会计的"概念框架"，《基本准则》统驭政府会计具体准则和政府会计制度的制定，并为政府会计实务问题提供处理原则，为编制政府财务报告提供基础标准，保证政府会计信息的可靠性、全面性、相关性、可比性、及时性和可理解性，发挥政府会计信息在优化资源配置中的作用。

二、制定政府会计准则的依据

《基本准则》在总则中第一条规定，根据《中华人民共和国会计法》（以下简称《会计法》）、《中华人民共和国预算法》（以下简称《预算法》）和其他有关法律、行政法规，制定本准则，其制定依据是非常明确的。

《会计法》是我国一切会计工作的根本大法和母法，也是现代社会经济生活中最基础且最重要的法律之一，是我国会计法律制度层次最高的法律总规范，是制定其他会计法规的依据，也是指导会计工作的最高准则。1999 年修订的《会计法》共 7 章 52 条，包括总则、会计核算、公司与企业会计核算的特别规定、会计监督、会计机构和会计人员、法律责任及附则。

《预算法》是有关国家的预算收入和预算支出，以及进行预算管理的法律规范的总称。它是财政领域的基本法律制度，素有"经济宪法"之称。《预算法》公布于 1994 年，自 1995 年 1 月 1 日起施行。2014 年进行了修改，自 2015 年 1 月 1 日起施行。该法修改后由总则、预算管理职权、预算收支范围、预算编制、预算审查和批准、预算执行、预算调整、决算、监督、法律责任、附则十一章组成。《预算法》作为政府收支的大法和行为准则，同时也是制定政府会计标准体系的依据。

三、会计准则的适用范围

一部法规的适用范围一般是指法律的效力范围，包括在空间上、时间上以及对人的三方面法律效力。就空间来说，《基本准则》第二条规定，本准则适用于各级政府、各部门、各单位（统称为"政府会计主体"）。其中：

各级政府，是指中央人民政府和地方各级人民政府。其中，中华人民共和国国务院，即中央人民政府，是最高国家权力机关的执行机关，是最高国家行政机关，由总理、副总理、国务委员、各部部长、各委员会主任、审计长、秘书长组成。国务院实行总理负责制。国务院秘书长在总理的领导下，负责处理国务院的日常工作。国务院设立办公厅，由秘书长领导。国务院下设国务院办公厅、国务院组成部门、国务院直属特设机构、国务院直属机构、国务院办事机构、国务院直属事业单位、国务院部委管理的国家局、国务院议事协调机构。

地方各级人民政府是地方各级国家权力机关的执行机关，是地方各级国家行政机关。地方各级人民政府实行省长、市长、县长、区长、乡长、镇长负责制。民族自治地方的自治机关是自治区、自治州、自治县的人民代表大会和人民政府。

各部门、各单位，是指与本级政府财政部门直接或者间接发生预算拨款关系的国家机关、军队、政党组织、社会团体、事业单位和其他单位。

需要说明的是，军队、已纳入企业财务管理体系的单位和执行《民间非营利组织会计制度》的社会团体，不适用《基本准则》。

第二节　政府会计构成及其基础

政府会计由预算会计和财务会计构成。

预算会计实行收付实现制，国务院另有规定的，依照其规定。

财务会计实行权责发生制。

（《政府会计准则——基本准则》第三条）

一、政府会计构成

（一）中外关于政府会计构成的不同认识

国际政府会计体系构成不尽相同。20 世纪 50 年代，美国在联邦政府中应用的是纯粹的预算会计。目前，美国的政府会计体系中同时存在着财务会计与预算会计。它的财务会计和预算会计通过基金会计模式有效地整合在一起[①]。

法国 2001 年 1 月 1 日实施的《财政法组织法》要求中央政府必须建立三套会计系统：预算会计系统、财务会计系统和成本分析会计系统。也就是说，法国政府会计是由预算会计、财务会计和成本会计三部分组成的[②]。

如何构建我国的政府会计体系，近年来我国学者做了很多有益的研究。主要观点包括"二元论"、"三元论"和"四元论"。路军伟等（2010）[③]、张琦等（2010）[④] 提出建立包括财务会计和预算会计在内的双轨制政府会计的"二元论"。邓晴晴（2007）[⑤] 提出建立包括政府预算会计、政府财务会计和政府成本会计的"三元论"。陈胜群、陈工孟、高宁（2002）[⑥]、陈劲松等（2008）[⑦] 提出建立包括政府预算会计、财务会计、成本会计和管理会计在内的政府会计系统。此外，姜宏青、杨洁（2015）[⑧] 主张建立多元化政府会计体系，应将财务会计和预算会计相分离；以部门、基金、项目构建多元主体的信息系统；以会计目标为导向对会计事项做多重分类，提供不同维度信息的财务报告，以全面反映和控制政府的财务状况和运营成果。

《基本准则》第三条指出：政府会计由预算会计和财务会计构成。

（二）预算会计

预算会计是"会计"同"预算"复合而成专业性很强的概念。预算对于政

---

① 胡景涛．基于绩效管理的政府会计体系构建研究［D］．大连：东北财经大学，2011．

② 财政部国库司《法国政府会计》考察团．法国的政府会计改革［J］．预算管理与会计，2007（4）．

③ 路军伟．我国政府会计改革取向定位与改革路径设计：基于多重理论视角［J］．会计研究，2010（8）．

④ 张琦，王森林，李琳娜．我国政府会计改革重大理论问题研究［J］．会计研究，2010（8）．

⑤ 邓晴晴．政府成本会计问题研究［D］．厦门：厦门大学，2007．

⑥ 陈胜群，陈工孟，高宁．政府会计基础比较研究：传统的收付实现制与崛起的权责发生制孰优孰劣［J］．会计研究，2002（5）．

⑦ 陈劲松，彭球，石道金．我国政府会计组成体系构建［J］．财会通讯，2008（4）．

⑧ 姜宏青，杨洁．我国多元化政府会计体系构建的探讨［J］．商业会计，2015（7）．

府组织，如同太阳对于太阳系一样。想了解政府会计，而不讨论预算制度就像想了解地球的季节，却不讨论太阳一样。作为政府，其活动是由预算而不是由市场竞争来制约的。除少数情形外，重大的决策——无论是政治上还是管理上的决策都反映在预算中。预算反映了一个政府对即将到来的期间所做的财务计划，公共部门应当以预算为依据，组织财务收支活动，对预算进行监督和报告，这对于评价政府行为的合规性至关重要。

任何政府良好的预算，从编制、执行到完成均依赖于一系列技术和工具的支持。如从我国政府预算管理流程来看，预算编制、预算审批、预算执行、决算监督审查和评估 4 个环节构成了我国的预算管理周期[①]。会计在各个环节发挥其他管理方法或工具无法比拟的作用。预算编制是预算管理的起点和基础，从政府预算编制的准备工作，对政府预算收支进行预测，到编制政府预算草案，每项工作都离不开会计；预算审批是预算管理的法制基础，而审批数据来自会计系统；预算执行是财政、税务、海关及预算部门和单位等预算执行机构每日的工作，贯穿预算管理的始终，预算收入取得、预算支出拨付也是在会计系统中完成或实现的；在决算阶段，对预算管理的合规性和绩效性进行评定更是离不开会计。可见，会计是支持预算编制、执行和完成的技术和工具。

《基本准则》指出，预算会计是指以收付实现制为基础对政府会计主体预算执行过程中发生的全部收入和全部支出进行会计核算，主要反映和监督预算收支执行情况的会计。

预算会计的主体由各级财政部门和单位预算会计组成；预算会计的对象是国家预算执行情况，与预算拨款保持一致，用来跟踪预算的执行，核算预算的现金流入和流出；预算会计以收付实现制为基础，收入在收到现金时核算，费用在付出现金时核算；预算会计是一项服务活动，是为国家预算执行和预算管理服务的专业会计；预算会计的性质是以预算管理为中心的宏观管理信息系统和管理手段等；预算执行结果通过决算报告和财务报告予以反映。

通过上述分析可见，预算与会计是形影不离的。两者的关系可能存在以下三种模式：一是会计系统仅确认、计量、记录和报告预算执行情况，因此，政府财务会计也就是预算会计；二是预算系统和会计系统相互联系，会计信息和预算信

---

① 王秀芝 . 从预算管理流程看我国政府预算管理改革［J］. 财贸经济，2015（12）.

息建立联系，以便会计系统能够对预算进行监督；三是预算系统和财务会计系统相互独立，预算信息和会计信息不相联系。

（三）财务会计

众所周知，会计的发展经历了古代会计、近代会计和现代会计的演进过程。财务会计是从近代会计中分离出来，并伴随着商业、信贷、资本积累的发展而逐步产生和发展的。会计史学认为，20 世纪 30 年代美国"公认会计原则"（GAAP）的出现是财务会计产生的标志。从此，以公认会计原则为依据，侧重于向会计主体外部有经济利益的关系人提供公开财务信息的会计系统，被称为"财务会计"。需要说明的是，财务会计应用于不同领域形成了不同的财务会计门类，如政府财务会计、企业财务会计等。

概括地讲，财务会计主要是为会计主体外部提供财务报告而进行的一项管理活动。《基本准则》第五十九条指出："本准则所称财务会计，是指以权责发生制为基础对政府会计主体发生的各项经济业务或者事项进行会计核算，主要反映和监督政府会计主体财务状况、运行情况和现金流量等的会计。"通过定期提供财务报告，主要向会计主体外部投资者、债权人和其他外部使用者反映会计主体的财务状况、经（运）营成果和现金流量等变动情况，使他们能够客观评价会计主体过去的经营业绩，预测未来的发展趋势，做出合理的决策。

（四）预算会计与政府财务会计关系辨析

改革开放以来，我国会计理论界对预算会计与财务会计的关系问题的认识，可归结为三种观点：一是并列（独立）观，即政府财务会计基本等同于预算会计；二是大财务会计观，即政府会计包括预算会计；三是大预算会计观，即预算会计包括政府会计。随着我国政府会计改革不断深入以及人们对二者关系认识的深化，二者关系也日趋明朗，关于预算会计是政府会计的一个重要组成部分，政府会计除了反映预算编制、调整与执行过程中的预算信息外，还需要全面反映政府的财务状况、营运业绩等财务信息的认识已基本达成一致。

为了深化预算会计与财务会计的关系的认识，丰富政府会计理论，就二者关系分析如下：预算会计与财务会计是政府会计的两个主要领域。西方政府会计中二者的界限是分明的。我国现有的政府会计系统既非单纯的预算会计系统，也非西方国家的政府会计系统，而是一种缺乏完整性与系统性的政府预算会计与财务会计的混合体①。这种混合会计系统既无法反映政府整体财务状况、运营业绩，也难以提供全面的预算信息，发挥预算管理的优势功能。正确界定政府会计并区别预算会计是政府会计改革的理论起点与实施前提。

如前所述，在辨析政府会计与预算会计关系的相关文献中，大致存在"等同观"、"政府会计包括预算会计"和"预算会计包括政府会计"等三种观点。

第一，等同观，即政府会计基本等同于预算会计（刘学华，2004）。这些文献认为，我国使用的预算会计概念就是西方国家使用的政府会计概念，二者只是名称不同，并无实质性区别。

第二，政府会计包括预算会计。目前持这种观点的学者较多，他们主要按照"支出周期"的观念，认为预算会计是追踪拨款和拨款使用的政府会计，它是政府会计的一个重要组成部分（王雍君，2004）。

第三，预算会计包括政府会计（张月玲，2004）。持该观点的学者按照"组织类型"构造框架的思想理解预算会计，认为预算会计包括财政总预算会计、行政单位会计、事业单位会计、国库会计、基建会计及税收会计等部分，而其中只有财政总预算会计与行政单位会计才能被称为政府会计。

本书赞同上述第二种观点，认为预算会计是政府会计的一个重要组成部分，政府会计除了反映预算编制、调整与执行过程中的预算信息外，还需要全面反映政府的财务状况、营运业绩等财务信息。完整的政府会计应该由反映政府预算信息的预算会计和反映政府财务信息的财务会计共同构成，预算会计与财务会计是政府会计体系的组成部分。

1. 预算会计与政府会计的联系

政府会计实质上是现代政府财务会计，它以财务收支为主导，对政府及政府单位的财务交易与事项进行确认、计量、记录和报告，以反映各级政府的一切财务活动的业绩和结果，说明政府承担的受托责任。但是，为了充分体现预算这一法律文件的严肃性，明确预算管理部门和预算执行单位各自的责任，年度预算一经批准，就要在政府会计信息系统内实现对预算的控制和报告，核算预算收入、预算支出和保留支出等总数，因此必须设置预算会计账户加以记录，使用预算会

---

① 张琦，程晓佳. 政府财务会计与预算会计的适度分离与协调：一种适合我国的改革路径［J］. 会计研究，2008（11）.

计技术达到控制的目的。以"对预算的控制和报告"为重心的预算会计将政府预算与政府会计相结合，并通过预算账户来记录和报告支出周期各阶段所发生的预算资金收支及结果，从而实现对预算执行过程的管理和控制，因而是政府会计信息系统中最重要的分支。

2. 预算会计与财务会计的区别

虽然预算会计与财务会计是政府会计的有机组成部分，但彼此之间在确认的对象、目标、会计基础、会计要素等诸多方面仍存在差异。具体表现如表 2 - 1 所示。

表 2 - 1　预算会计与财务会计的区别

比较的内容	政府预算会计	政府财务会计
会计对象	预算资金及其运动	政府负责管理的价值运动
会计目标	预算会计主要通过反映预算资金的收支活动来监督政府机构的预算执行过程，满足预算编制、宏观经济管理以及合规性受托责任的需求	帮助信息使用者评价政府受托责任的履行情况，并做出相关决策
会计基础	收付实现制	采用修正的权责发生制或完全的权责发生制
会计要素	预算收入、预算支出、预算结余	资产、负债、净资产、收入和费用

二、政府会计基础

政府会计由预算会计和财务会计构成。

预算会计实行收付实现制，国务院另有规定的，依照其规定。财务会计实行权责发生制。

（《政府会计准则——基本准则》第三条）

本准则所称收付实现制，是指以现金的实际收付为标志来确定本期收入和支出的会计核算基础。凡在当期实际收到的现金收入和支出，均应作为当期的收入和支出；凡是不属于当期的现金收入和支出，均不应当作为当期的收入和支出。

（《政府会计准则——基本准则》第六十条）

本准则所称权责发生制，是指以取得收取款项的权利或支付款项的义务为标志来确定本期收入和费用的会计核算基础。凡是当期已经实现的收入和已经发生的或应当负担的费用，不论款项是否收付，都应当作为当期的收入和费用；凡是不属于当期的收入和费用，即使款项已在当期收付，也不应当作为当期的收入和费用。

（《政府会计准则——基本准则》第六十一条）

（一）关于会计基础的一般认识

政府会计核算基础的选择一直是世界各国政府会计改革的核心问题。会计基础诸如现金制、应计制是政府会计的一个基本问题，也是政府会计改革的核心，关系到政府会计体系的建设与发展①。研究政府会计基础对于政府会计准则建设具有重要的现实意义。

根据会计分期前提（或假设），无论是企业还是政府的会计核算工作都是分期进行的。在此前提下，任何会计主体同一会计期间的各项收入和费用（支出）的发生与款项的收取或支付都可能出现不一致的情况。例如：本月应收的收入可能在以后月份才收到，也可能在收入实现前收到；应付的费用可能在以后月份才支付，也可能在费用发生前提前支付。对此，关于收入和费用的处理就有两种标准或基础，即收付实现制和权责发生制，二者统称为会计基础。

何谓会计基础？众多专家或学者提出了自己的看法。荆新教授指出："会计基础，指决定交易或事件何时在财务报告中予以确认的会计原则。"② 美国财政学者小罗伯特·D. 李等将会计基础概括为"会计事项的时间安排"③。楼继伟指出："会计上确认一个会计期间的收入与费用从而确定其损益的标准，称之为会计基础或会计处理基础。"④ 国际会计师联合会的研究报告《中央政府的财务报告》指出，会计基础指为编制财务报告的目的而决定在什么时候确认交易或事项的影响的一套会计原则⑤。

会计基础从广义看，是指关于会计交易或事项在时间上进行安排的原则，"交易或事项"、"时间"和"原则"其内涵是十分广泛的；从狭义看，会计基础

①　艾伦，托马斯. 公共开支管理［M］. 章彤，译. 北京：中国财政经济出版社，2009：259.

②　荆新，高扬. 政府会计基础模式：比较与选择［J］. 财务与会计，2003（9）.

③　李，约翰逊，乔伊斯. 公共预算制度［M］. 上海：上海财经大学出版社，2010：274.

④　楼继伟. 政府预算与会计的未来［M］. 北京：中国财政经济出版社，2002：3.

⑤　刘积斌. 西方政府与非营利组织会计摘译［M］. 北京：中国财政经济出版社，1997：5.

是收入与费用何时确认的标准。

根据上述内容，我们对会计基础有以下认识：

第一，会计基础是指对会计事项的处理原则，会计事项仅指单位的收入和支出、费用的确认，而非全部会计交易或事项。

第二，会计基础选择结果，决定了一个单位收入和支出在某一会计期间的配比方式。如果选择收付实现制，其收支以收付现金为标准予以配比；如果选择权责发生制，则以权力或义务形成为标准予以配比。可见，对会计基础的不同选择，会直接影响单位工作业绩和财务成果。

第三，会计基础为决定会计项目能否、何时纳入会计系统提供了依据。确认、计量、记录和报告构成了会计系统的四个环节。会计基础对会计系统的影响是以初始确认为起点，而以财务报表列报、披露为终结，为运用适合有关交易和项目的重大概念提供方法。

（二）会计基础的基本类别：收付实现制

基本类别是根据事物的显著特征对事物所做的分类或区分，它是与详细分类对应的分类方式。会计基础的基本分类有"收付实现制"和"权责发生制"。

收付实现制，也称"现金制"或"现金基础"等。其内涵如何？由于人们的认识视角不同，对此问题的结论也存在一定差异。

美国会计学家艾利克·L.柯勒在其所著《会计词典》中，关于现金制（即收付实现制）有过如下阐述："登记账册之一种基础，与应计制相对照。按照此基础，凡收入与支出事项，当其收支发生时即登入账册，其与收入或费用应归属之时期则无关系。"[①]

日本会计学家番场嘉一郎主编的《新版会计学大辞典》指出："现收现付制是要求企业实际收到现金时，方在会计账簿中记录收益或费用的会计处理标准。"[②]

《国际公共部门会计准则——收付实现制下的财务报告》指出："收付实现制，指只有收到或支付现金的交易和其他事项发生时予以确认的会计基础。"

IFAC（国际会计师联合会）（1991）指出："现金收付制会计测量了现金资源

---

① 柯勒. 会计词典［M］. 龙毓聃，译. 台北：三民书局，1970：78.

② 番场嘉一郎. 新版会计学大辞典［M］. 北京：中国展望出版社，1986：52.

的流动。现金收付制会计只有在收到或支出现金时，各项交易和事项才予以确认。"

我国财政部会计事务管理司所编《企业会计准则讲解》一书指出："在收付实现制下，对收入和费用的入账，完全按照款项实际收到或支付的日期为基础来确定它们的归属性。"[①]

《基本准则》指出，收付实现制，是指以现金的实际收付为标志来确定本期收入和支出的会计核算基础。凡在当期实际收到的现金收入和支出，均应作为当期的收入和支出；凡是不属于当期的现金收入和支出，均不应当作为当期的收入和支出。

综合上述概念，可对收付实现制有以下认识：

第一，在收付实现制下，会计主体通常在发生现金收入或支出的期间确认交易和事项的财务效应，为提高会计行为有效性提供了科学方法和途径。其基本理念是当一个单位提供资源或服务时，只有在实际收到期间才确认收入，而支付职工薪酬、消耗资源、缴纳税费等也只有在现金实际支付时才确认支出或费用。可见，收付实现制在一定范围内为确认收入、支出或费用提供了一种秩序安排。

第二，"现金为尊""现金为王"思想理念构成了收付实现制的基础。进入收付实现制概念或框架的交易和事项，必须引起货币资金的增减变动，否则不属于收付实现制范畴。

第三，收付实现制知识易懂，核算原理浅显，会计处理相对简单、易操作。

收付实现制是一种理论和实践均不完善的会计基础。"现金收付制会计完全缺乏科学性。它没有对会计计量标准加工提炼，也没有详尽地审核收益计算中相互配比项目的相关性。"[②]

收付实现制是根据现金收支确认收入和费用，是一种只看事物表面、不看事物本质的观念。"现金制不能有效地说明政府的短期、中期和长期负债。"[③] 除非在极少数简化的情况下，这种观念是缺乏有用性的。

（三）会计基础的基本类别：权责发生制

顾名思义，权责发生制注重权责的配比，强调的是本会计期间的支出耗费

---

① 财政部会计事务管理司. 企业会计准则讲解［M］. 北京：中国财政经济出版社，1993：49.

② 利特尔顿. 会计理论结构［M］. 北京：中国商业出版社，1989：90.

③ 普雷姆詹德. 有效的政府会计［M］. 北京：中国金融出版社，1996：55.

（责）创造多少收入和效益（权）。美国会计大师利特尔顿认为："权责发生制是财务会计的核心组成内容，是会计走向成熟、科学的标志之一。"[①] 人们把货币计价作为会计的本质特征，在此基础上，按权责发生制进行会计确认，按历史成本进行会计计量和按复式簿记实行会计记录，并将此归纳为现代西方会计的三大基本支柱。

1940 年出版的《公司会计准则绪论》为脍炙人口、具有里程碑意义的世界会计巨著。书中对权责发生制是这样论述的："在外行人看来，'成本'和'费用'指的是支付的现金，而'收入'和'收益'指的是收取的现金。但配比的概念更为深入。会计上配比的不是支付和收取，而是努力和成果、获取的服务和提供的服务、获取的价格积数和处置的价格积数。所有这些都应通过'成本和收入'这一术语以及'权责发生制会计'来加以理解。"[②]

美国会计学家艾利克·L. 柯勒在其所著《会计词典》中对权责发生制的描述为："会计之方法，其收入与支出均系同在特殊期间之时间，诸如一月或年，而均以实现时计入账册，与取得之资产相连，而并不与现金收到或付出之日期有关。"[③]

《国际公共部门会计准则第 1 号——财务报表的列报》指出："权责发生制，指在交易和其他事项发生时（而不仅是收到或支付现金或现金等价物时）对其予以确认的会计基础。"

"权责发生制会计是指如下会计制度：财务交易或经济事件发生后即对其进行会计处理，与什么时间收到或支付与交易或事件有关的现金无关。权责发生制会计报告的是该实体的经济资源或资产和负债。"[④]

萨尔瓦托雷·斯基亚沃—坎波和丹尼尔·托马斯在《公共支出管理》一书中指出："权责发生制会计是指如下会计制度：财务交易或经济事件发生后即对其进行会计处理，与什么时间收到或支付与交易或事件有关的现金无关。权责发

① 利特尔顿. 会计理论结构［M］. 北京：中国商业出版社，1989：90.
② 佩顿，利特尔顿. 公司会计准则绪论［M］. 北京：中国财政经济出版社，2004：18.
③ 柯勒. 会计词典［M］. 龙毓聃，译. 台北：三民书局，1970：13.
④ 斯基亚沃—坎波，托马斯. 公共支出管理［M］. 张通，译. 北京：中国财政经济出版社，2001：458.

生制会计报告的是该实体的经济资源或资产和负债。"①

《国际公共部门会计准则第 1 号——财务报表的列报》准则中指出："权责发生制，指在交易和其他事项发生时（而不仅是收到或支付现金或现金等价物时）对其予以确认的会计基础。"

《基本准则》指出：权责发生制，是指以取得收取款项的权利或支付款项的义务为标志来确定本期收入和费用的会计核算基础。凡是当期已经实现的收入和已经发生的或应当负担的费用，不论款项是否收付，都应当作为当期的收入和费用；凡是不属于当期的收入和费用，即使款项已在当期收付，也不应当作为当期的收入和费用。

应计制是会计走向成熟、科学的标志之一②。长期以来，我国的政府会计都实行收付实现制（事业单位经营性业务除外），这有利于客观地反映和监督政府财政预算的执行情况，对政府加强财政管理起到了积极的作用。随着社会主义市场经济体制的建立和财政管理制度改革的深化，收付实现制基础已经显露出明显缺陷，主要是：无法全面准确地记录和反映政府的财务状况，难以真实、准确地反映各政府部门和行政单位提供公共产品和公共服务的成本消耗与效率水平。

（四）收付实现制框架

1. 收付实现制的目标

收付实现制以某一期间收到和支付的现金的差异来计量财务结果。它向报表使用者提供期间内现金产生来源、现金的用途以及报告日现金余额的信息。计量的关键在于现金余额及其变化。

收付实现制的目标与现金的重要性紧密相关。从广义上说，企业管理最终是对现金流的管理，现金及现金流是企业资产现实和潜在的表现与归宿。就资产而言，除了货币资产外，其他资产主要来源于现金并最终转化为现金，筹资活动、投资活动、经营活动、分配活动等最终体现为现金的流动，表现为"现金—非现金资产—成本费用—商品—现金"的循环周转，资金进入企业、循环周转以及退出企业都是通过现金流动实现的。从长期看，利润也表现为净现金流入量，促进

---

①　斯基亚沃—坎波，托马斯．公共支出管理［M］．张通，译．北京：中国财政经济出版社，2001：458.

②　陈国辉．关于会计信息质量特征［J］．财政监察，2002（7）．

现金流动、关注现金流量、增加现金净流入量，是企业管理和财务管理的共同目标，"现金为王（Cash is King）"也成为企业经营的重要理念，现金流量管理成为财务管理的核心内容①。

基于现金及其流动的重要性，提供现金的"来龙"与"去脉"，把握现金增减变动的态势，以及提供现金存量信息构成收付实现制的目标。

2. 收付实现制的特征

任何一个客体所具有的与其他客体显著的区别，称为该客体的特征。研究收付实现制的特征，就是探讨收付实现制与权责发生制之间的区别。

综合收付实现制的概念，梳理收付实现制的程序，可归纳其以下特征：

第一，在确认环节，收付实现制仅确认收入和费用，并且根据管理目的不同，现金范围有所不同，有时包括库存现金、在途资金和银行存款，有时仅指库存现金。在纯粹的收付实现制下，会计只确认实际已发生的现金收支事项，而不反映与现金收支无关的事项，也不考虑未发生的现金收支或虚拟的现金收支。因此，会计主体确认的全部资产都是现金，它没有现金形式以外的资产，也不可能有债权债务。

第二，在计量、记录环节，计量对象仅局限于现金收入、现金支出及结余，只记录实际已发生的现金收支事项，而不记录与现金收支无关的事项，也不考虑未发生的现金收支，会计期末根据账簿记录确定本期收入和支出，不存在对账簿记录于期末进行调整的问题，也就是说，不像权责发生制那样，有应计、应付、分配、递延或摊销等特殊程序②。

第三，在报告环节，表内列报所有收到的现金都应计入当期收入，所有现金支出也都作为当期费用，收入与费用配比后的净收益实际上就是现金收支的净额。表外披露也仅局限于现金的收支与结存。

3. 收付实现制的要素

（1）现金收入。根据会计师国际联合会公立单位委员会的研究报告，在收付实现制会计下，所有的现金收入，不论是何种类型，都在收到现金时加以确

---

① 栾甫贵. 论新会计准则中的财务理念［J］. 会计研究，2008（2）.

② 李心合. 财务会计理论创新与发展［M］. 北京：中国商业出版社，1999：227－228.

认①。现金收入包括：来自互惠性交易（交换）的收入，如销售商品和服务；来自出售资产或投资的现金收入；来自非互惠性交易的收入，如税收收入、货币发行、补助、捐款和捐赠（包括来自其他主体的转移）；金融业务流入，如利息收入、借款；控制主体方面或所有者的资本投入；托管收入；等等。

（2）现金支出。在收付实现制会计下，所有现金流出业务，不论是何种类型，都在现金支出时加以确认。现金支出包括：与互惠性交易（交换）有关的支出，如获取商品和服务、取得和建造资产、在其他主体上的投资（包括借款和资本投入）；与非互惠性交易有关的支出，如政府转移支付、补助、捐款和捐赠；金融业务流出，如利息支出、债务偿还；托管支出。

现金支出可以分为"经常性支出"或"资本性支出"。如果资产的使用期限预计超过1年，取得资产的支出将被划分为"资本性支出"，否则为"经常性支出"。

（3）现金余额。它是现金收入抵减现金支出后的余额。现金余额既是政府业务活动的结果，也是政府进一步提供公共产品或公共服务活动的基础。

（4）现金报告。关于现金报告的认识主要包括以下三个方面：一是"现金报告"称谓通常与收付实现制相联系；二是现金报告作为财务报表的一种报告模式，其形式为收入支出表，也称"现金流量表"；三是在收付实现制下，财务报表披露的信息表明报告期内的现金开支是多于还是少于它所获得的现金。

4. 修正收付实现制

"修正"，顾名思义，就是修订、更正的意思，可引申为整治、改正、治理。所谓修正的收付实现制，是指在遵循按现金收支确认收入和费用的总体原则下，对其他一些事项（如债权债务、长期资产等），按权责发生制的要求加以确认②。

在探讨"收付实现制框架结构"时提到的收付实现制是指"纯粹的收付实现制"，即会计只确认与现金收支有关的事项，并且，所有支出是作为费用的，实际收到的现金才是收入，它不反映与现金收支无关的非现金事项，因此，会计主体的全部资产都是现金，它没有现金形式以外的资产，也不可能有债权与债务③。这只是纯理论的探讨，但在现实经济活动中，任何政府会计主体的经济业

---

① 会计师国际联合会公立单位委员会. 公立单位委员会11号研究报告［M］. 北京：中国财政经济出版社，2002：38.

② 刘峰. 收付实现制·现金流动制·现金流动会计［J］. 会计研究，1995（2）.

③ 刘峰. 收付实现制·现金流动制·现金流动会计［J］. 会计研究，1995（2）.

务不可能都是纯粹的现金收支业务。

1993 年 7 月国际会计师联合会公立单位委员会第 1 号研究报告指出，现金制和应计制只是会计基础区间上的两个端点，在这两个端点之间，存在着不同的会计基础。

对会计基础区间现金制这一端修正的内容，通常是在财务报表中包括关于在年末后短时期内会导致现金收入或现金付出的交易或事项的信息，同时也包括本期关于现金流动和现金结余的信息。这样，财务报告的要素将包括报告期内现金的流动以及有些应收款项和应付款项，财务报表将说明在报告期内流动的或短期的财务资源及其变动情况①，即将会计期末后一定期间内能够收到的应收款项也作为收入确认，将会计期末后一定期间内需要支付的应付款项也作为支出确认。

（五）权责发生制框架

1. 权责发生制的目标

权责发生制会计的目标包括三个方面：一是严格计量会计期间内所实现的收入；二是严格计量会计期间内所发生的成本；三是把相互关联的收入与成本定期进行配比。在这些目标中，尽可能正确地实现收入与费用的配比尤为重要②。

（1）权责发生制形成的基础——信用。权责发生制形成的基础是什么？人们可能更多从经济视角去寻找答案，但忽略了一个道德范畴，即信用。《牛津法律大辞典》的解释是："信用（credit），指在得到或提供货物或服务后并不立即而是允诺在将来付给报酬的做法。"

采用权责发生制以一定的假设为其前提条件，即存在完备的社会信用基础，使所有的权利和义务都能得到与预期一致的实现或偿付。在这一前提下，应收款项才可能体现为收回等量现金的权利，而负债项目才代表着未来等量现金的流出③。在没有商业信用可言的社会经济环境下，做买卖只能是一手交钱、一手交货，无法应用权责发生制；如果一般的社会信用状况不佳，那么应用权责发生制就存在很大的风险，发出去货，收不回钱，或者交了钱，提不到货。为此，刘峰教授在《收付实现制·现金流动制·现金流动会计》一文中指出，一是商业信

---

① 刘积斌. 西方政府与非盈利组织会计摘译［M］. 北京：中国财政经济出版社，1997：71.

② 利特尔顿. 会计理论结构［M］. 北京：中国商业出版社，1989：83.

③ 杨尚军. 会计物语［M］. 成都：西南交通大学出版社，2008：50.

用的发展，二是以机器大生产为主要特征的工厂制度的出现，企业在从事营利活动时，都必须要预先投入一定量的资金，纯粹的收付实现制在付诸应用时，根据环境的要求进行调整，从而产生了修正的收付实现制。

（2）权责发生制的作用。政府会计为什么要使用权责发生制，使用权责发生制的目的是什么，预算对政府会计起什么作用？这是我们研究权责发生制前必须弄清楚的问题。

权责发生制能够更好地反映有关经济事项的潜在实质。在权责发生制下，负债的记录是在负债发生的时候而不是政府承诺将支付的时候。对资产进行确认，是因为资产在未来使用期间能为会计主体带来利益，所以在每一个使用期间都要反映该项资产的消耗状况。因此，人们能够衡量会计主体的财务状况，并知道该主体多年的运营是改善了财务状况，还是恶化了财务状况。预算是一种非常重要的短期的计划性文件。它告诉你，你今年要花多少钱，花费的计划是什么。但是预算信息不反映每年应计的潜在资产和负债，而这些潜在的资产和负债有助于为政府的长期财务状况提供帮助。如果没有权责发生制会计，在美国很多商业企业可能很多年以前就已经倒闭破产了。我们是从应计的资产和负债里面展望企业未来的发展趋势，以此来决定它在近期内或几年之内能否生存的[①]。政府会计采用会计基础的原因也是如此。

部分国家实施权责发生制的情况表明，其在改进政府管理方面取得了明显的效果。主要表现在以下几个方面：一是使政府管理决策更为相关，采用权责发生制，能够全面反映政府的资产、债务情况，如政府会计主体债权资产、隐性债务、国债转贷债务等在收付实现制下不能得到全面反映，而采用权责发生制能够提供与此相关的信息，使政府会计主体相关决策更为科学、谨慎；二是有助于政府防范各类风险，权责发生制基础使政府筹集资金、偿付债务和履行义务的持续能力等信息能够真实、全面地得到反映，使政府能够及时了解各种风险情况，提高防范风险的能力；三是能够全面反映政府对资源的有效管理及其在服务成本、效率、成果方面取得的业绩。

（3）权责发生制的灵魂：收入与费用配比。取得高于费用的收入，是任何商业活动所追求的目标。因而，记录、核算并比较收入与费用，一直就是会计的

---

① 财政部会计司．美国政府及非营利组织会计讲座［M］．北京：中国财政经济出版社，2002：30.

主要目标。复式簿记就是因这一目标而产生的，它更好地履行这一目标的要求，促使会计方法得到发展与完善①。

（4）权责发生制技术方法。权责发生制会计是通过一些特定的会计处理方法来实现其目标的，如应计法、递延法及摊销法。其中，应计法按照某一会计期间内资产、负债、收入与费用实际发生的变化进行会计处理，即使这些应计项目的现金收付将在未来会计期间进行；递延法恰好与应计法相反，就递延项目而言，其现金收付发生在过去，而其经济收益则产生于未来，因而，收入或费用的确认要递延到未来会计期间；摊销法是定期冲销一项资产的账面价值以确认相应费用的会计处理方法。

（5）修正的权责发生制。对会计基础区间权责发生制这一端修正的内容，是从财务报表中去掉实物资产。这些报表由此将通过报告负债和金融资产来阐明主体未来对基金的需求。这样，财务报表的要素就有负债、收入、可以用于偿还到期负债的那些资产（金融资产）以及为取得用于提供货品和劳务的资产而发生的支出。另外，财务报表可以这样来构筑，即在财务报表中区分花费在取得的在本报告期间已经耗用了的货品和劳务上的价值，以及花费在取得的将在未来报告期间耗用的资产上的价值。

修正的权责发生制是在对权责发生制做一定修正的基础上形成的一种会计确认基础。通常的修正内容是不确认实物资产，从而也不确认固定资产折旧，费用会计要素也改成支出会计要素。修正的权责发生制是一种偏向于权责发生制的会计确认基础。

2. 政府会计采用权责发生制的条件

自1992年新西兰率先在政府会计中全面实施权责发生制并取得成效以来，已有包括美国、英国、加拿大、澳大利亚等在内的20多个经合组织国家和一些非经合组织国家，在政府预算与会计中全部或局部地引进了权责发生制基础。权责发生制在公共管理中的显著作用，使政府预算与会计权责发生制改革已成为各国财政管理制度改革的重点，并受到许多国际组织的高度重视。会计师国际联合会、世界银行、国际货币基金组织等国际组织正在积极倡导这一改革。权责发生制之所以受到国际组织和各国政府的重视，其根本原因在于，它在强化政府会计

---

① 葛家澍. 市场经济下会计基本理论与方法研究［M］. 北京：中国财政经济出版社，1996：115.

的会计责任、增加政府财政的透明度、提高政府机构管理效率、减少财政支出，以及提高财政信息的准确性方面发挥了积极作用（政府财务报告 11 号）。

许多改革可能都会面临一个问题，那就是缺乏推动改革的政治意愿和相应的文化背景，也没有足够的技术支持来正确理解和保证改革的实施，这样就有可能导致改革扭曲或最终搁置。因此，有必要重新审视成功实施权责发生制会计必须具备的几个条件。

英国的诺尔·赫普沃斯（Noel Hepworth）在关于政府权责发生制会计的部分论述中，谈到"成功实施政府权责发生制会计需具备的若干条件"，他列举了十个方面①。我们可将该十个方面归纳为"4＋1"权责发生制实施体系：

（1）理论引导和建设为基础，解决目前对权责发生制会计认识不一、缺乏公认的定义和框架等问题。应该认识到实施这一改革的长期性，且必须得到广泛的接受，不能仅限于几个专家的支持。

（2）标准建设为保障，与时俱进地拓展和开发权责发生制会计标准，为会计的实务应用提供指导示范。

（3）人才培养为关键，是该体系中发挥主观能动性的核心，是体现"坚持人才带动，整体推进"原则的重点。

（4）信息化建设为支撑，通过现代化的信息化手段，充分实现会计和业务的有机融合，支撑权责发生制政府会计的应用和发展。

除上述"4"条件外，还需要有确保四大任务顺利实施推进的外部支持，即"1"——"咨询服务"，如需要得到外部审计部门的理解和大力支持等，可以为单位提供更为科学、规范的权责发生制会计实务解决方案。

（六）政府会计基础应用的回顾

1. 基本的收付实现制

1950 年 12 月财政部印发《各级人民政府暂行总预算会计制度》《各级人民政府暂行单位预算会计制度》，它们分别规定了会计科目类别、簿记种类，及对报表、会计处理程序的规定。两个制度第七条均指出："本制度根据预算决算暂行条例之所定，基本上采用收付实现制。"这是会计基础首次在新中国的政府会

---

① 徐卫，王海涛. 成功实施政府权责发生制会计需具备的若干条件［J］. 预算管理与会计，2007（6）.

计标准中做出规定。

1997 年《财政总预算会计制度》、1998 年《行政单位会计制度》均规定："会计核算以收付实现制为基础。"

2. 收付实现制为主，部分经济业务或者事项的核算采用权责发生制

这种会计基础应用模式是政府会计标准建设的特点。如 1989 年《事业行政单位预算会计制度》第四条指出："事业行政单位的会计核算一般实行'收付实现制'。简单的成本费用核算的会计事项，可用'权责发生制'。"1997 年《事业单位会计准则（试行）》、2012 年《事业单位会计准则》、2013 年《行政单位会计制度》、2015 年《财政总预算会计制度》等会计标准规定，会计核算一般采用收付实现制，特殊经济业务和事项应当按照规定采用权责发生制核算。

3. 收付实现制的松动——修正的收付实现制

为了适应预算和国库收付制度改革的需要，2001 年财政部出台《〈财政总预算会计制度〉暂行补充规定》（财库〔2001〕63 号）。该规定指出，财政总预算会计核算以收付实现制为主，但中央财政总预算会计的个别事项可以采用权责发生制，例如：预算已经安排，由于政策性因素，当年未能实现的支出；预算已经安排，由于用款进度等原因，当年未能实现的支出；动支中央预备费安排，因国务院审批较晚，当年未能及时拨付的支出；为平衡预算需要，当年未能实现的支出；其他。

修正的收付实现制下，对于大部分的项目依然采用收付实现制，而对于某些特定项目则以权责发生制来核算，也就是那些在年末后短时期内会导致现金收入或付出的交易或事项的信息，需要在当年财务报表中予以反映。

4. 部分行业会计标准采用权责发生制

纵观世界各国政府会计改革的基本经验，无一不是在会计核算中逐步引入权责发生制基础。我国在政府会计标准建设中，十分注意会计基础模式应用的条件或环境。虽然政府会计基础以收付实现制为主旋律，但为了发挥会计在夯实资产负债信息，加强资产管理与财务风险防范，全面、真实反映会计主体资产负债情况等方面的作用，部分行业会计标准采用了权责发生制，如 1998 年、2010 年颁布实施的《医院会计制度》规定："医院会计采用权责发生制基础。"

5.《基本准则》与会计基础模式

《基本准则》将政府会计分为财务会计和预算会计两部分，并规定预算会计

实行收付实现制，财务会计实行权责发生制。会计类别不同，采用的会计基础也不同。政府预算采用收付实现制，这就决定了反映预算收支和结存情况的预算会计是以收付实现制为基础的，该基础提供的现金信息容易理解和易于解释，质量也高；财务会计采用权责发生制，可以保证政府资产、负债等信息得以如实记录、完整反映，有利于全面反映政府财务状况、财政能力和财政责任，有利于进一步加强政府的资产管理和控制债务风险，有利于健全预算管理基础，也有利于建立全面规范、公开透明的现代预算制度。

第三节　政府会计目标

政府会计主体应当编制决算报告和财务报告。

决算报告的目标是向决算报告使用者提供与政府预算执行情况有关的信息，综合反映政府会计主体预算收支的年度执行结果，有助于决算报告使用者进行监督和管理，并为编制后续年度预算提供参考和依据。政府决算报告使用者包括各级人民代表大会及其常务委员会、各级政府及其有关部门、政府会计主体自身、社会公众和其他利益相关者。

财务报告的目标是向财务报告使用者提供与政府的财务状况、运行情况（含运行成本，下同）和现金流量等有关的信息，反映政府会计主体公共受托责任履行情况，有助于财务报告使用者作出决策或者进行监督和管理。政府财务报告使用者包括各级人民代表大会常务委员会、债权人、各级政府及其有关部门、政府会计主体自身和其他利益相关者。

（《政府会计准则——基本准则》第五条）

一、相关概念的辨析

会计是一个系统，根据系统论的观点，任何系统都有其目标，系统中的所有要素都协调一致地为实现目标而发挥着作用。亨德里克森（1977）指出："任何研究领域都要以阐明范围和确定目标为其出发点。在会计领域中，目标可以视为形成结构中假设的一部分，或者视为超过或同于假设水准的一组建议。"[①] 此论

---

① 亨德里克森. 会计理论［M］. 上海：立信会计图书用品社，1987：78.

述，反映了会计目标在会计理论及会计实践中所发挥的作用。会计按照服务对象不同，可分为财务会计和管理会计。这里所讲的"会计目标"是指财务会计目标。

（一）会计目的与会计目标的辨析

"目标作为管理活动的一种设计，它表现为以某种循序性和系统来组织行动和运算（旨在实现人的目的）的方式之一。"① 会计是人类有意识的一项管理活动，在付诸管理行动之前，人们会事先提出某种目标，规划自己的行为。

在我国有很长时间无论是官方语言或学术研究都不谈会计目标，而一般是以"会计任务"替代之。改革开放之后，我们从西方引进了这一概念，并在各种论著中广泛应用。在会计理论研究的过程中，会计目的、会计目标混用的情况十分普遍， "目的"与"目标"的运用往往并不要求做如此严格的区分。如"accounting objective"既可译作"会计目的"，也可译作"会计目标"。又如"提供决策有用信息"既可说是会计的目的，也可说是会计的目标②。事实上，在汉语词意中，"目的"与"目标"是有区别的。可以认为，目标是目的的具体化，是标准化的目的；目标本身包含目的指向和衡量目的实现标准之意；每一个具体目标的实现即目的在一定程度上的实现。目的是想要达到的境地，希望实现的结果；目标则是想要达到的境地和标准。

联合国教科文组织国际教育委员会编著的《学会生存》一书中提到，"目标与目的根本不同，你能测量目标，但不能测量目的。一个最后的目的是一种哲学力量，它是我们行动先验的本质"。

无论企业还是政府，其会计行为归根结底在于实现会计的目的。会计目的是企业或政府会计行为的根据、原动力以及出发点和终结点，是决定会计行为内容、形式、方法及过程的根据，具有客观性，其内容一般不会随着会计环境的变化而变化，它体现的是会计各个历史条件下的共性。会计目的的实现是长期、复杂、艰巨的，可区分若干阶段的行为过程。通常将企业或政府在实现其会计目的过程中的某一阶段内，根据主、客观条件，企业或政府决意实现目的的程度的表述，称为会计目标。目的与目标相比，具有长期性、全面性、稳定

① 新编简明哲学辞典［M］. 长春：吉林人民出版社，1983：157.
② 蔡春. 审计理论结构研究［M］. 大连：东北财经大学出版社，2001：67.

不变性、根源性的特征；相反，目标相对于目的，具有阶段性、条件性、相对可变性、主观差异性等特征。由会计目标的定义可知，会计目标源于会计目的，是实现会计目的的基础，但不等于目的。目标不是会计行为发生、发展的本源。如财务会计目的是提供有用信息，而什么样的信息有用，这就是财务会计目标所要研究的内容，它应该包括给谁提供信息、提供什么信息、信息的质量特征三方面内容。

在会计理论研究上，关于"会计目标"研究需要注意两种现象。一是现代会计系统中，财务会计应用最为广泛，对会计目标进行研究的主要是财务会计，而财务会计目标通过财务报表得到体现，财务报表又是财务报告的核心部分。目前，将"财务会计目标""财务报表目标""财务报告目标"等词语混同使用的现象有其客观性。伴随会计改革以及会计研究的逐步深入，会计词语的混用情况逐渐减少，如企业会计准则、政府会计准则也都统一使用了会计"目标"一词。二是西方有关会计文件中，通常不谈会计目标而专讲财务报表目标，如国际财务报告准则"编报财务报表的框架"中专门讲了"财务报表的目标"；《国际公共部门会计准则第 1 号——财务报表的列报》专门阐述了"财务报表的目的"。这是为什么呢？这与西方多数会计学家的会计观紧密相关。"会计是一种经济信息系统。"[①]"会计是一种技术，系就至少一部分属于财务性质的账项及事项，以清晰的方法，用金额予以记录、分类及汇总，并由此而产生结果予以解释。"[②] 可见，在西方，关于"会计"的认识一般是指会计核算，即对会计要素的确认、计量、记录和报告，其中，会计要素实际上指的是财务报表要素，这样也就将会计目标视为财务报表目标。

(二) 会计目标与财务报告目标关系的辨析

关于会计目标与财务报告目标的关系，我们可以看到这样一种现象，无论是国际公共部门会计准则，还是美国联邦财务会计概念公告，它们对会计目标表述时都不区分财务会计目标和财务报告目标，而是对二者加以同等对待。其依据是财务报告是会计信息系统的最终输出，它的目标直接反映和体现了会计目标。如《国际公共部门会计准则第 1 号——财务报表的列报》中对会计目标进行表述时，

①　斐内. 会计学原理［M］. 上海：上海人民出版社，1989：20.
②　柯勒. 会计词典［M］. 龙毓聃，译. 台北：三民书局，1970：7.

使用"财务报表的列报"字样,美国联邦财务会计概念公告第 1 号就直接以"联邦财务报告的目标"为公告名。正如蔡春教授（2001）指出的那样,在会计理论研究上,"目的"与"目标"的运用往往并不要求做如此严格的区分①。例如,"提供决策有用信息"既可说是会计的目的,也可说是会计的目标。但严格来讲,会计目标与财务报告目标虽有联系,但不是同义语。

阎达五、陈亚民教授（1990）指出,应该把财务报告的目标看作会计基本目标的一个方面②。从会计与社会的联系来考查这个问题会发现,会计的目标是多元的,向有关方面提供财务方面的信息只是其中的一个部分,而从会计工作的程序来看,编制和呈报财务报告只是会计管理循环中的一个环节。

陈少华教授（1996）认为,无论是财务会计目标和财务报表目标之间,还是财务报表目标和财务报告目标之间,都存在着质的差异③。财务会计是由一系列确认、计量和报告等步骤组成的。财务报表只是财务会计这一经济信息系统的一个重要环节而已。财务会计目标不但涉及财务报表目标,而且涉及整个财务信息核算过程的目标。

冯巧根教授等（1998）认为,会计目标有总体目标和责任目标之分,财务报表目标不等于会计目标,财务报表目标只是会计责任目标的一个方面,是会计最基本的环节和最具体的目标④。

纵观众多学者的研究成果,可以将会计目标与财务报告目标之间的关系概括为总括和具体、支配和被动、主导和从属、全面和局部、总体和环节等之间的关系。

不仅企业是这样,政府会计领域的财务报告目标也是不同于会计目标的。其原因⑤在于:一方面,由于政府财务报告的外部使用者众多,因此有必要明确区分政府会计的一般目标和各种不同的对外报告目标。应当在一般会计目标的基础上设计政府会计体系,而根据不同的外部使用者需求确定不同的报告目标。另一方面,会计的核算过程是在政府组织内部完成的,而财务报告是面向外部使用者（包括上级政府、立法机构、公众）的。会计核算的内部管理目的与财务报告的

① 蔡春. 审计理论结构研究［M］. 大连:东北财经大学出版社,2001:67.
② 阎达五,陈亚民. 关于会计基本目标的几点思考［J］. 财会通讯,1990（4）.
③ 陈少华. 有关公司财务报表目标的探讨［J］. 财会月刊,1996（10）.
④ 冯巧根,郝桑,等. 谈财务报表的几个概念问题［J］. 四川会计,1998（12）.
⑤ 陈小悦,陈立齐,李红霞,等. 政府会计的概念框架［M］. 大连:大连出版社,2005:364.

对外报告目的并不一定是统一的。一般而言，会计核算（包括会计确认、计量）是个技术问题，而对外报告是个政策（或政治）问题。

二、会计目标理论的历史沿革

鲁迅曾经指出，"我们看历史，能够据过去以推知未来"。世界著名的会计史学家郭道扬教授曾经指出："过去的会计在历史演进中所反映出来的种种规律，以及它在不同历史发展时期所表现出来的各种特点，也正是我们研究现代会计和预测未来会计发展趋势的重要依据。任何一门科学的研究，都不能割断现时与历史的联系，而应当尊重历史，必须应用马克思主义的唯物史观去分析历史，认识历史，吸取历史中的精华，继承历史留传下来的珍贵遗产，努力为现时服务。"①

美国一直是会计准则制定的领头羊，准则制定历史久远，制度成熟，成果卓著②。从整个世界的角度看，会计目标是在美国产生并发展起来的，研究美国会计目标的发展进程，可以在很大程度上判断会计目标发展的规律性。最早提出会计目标的著作出现在美国，最早在会计理论中明确提出会计目标的国家也是美国③。为此，我们研究会计目标发展规律，首先必须探讨美国会计目标的发展进程。在美国，会计目标的发展主要分为几个阶段，具体如表2-2所示。

表2-2　美国会计目标的发展阶段

	阶　段	时间及相关研究成果	标　志	
1	萌芽阶段	20世纪30年代以前	一些学者的论著中开始出现会计目标的概念	
2	"描述性目标"阶段④	利特尔顿于1953年在《会计理论结构》一书中就详细地研究了会计目标，他把会计目标分为三个层次：中间目标、前提目标和最高目标	描述性目标的一个比较成熟的观点是早期的受托责任观，该观点认为：会计的目标就是向资源所有者如实反映资源的受托者（管理当局）对受托资源的管理和使用情况	

---

① 郭道扬文集［M］．北京：经济科学出版社，2009：533．

② 陈毓圭．会计基本假设与会计目标［M］．大连：大连出版社，2005：262．

③ 刘永泽．会计目标［M］．大连：大连出版社，2005：494．

④ 葛家澍，刘峰．会计理论［M］．北京：中国财政经济出版社，1998：177．

续表

	阶　段	时间及相关研究成果	标　志	
3	"规范性目标"阶段	1966 年美国会计学会出版了被誉为世界会计史经典名著的《基本会计理论说明书》。这本书的公开发表，表明学术界在会计理论研究的过程中，开始有意识地注意会计目标的研究，并试图将其应用到指导会计准则制定的工作中来	四项会计目标分别是：①对有限资源的利用做出决策；②有限地管理和控制一个组织的人力资源与物质资源；③记录（保存）与报告资源的受托责任；④促进（会计主体的）社会职能并控制此种资源	规范性目标主要是建立在演绎法基础之上的，期望通过目标的界定，提出会计应当提供什么样的信息，以期改进现行会计程序与结构①
4	"描述性、规范性融合目标"阶段	1970 年会计原则委员会发布第 4 号报告《企业财务报表编报的基本概念与会计原则》	1970 年会计原则委员会发布的第 4 号报告，即《企业财务报表编报的基本概念与会计原则》，明确阐述了会计目标，并指出会计信息应该有助于会计决策。其将目标分为特定的、通用的和质量的，并将其置于一定的约束条件之下	
5	"规范性目标"进一步发展阶段	1973 年美国注册会计师协会下属的特鲁伯鲁德研究小组发表了著名的研究报告《财务报表目的》		
		1978 年美国财务会计准则委员会（FASB）发布了它的第 1 号概念公告《企业财务报告的目标》		

三、会计目标的两种观点

　　会计是人类有意识的一项管理实践活动，在付诸管理行动之前，人们事先提出某种目标，规划自己的行为。"目标作为管理活动的一种设计，它表现为以某

---

　　① 谢庆奎. 当代中国政府与政治［M］. 北京：高等教育出版社，2003：178.

种循序性和系统来组织行动和运算（旨在实现人的目的）的方式之一。"① 会计作为一个管理信息系统，它通过提供真实、系统的经济信息，为政府、企业和单位的管理提供咨询服务。而系统论告诉我们，正确的目标是一个系统良性循环的基础。会计目标对政府会计系统的运行也具有同样的意义。会计目标是会计运行的导向力量，其设置若有偏差，则会计的运行机制就很难合理。因此，研究会计的目标问题，既是建立科学的目标理论结构的需要，也是优化会计行为的需要，无论在理论上，还是在实践上，都有重要意义。

研究会计理论必须以会计目标作为其前提条件，如果没有明确目标的理论研究，则不能得出明确的结论。可见，会计目标的确立为会计理论的研究指引了方向，以会计目标为基础，财务会计信息的质量特征、财务报表的要素及其确认与计量就可有机地建立并联系起来。只有以财务报告目标为起点和核心研究制定的概念结构，才能指导会计准则的制定与应用。

长期以来，我国会计界一直把会计本质作为会计理论研究的逻辑起点，进入20 世纪90 年代，人们开始对会计目标理论进行研究并逐渐接受了"会计目标起点论"的观点。由于人们对会计目标认识和理解上的分歧，会计目标理论存在"决策有用观"和"受托责任观"两种观点。

会计理念的不同是两种会计目标理论形成差异的基本原因，如表2 - 3 所示。

表2 - 3 会计目标理论形成差异的基本原因

区分标志	受托责任观	决策有用观
基本含义	财务报告的目标就是向资源所有者如实反映资源的受托者对受托资源的管理和使用情况，财务报告应主要反映历史的、客观的信息	财务报告的目标就是向现在的和可能的投资者、债权人以及其他使用者做出合理的投资、信贷及类似决策提供有用的信息
顺序	早	晚
产生的历史经济背景	盛行的公司制	日益扩大和规范的证券市场
理论依据	委托代理关系、产权理论	资本市场和证券市场

① 新编简明哲学辞典［M］．长春：吉林人民出版社，1983：157.

续表

区分标志	受托责任观	决策有用观
财务会计目标性质	财务报告的目标就是向资源所有者如实反映资源受托者对受托资源的管理和使用情况	财务会计的目标在于向信息使用者提供有助于经济决策的数量化信息，会计信息是经营决策的基础
为谁提供信息	现在的投资者和债权人	现在和潜在的投资者、债权人以及其他使用者
提供什么信息	反映经营者的历史经营业绩	提供全面信息，尤其需要提供对信息使用者预测未来盈利能力和现金流量有用的信息
提供怎样的信息	客观和确定的会计信息	相关的会计信息，更强调信息的及时性、预测价值和反馈价值
计量属性和计量模式	计量属性为历史成本；计量模式为历史成本模式	多种计量属性和计量模式并存
会计人员的地位	会计人员处于委托者和受托者之间，扮演中介角色，其行为受会计准则约束	将会计信息使用者作为中心，而将会计人员拒之于决策之外
会计信息质量特征	历史的、客观的信息，即强调信息的可靠性	现实的、未来的信息，即强调信息的相关性
中外代表人物	美国以井尻雄士教授为主要代表；我国以杨时展教授、刘峰博士、伍中信博士为主要代表	西方的主要代表是 R. N. 安东尼、R. T. 斯普劳斯、E . S. 亨德里克森、美国会计学会和财务会计准则委员会；我国的主要代表是葛家澍教授、裘宗舜教授等

决策有用观和受托责任观把财务会计"提供决策信息"及"认定和解除受托责任"作为财务会计目标概念的定义域，其作用是突出了财务会计目标的重点是提供信息及认定和解除受托责任。人们对会计目标的认识是先有受托责任，然

后提供决策所需要的信息。孰为基础、孰为主导，也曾经引起会计理论界的热烈讨论。但我们应该认识到没有受托责任的存在，就没有现代意义上的会计；不理解受托责任，就不能认识现代意义上的会计及其发展变化①。这是不争的事实。受托责任是随社会经济的发展而不断发展变化的，它的发展经历了财务受托责任和社会受托责任两个重要的历程。事业单位会计目标不仅反映微观单位受托责任，从其直接产生的社会效应看，我们认为实际亦反映其社会受托责任。

需要说明的是，无论是受托责任观还是决策有用观，关于财务会计目标的内涵都涉及"为谁提供信息""提供什么信息""如何提供信息"三方面的问题。这三个方面不是相互孤立的，而是纵向层层递进、横向相互关联的，它们共同构成财务会计目标体系。

四、我国政府会计目标研究

（一）政府会计目标的性质

为了完善政府会计理论结构，有效指导政府会计实践，必须对政府会计目标进行认真的研究，因为"会计基本目标不仅是会计理论逻辑结构中不可或缺的重要组成部分，亦是会计实践工作中起决定性方向作用的客观因素，这个因素制约和影响着会计工作的所有方面，控制着会计工作的各个环节和整个过程，是会计工作的内在规定性"②。其性质表现在以下几个方面：

1. 政府会计目标是其会计实践活动的导向

政府会计目标是政府会计行为意欲达到的结果和会计行为的导向。它制约着政府会计活动的基本特征和发展方向，是政府会计活动的一种驱动力。它是说明会计程序的理由，是引导和制约会计行为的决定性因素，尤其是在缺乏明确的可供遵循的会计规范时，会计目标也就是会计行为的判别准则。

2. 政府会计目标是其会计理论结构中的基本要素

什么是会计理论？美国会计学会执行委员会把会计理论定义为"一套紧密相连的假设性、概念性和实用性的原则，是一个对所要探索领域的总体性参考框架"。可见，会计理论是由若干概念组成的框架结构，而财务报告目标是该结构众多概念

---

① 马贤明. 研究会计发展的一个新的逻辑起点：受托责任［J］. 中南财经大学学报，1991（3）.

② 阎达五，陈亚民. 关于会计基本目标的几点思考［J］. 财会通讯，1990（3）.

中的基础概念或要素。财务报告目标的作用正如美国会计学家哈利·L. 沃尔克等编著的《会计理论：政治和经济环境方面的概念性议题》中指出的那样：在由美国会计学会（AAA）、美国注册会计师协会（AICPA）、会计原则委员会（APB）和财务会计准则委员会（FASB）等组织撰写的以理论为导向的重要专著及公告中，使用者目标问题都受到了更多的重视。实际上，使用者需求和目标已成为这些公告之间重要的联系纽带，而这些公告又为财务会计准则的制定奠定了坚实的理论基础①。会计目标既是会计原则、准则之间相互联系的桥梁，也为制定会计准则提供了理论支持。没有政府会计目标，就无法正确确定政府会计的理论结构。

3. 政府会计目标是衡量会计行为的标准

政府会计目标是衡量政府会计行为的最终标准。该标准是设计、规划和制定会计准则、会计制度以及会计程序的指南，是评价和修改各种会计规范的依据。财务报告的目标并不直接制约政府会计工作，也不要求内化为会计人员的意识目标，它是借助于会计制度或会计准则来影响会计工作的。因此，财务报告目标的作用主要是制约和指导会计准则、会计制度的制定，而会计人员是根据会计准则和会计制度来编制及呈报财务报告的。

（二）政府会计目标的基本内容

政府会计目标可概括为"提供包括反映受托责任履行情况信息在内的决策有用信息"。其基本内容是由以下三个方面有机组合形成的整体，即向谁提供会计信息（会计信息使用者）、提供什么会计信息（信息内容、信息质量）、以什么方式提供会计信息（财务报表系统）。

要全面把握政府会计目标的含义、性质与构成内容，必须以分析构成和制约会计目标的三要素作为切入点。

1. 向谁提供会计信息

向谁提供会计信息？"谁"是指会计信息使用者，也是会计信息受众对象。它是一个非常宽泛的概念。根据荆新教授的研究，会计信息的使用者根据不同标志可分为外部和内部的使用者、直接和间接的使用者、现实和潜在的使用者三

---

① 沃尔克，多德，罗佐基，等. 会计理论：政治和经济环境方面的概念性议题［M］. 7 版. 大连：东北财经大学出版社，2010：109.

类①。其中，会计信息的直接使用者是指那些直接按所利用信息进行管理决策或控制的使用者，如出资人、捐资人、债权人以及单位上级主管部门等；会计信息的间接使用者是指为他人收集、加工和分析信息的使用者，如统计部门、社会咨询服务组织等；会计信息的现实使用者，是指目前会计主体向其提供财务报告的部门、单位和个人；会计信息的潜在的使用者，是指那些开始关心会计信息，未来有可能成为现实使用者的部门、单位和个人。

"凡是通过合法途径得到会计信息同时又愿意分析会计信息的所有集团、组织或个人均是会计信息使用者。"②从现代会计的双重受托责任视角上看，会计的本质是为了完成和解除这一双重受托责任而必须进行内外双重报告，即提供和利用会计信息。但对于政府会计来说，究竟是哪些人使用会计信息？

国际公共部门会计准则理事会（以下简称 IPSASB）关于公共部门会计概念框架的初步意见咨询稿认为，作为探索和分析共同信息需求的一个方法，公共部门主体通用财务报告的潜在使用者可以归结为：服务的接受者或者其代表，包括公民及其代表、立法机关和监督检查机构；资源的提供者或者其代表，包括"被动资源提供者"，诸如纳税人，以及"自愿资源提供者"，诸如贷款人、捐赠人、供应商、收费服务的消费者、投资人、立法机关和选举的官员、中央机构、监管团体、顾问团等；其他相关方，包括特殊利益群体及其代表，如立法机关、分析师、政府统计员、媒体、特殊利益团体及其代表。IPSASB 进一步认为，立法机关是通用财务报告的主要使用者，它为了社会成员的利益开展工作，或充当服务接受者、资源提供者的角色，或充当对特定服务或活动有利益关系或有需要的公民的角色③。可见，在上述众多会计信息使用者中，立法机关是通用财务报告的主要使用者。

美国政府会计准则委员会在其概念公告第 1 号"联邦财务报告的目标"中，将州及地方政府对外财务报告的主要使用者归为三组：①公民组，包括公民（可分为纳税人、选民或接受服务者）、新闻媒介、律师组织和财政研究者；②立法与监督机构组，包括州立法成员、县委员会、市理事会、受托人委员会和校董会及其他监督机构；③出资人和债权人，包括个人和机构出资人和债权人、市债券

---

① 荆新．非营利组织会计准则理论框架［M］．北京：清华大学出版社，1997：33.

② 任永平．中德财务会计比较研究［M］．大连：东北财经大学出版社，2001：55.

③ 张娟．政府会计与企业会计概念框架差异与启示［J］．会计研究，2010（3）.

承销商、债券评级机构、债券担保人和金融机构。同时，单位内部管理人员也使用对外财务报告。

需要说明的是，研究向谁提供会计信息的问题不能脱离特定环境和条件，因为会计目标是一个开放、动态的系统，它不是凝固不变的。同一时期不同会计主体、同一会计主体不同经济业务的会计目标也不完全相同。如果离开了具体的环境去探讨，或争论孰优孰劣，其结论不一定客观。政府活动既涉及政治、经济、科教文卫、社会保障等与公民紧密联系的方方面面，也与外交等国际事务、军事等活动息息相关，从这个意义上来说，政府会计信息使用者比企业等营利组织更为宽泛。需要说明的是，并非所有的与政府活动有关的利益相关者都要纳入政府会计信息使用者的范围。

根据我国已有的政府会计规范和众多学者的研究成果，可将我国政府会计信息使用者归纳如表2-4所示。

表2-4　我国政府会计信息使用者

	我国政府会计信息使用者													
《事业单位会计准则(2012)》	事业单位会计信息使用者包括政府及其有关部门、举办（上级）单位、债权人、事业单位自身和其他利益相关者													
《行政单位会计制度(2013)》	行政单位会计信息使用者包括人民代表大会、政府及其有关部门、行政单位自身和其他会计信息使用者													
王彦等①	政府会计报告主体内部的会计信息使用者				政府会计报告主体外部、其他政府机构的会计信息使用者					政府外部的会计信息使用者				
	会计主体中的组织负责人	会计主体中的管理部门	内部审计机构	单位的职工或职工代表组织	人民代表大会和其他政府监督机构	政府的负责人	本级或上级政府主管部门	政府专职审计机构	其他相关的政府机构	向政府提供贷款的金融机构或外国政府	购买政府债券的机构和个人	与政府进行买卖交易的交易对手	向政府组织进行捐赠的捐赠人	社会公众	其他需要政府会计信息的使用者

① 王彦，王建英．政府会计［M］．北京：中国人民大学出版社，2012.

续表

	我国政府会计信息使用者										
海南省国库支付局课题组①				各级人民代表大会及其常务委员会		各级审计部门		债权人			
荆新教授	.	单位内部管理决策者和控制部门	单位的职工	政府宏观管理部门			立法机构	债权人	供应厂商、接受服务者	捐赠人	纳税人
张琦②	内部信息使用者 / 内部信息代理人　财政部门与审计部门　财政部门与审计部门是上级政府与本级政府行政首长了解政府内部信息的代表			全体国民、人民代表、政协委员与政党组织都成为政府会计信息的使用者。全体国民是整个广义政府会计信息的最终需求者，而人大机关、政协机关以及政党组织则代表人民对政府实施监督				向某级政府贷款的商业银行；需要评价我国政府绩效的国际组织			
赵西卜③				公民	政府各级部门		立法机构	债权人	捐赠者		
李建发等④				社会公众	上级主管部门	监督机构	立法机构	服务费付款人	捐赠人	纳税人	经济和财务分析师、媒体、工会组织、政府公务员

① 海南省国库支付局课题组. 关于政府会计报告模式的研究 [J]. 预算管理与会计, 2009 (9).
② 张琦. 政府会计改革：系统重构与路径设计 [M]. 大连：东北财经大学出版社, 2011：110.
③ 赵西卜. 政府会计建设研究 [M]. 北京：中国人民大学出版社, 2012：57.
④ 李建发, 杜兴强, 肖华, 等. 政府财务报告研究 [M]. 厦门：厦门大学出版社, 2006：114.

续表

	我国政府会计信息使用者									
赵建勇①	政府行政部门	监察审计部门	公民	人民代表大会	审计、监察机关	立法机构		服务接受者		政府债券购买者、财务分析师、经济学家、新闻媒体
常丽②	主管部门和内部管理者		社会公众（包括媒体）		政府立法机关和审计机关	外国政府和国际组织	债权人	政府供应商		投资评估机构、财务分析师
景宏军等③	政府内部管理人员及上级政府		社会大众	人民代表大会		国际组织和其他政府				
胡景涛④	人民代表大会和政协代表、政府决策者、政府单位、政府部门									
詹静涛等⑤	各级政府及政府部门	各级审计部门	社会公众（主要是纳税人）	各级人民代表大会及其常务委员会	各级审计部门		债权人			

① 赵建勇. 政府财务报告问题研究［M］. 上海：上海财经大学出版社，2002：43.

② 常丽. 论我国政府财务报告的改进［M］. 大连：东北财经大学出版社，2007：166.

③ 景宏军，王蕴波. 我国政府会计改革［M］. 哈尔滨：黑龙江大学出版社，2012：193.

④ 胡景涛. 基于绩效管理的政府会计体系构建研究［D］. 大连：东北财经大学，2011.

⑤ 詹静涛，娄洪，金介辉，等. 政府财务会计报告［M］. 大连：大连出版社，2005：312.

	我国政府会计信息使用者								
张月玲①	各级财政部门、上级主管部门			人民(纳税人和接受服务的对象)	税务机关、计划统计部门	立法机构审计机关	债权人(包括国内外提供贷款的金融机构、购买国债的单位或个人)		

目前我国政府会计的主要功能还是服务于政府预算编制的需要，因此，政府会计信息的主要使用者是政府本身，如立法机关和审计机关。《基本准则》第五条分别规定了政府决算报告和财务报告的使用者。其中，政府决算报告的使用者包括各级人民代表大会及其常务委员会、各级政府及其有关部门、政府会计主体自身、社会公众和其他利益相关者，政府财务报告使用者包括各级人民代表大会常务委员会、债权人、各级政府及其有关部门、政府会计主体自身和其他利益相关者。

2. 提供什么会计信息

政府会计信息使用者了解会计信息，都是为了达到一定目的。只有掌握会计信息使用者出于什么目的、需要哪方面的会计信息，才能确立恰当的政府会计目标，满足会计信息使用者对政府会计信息的需求。不同的会计信息使用者了解会计信息的目的不同，需要的会计信息也不同。众多学者关于政府会计信息内容的研究成果如表2-5所示。

会计信息使用者需要什么信息，也就构成了政府会计"提供什么信息"的问题，其包含会计信息的内容和质量两个方面。

---

① 张月玲. 政府会计概念框架构建研究［M］. 北京：光明日报出版社，2009：49.

表 2 – 5　政府会计信息的内容

机构	政府预算执行情况信息			政府财务状况信息					运行业绩信息		评价政府工作绩效信息			
	政府对预算资金的筹集和分配使用情况	政府对预算资金全部经济资源的组织和分配使用情况	财政资金分配情况	政府现金收支差额情况和负债情况	政府及政府单位的财务、偿债能力和支付能力	政府单位对捐赠财物的使用情况	政府的支付能力和偿债能力	政府掌控的资金情况和各种经济资源情况	政府提供公共服务的项目、数量及其成本费用	单位提供公共服务的单位成本	政府的各项财产情况	政府或政府单位在经济责任方面各项受托责任的履行情况	下级政府或单位对接受的财政资金的用途和使用绩效	特定项目的资金花费情况
王彦等①	反映政府预算的执行情况													
刘慧芳②	提供关于政府怎样筹资的信息			提供关于政府满足现金需求的信息	提供能够反映政府财务状况的资产、负债信息以及净资产增减变动情况的信息			提供政府财务有关资源来源与运用情况的信息	提供政府运行业绩的信息					

① 王彦,王建英.政府会计[M].北京:中国人民大学出版社,2012.

② 刘慧芳.财政风险管理视角下的政府会计改革研究[D].大连:东北财经大学,2013.

续表

	预算执行情况	政府财务状况		政府的运行业绩		
陈小悦等①						
陈志斌②		政府财务状况信息（偿债能力信息，财政收支信息，现金流信息等）	政府现金流信息		政府服务努力、成本和业绩的信息	政府掌握资源的信息
景宏军等③	政府对社会公众受托责任履行情况的信息			政府主体当期运营结果的信息	政府主体提供服务的水准以及绩效的信息	

---

① 陈小悦,陈立齐,李洪霞,等.政府会计的概念框架[M].大连:大连出版社,2005:378.

② 陈志斌.政府会计概念框架结构研究[J].会计研究,2011(1).

③ 景宏军,王蕴波.我国政府会计改革[M].哈尔滨:黑龙江大学出版社,2012:193.

续表

	总体信息	立法机构信息需求	检查机构信息需求（各级审计机关）	政府各级部门信息需求
赵西卜①	政府财政资金信息 当年政府预算、部门预算执行的信息，重大投资项目的绩效信息，财政财务资金使用的风险预警信息，政府产权、债权、债务的信息等	政府及非营利组织财务资源的使用情况及管理当局的廉政勤政等情况；政府财务收支是否遵守了法定预算、评价政府财务管理是否合规有效	政府财政预算执行情况、转移资金的使用情况	下级政府及非营利组织受托责任的履行情况及财务业绩
常丽②	预算执行情况的相关信息	立法机关和计审机关信息需求：政府财务资源使用的合法性和合规性		其他外部使用者信息需求：预算信息扩展至政府其他的财务信息

① 赵西卜. 政府会计建设研究[M]. 北京：中国人民大学出版社, 2012: 62.

② 常丽. 论我国政府财务报告的改进[M]. 大连：东北财经大学出版社, 2007: 172.

（1）会计信息的内容。《基本准则》第五条关于决算报告的目标表述为，是向决算报告使用者提供与政府预算执行情况有关的信息，综合反映政府会计主体预算收支的年度执行结果，有助于决算报告使用者进行监督和管理，并为编制后续年度预算提供参考和依据；关于财务报告的目标表述为，是向财务报告使用者提供与政府的财务状况、运行情况（含运行成本，下同）和现金流量等有关的信息，反映政府会计主体公共受托责任履行情况，有助于财务报告使用者做出决策或者进行监督和管理。

（2）会计信息的质量。信息质量是会计信息使用者分析评价受托责任履行情况、进行各类经济决策的依据，也是对政府提供财务报告的基本要求。如果信息不能在质量上得到保证，将无助于使用者的决策，甚至会对使用者的决策产生误导。国际会计师联合会提出，财务报告应传送对使用者有用的信息，财务信息必须具有"可靠性；与使用者的需求相关；可理解、清晰和准确；及时提供；不同时期的一致以及类似主体之间可比；重要性"等质量特征。《基本准则》专门设立"第二章政府会计信息质量要求"，政府会计信息质量的性质及其要求的内容见本书第三章。

3. 以什么方式提供会计信息

会计信息提供的方式就是以何种方式将会计信息传输给使用者，即提供信息的载体。政府会计信息的表达方式是政府决算报告和政府财务报告。其中：政府决算报告是综合反映政府会计主体年度预算收支执行结果的文件，包括决算报表和其他应当在决算报告中反映的相关信息和资料；政府财务报告是反映政府会计主体某一特定日期的财务状况和某一会计期间的运行情况及现金流量等信息的文件，包括财务报表和其他应当在财务报告中披露的相关信息和资料，财务报表是对政府会计主体财务状况、运行情况和现金流量等信息的结构性表述，包括会计报表和附注，会计报表至少应当包括资产负债表、收入费用表和现金流量表。

第四节　政府会计前提

政府会计主体应当对其自身发生的经济业务或者事项进行会计核算。

（《政府会计准则——基本准则》第六条）

政府会计核算应当以政府会计主体持续运行为前提。

（《政府会计准则——基本准则》第七条）

政府会计核算应当划分会计期间，分期结算账目，按规定编制决算报告和财务报告。

会计期间至少分为年度和月度。会计年度、月度等会计期间的起讫日期采用公历日期。

（《政府会计准则——基本准则》第八条）

政府会计核算应当以人民币作为记账本位币。发生外币业务时，应当将有关外币金额折算为人民币金额计量，同时登记外币金额。

（《政府会计准则——基本准则》第九条）

一、会计假设或会计前提的基本内涵

只要会计工作有规律地正常进行，不论会计人员本身是否意识到会计基本假定的存在，会计基本假定都会默默地控制我们的会计工作，我们的会计实务也自觉或不自觉地在其假设前提下进行①。

假设是一个既抽象而又具体的概念。说其抽象，是因为它本身并不表示某种认识的确切存在，而是人们对某一事物的某种基本特征的模糊认识；说其具体，是因为几乎所有的学科，无论是自然科学还是社会科学的研究都会碰到它，需要它。亚里士多德曾说过，每一可论证的科学多半是从未经论证的公理开始的，否则，论证的阶段就永无止境。因此，对假设的研究已成为每门学科研究的必经阶段。假设对任何学科领域都是重要的。一切科学，从数学到哲学，从物理学到会计学，无不借助于假设而得到发展，一切理论都要经过假设阶段，因为"认识的无限性和认识的阶段性，迫使人们不得不依据已掌握的事实做出合乎逻辑的推断，以利于认识和改造世界"②。元素周期律的发明者门捷列夫说："假设是科学，尤其是科学研究所必需的。它能提供一种没有它便很难达到的严整性和单纯性，整个科学史都证明了这点。因而可以大胆地说：提出一个将来可能是靠不住的假说总比没有假说好。假说使科学工作——探求真理——容易正确，就像农民

---

① 阎德玉，汤建善. 会计的基本假定 [J]. 武汉财会，1981 (6).
② 王世定. 我的会计观 [M]. 北京：人民出版社，1996：16.

犁地使谷物容易栽种一样。"① 假设是任何科学产生和发展的先导，几乎所有的学科，自然科学抑或社会科学都需要假设，会计学也不例外。

在人类会计实践、会计科学的研究过程中，都会产生一系列未被确知并难以直接论证的各种会计疑难问题。在无法解决未知、疑难问题，无法准确判断其发展趋势与最终演变的情况下，人们需要根据未知、疑难问题或现象，合理推想或判断并做出合乎情理、尽可能接近实际的一些推断，即形成会计假设。会计假设为正确的推理、判断、考虑和解决会计问题提供了基础，简化了解决会计问题的思路和过程，从而满足了会计学科发展的需要。在会计领域，首先将"假设"这一概念引入会计理论体系的是美国会计学家 W. A. 佩顿（Paton）。1922 年，佩顿在其所著的《会计理论》一书中最早地论述了会计假设。佩顿指出，应当牢记：会计基本上是处理同价值有关的经济数据，而不是自然界的确定事物。价值是具有高度不确定性的：同价值有关的商品、权利、服务、状况等构造不仅使现代会计在许多方面运用估计与判断，而且使会计的整体结构建立在一系列的一般假定（general assumptions）上②。基于这一考虑，佩顿将会计人员在履行判断、估计时所经常应用到的一些最基本的命题，归并为会计假设，提出企业主体、持续经营、资产负债表等式、财务状况与资产负债表、成本与账面价值、应计成本与收益、顺序性七项会计假设。企业主体和持续经营是最基本的假设，事实上，这两条假设我们现在仍然在运用。

从会计假设理论提出至今，中外会计学者从不同角度解读了会计假设。综合不同认识，可对会计假设性质和特征归纳如下：

第一，从本质看。陈美华教授（2008）指出，"假设是对系统运行条件和运行环境的一种合理判断或约定"。其核心在于它的合理判断，性质如同几何学中的"公理"，按照吴水澎教授的解释，"依据这些假设，可以推导出相当于'定理'的基本原则的正确性"③。

第二，从地位看。在会计理论体系中，会计假设具有承上启下的"桥梁"作用。它从属于会计目标，同时又是该理论体系其他部分的构建基础。它不直接指导政府会计实务，而是通过具体的会计准则和会计方法来间接地指导政府会计

① 科普宁. 假说及其在认识中的作用 ［M］. 上海：上海人民出版社，1955：3.

② Paton W A. Accountmg Theory ［M］. New York：The Ronald Press Company，1922：472－499.

③ 吴水澎. 会计原理 ［M］. 沈阳：辽宁人民出版社，1994：320.

实务。可以讲，它为一些具体准则和方法的实施创造了一个平台。

第三，从结构看。堪称会计假设研究顶峰之作的是美国注册会计师协会（AICPA）会计研究部发表的由莫里斯·穆尼茨完成的研究报告——《会计的基本公设》。该研究报告将会计假设分为三个层次，共 14 条假设：处于第一层次的假设是有关环境的假设，具体包括数量化、交换、主体、分期及计量单位；处于第二层次的假设是环境假设中与会计直接相关的补充命题，具体包括财务报表、市场价格、具体主体及暂时性；处于第三层次的假设则是会计方法建立的必要命提，具体包括持续经营、客观性、一致性、稳定币值及充分披露。

第四，从作用看。按照吴水澎教授的解释，会计假设就相当于几何学中的"公理"，目前人们尚无法证明它，但这些"命题"为"真"的确当性很容易为人所理解；并且，依据这些假设，可以推导出相当于"定理"的基本原则的正确性。如果没有这些假设，或这些假设所规定的内容是不成立的，那么，现代财务会计也就无法成立了[①]。可见，会计假设规定了会计理论外延的内容，具体来说，它是一系列会计方法及会计原则建立的前提。如不确立"持续运营"假设，诸如权责发生制、收支配比等也就失去了其存在的基础和必要。

第五，从主、客观关系看。一方面，会计假设主要由客观的经济环境所决定，这个特点决定了会计假设在特定的会计环境下具备一定程度的客观性质；另一方面，会计假设也是会计理论研究者对客观经济环境进行总结而得出的结论，因此不可避免地具备一定的主观性[②]。

众多会计学者对近百年会计假设的研究贡献了聪明才智，对会计假设也形成了许多认识，丰富和发展了会计理论。尽管对会计假设的表述不一，但有四条是被普遍接受的，即会计主体、持续经营、会计分期和货币计量。

二、会计假设与会计前提的辨析

在西方会计界，"会计假设"一词是应用很普遍的专业术语。而在我国各种会计标准中一致未使用"会计假设"的概念，我国《企业会计准则——基本准则》《政府会计准则——基本准则》均未使用此概念，而是使用了"前提"一词。有学者认为，中国会计界发明并使用"会计基本前提"是一个进步，它真

---

① 吴水澎. 会计原理［M］. 沈阳：辽宁人民出版社，1994：320.
② 杜兴强. 关于会计基本假设的再认识［J］. 决策借鉴，1999（3）.

实地反映了该项命题的实质和地位，也适合中国的文化①。"会计假设"与"会计前提"究竟是什么关系？这是一个值得探讨的问题。

从词义看，根据《韦氏新国际大辞典》（第三版），假设（postulate）的定义是：①就人们所认为当然的主张或公理所提出来的一种建议；②一种基本前提或假定②。按照《现代汉语词典》的解释，"假设"的含义之一是"科学研究上对客观事实的假定的说明"。

关于"前提"一词，《现代汉语词典》中的解释为：一是在推理上可以推出另一个判断的判断；二是事物发生或发展的先决条件。

将两者做一比较，假设侧重于需要证明；而前提则是指那些目前还未被证明，而在事实上，如果它导致相关的观念及思想的逻辑发展和产生有用推论的话，也可能是不需证明的假设。也就是说，"前提"更侧重于强调开展会计工作之前所必须具备的关键属性，所以还是称之为会计的前提条件更为明确。

此外，如果将会计与假设联系在一起，并且出现在"制度"或"准则"等会计标准中，的确与人们观念中关于会计人员的一丝不苟精神以及财务报表的"准确性"认识大相径庭，虽然会计的全部理论和实践是建立在一系列假设基础之上的，但会计标准从形式上也应减少人们的这种认识误区。

鉴于会计假设、会计前提内容的一致性，以及本书侧重于政府会计理论的研究，故在此未广泛使用"会计前提"一词。

三、会计假设理论在我国政府会计标准中的应用

中华人民共和国成立之初，百废待兴。迅速制定并颁发统一的会计制度是当时经济工作的重要内容之一。1950 年 12 月财政部颁布的《各级人民政府暂行总预算会计制度》《各级人民政府暂行单位预算会计制度》堪称政府会计标准建设的奠基石。

《各级人民政府暂行总预算会计制度》虽然没有涉及"会计假设"或"会计前提"等概念，但从内容看已经包括了会计假设的主要内容，如第二条、第三条指出："各级人民政府关于财政收支、调拨及资产负债增、减之一切会计

---

① 荆新．中国《事业单位会计准则》点评［C］//1997—1998 年中国会计教授会年会论文集．北京：中国财政经济出版社，2000：66.

② 转引自：亨德里克森．会计理论［M］．上海：立信会计图书用品社，1987：73.

事项，悉依本制度办理之；各级人民政府关于财政收支、调拨及资产负债增、减之一切会计事项，称总预算会计，由其财政部门专设机构办理之。"第十条指出："本制度以人民币为记账本位币，以元为记账单位。"第十一条指出："本制度依预算决算暂行条例之所定，以自公历 1 月 1 日起至 12 月 31 日止为一会计年度。会计年度之分季，自公历 1 月 1 日起每三个月为一季。会计年度之分月，依公历之所定。"可见，在政府会计标准建立之初，已经对会计假设问题做出了明确的规定。

《各级人民政府暂行单位预算会计制度》关于会计基本假设除持续运营外，均已体现在会计制度中。该制度第三条、第十条、第十一条分别就会计主体、货币计价和会计分期进行了界定。

1997 年财政部分别颁布了《财政总预算会计制度》、《行政单位会计制度》和《事业单位会计准则（试行）》，自 1998 年 1 月 1 日起实施。这些会计标准在第一章总则中专门对会计假设（或前提）列出了条款（如表 2 - 6 所示），确定了会计假设在准则建设中应有的地位及作用，但在相应的标准中并未使用假设概念。

表 2 - 6 政府会计标准（1997 年）与会计假设

	《财政总预算会计制度》	《行政单位会计制度》	《事业单位会计准则（试行）》
会计主体		第六条 会计核算应当以行政单位发生的各项经济业务为对象，记录和反映行政单位自身的各项经济活动	第四条 会计核算应当以事业单位自身发生的各项经济业务为对象，记录和反映事业单位自身的各项经济活动
持续运作			第五条 会计核算应当以事业单位各项业务活动持续正常地进行为前提
会计分期	第七条 总预算会计核算应当按会计期间结算账目和编制会计报表。会计期间分为年度、季度和月份。会计年度、季度和月份以公历起讫日期为准	第七条 会计核算应当划分会计期间，分期结算账目和编制会计报表。会计期间分为年度、季度和月份。会计年度、季度和月份采用公历日期	第六条 会计核算应当划分会计期间，分期结算账目和编制会计报表

	《财政总预算会计制度》	《行政单位会计制度》	《事业单位会计准则（试行)》
货币计量	第九条　总预算会计核算以人民币为记账本位币，以元为金额单位，元以下记至角、分	第八条　会计核算以人民币为记账本位币	第七条　会计核算以人民币为记账本位币

2012 年和 2013 年财政部分别发布了《事业单位会计准则》和《行政单位会计制度》。它们均对会计假设内容进行了规定，与 1997 年的《事业单位会计准则（试行)》《行政单位会计制度》基本一致。

2015 年财政部颁布的《财政总预算会计制度》在第一章总则中增加了持续运作假设或前提，在第七条中指出："总会计的会计核算应当以本级政府财政业务活动持续正常地进行为前提。"

四、《基本准则》与会计假设

《基本准则》第一章明确提出了政府会计的 4 项基本假设（前提)，即会计主体、持续运营、会计分期和货币计量。

（一）会计主体

1. 关于会计主体的认识

政府会计主体是政府会计理论框架构建的重要前提[①]。认识政府会计主体首先应把握会计主体的内涵。会计主体假设位居四大会计假设之首，它规定了会计活动的空间范围。"不论是有意还是无意，会计人员总是以经营主体的存在作为其工作的基础"[②]。"会计主体是一个有别于其所有者和其他主体的会计个体，规定了会计人员的服务范围，限定了财务报表的对象、事项以及事项属性的数量"[③]，是会计假设的核心内容之一。

按照国际会计师联合会公立单位委员会研究报告第三辑《政府财务报告的主

---

① 张琦，熊艳. 也谈我国的政府会计主体［J］. 预算管理与会计，2009（6）.

② 佩顿，利特尔顿. 公司会计准则导论［M］. 北京：中国财政经济出版社，2004：11.

③ 里亚希－贝克奥伊. 会计理论［M］. 上海：上海财经大学出版社，2004：162.

体》的解释，"主体"一词是指法律上的、行政管理上的或其他为完成目标有能力安排资源的一个组织或团体①。会计主体假设之所以重要，其理由是"它规定了权益的范围，从而缩减了可被选择列入财务报表的事物、活动及其特性。此外可以进一步缩减被选择列入会计报告的信息"②。无论是营利组织还是政府及其单位，进行会计核算时必须首先明确"会计主体"，它通常关注会计确认、计量、记录和报告的对象，即回答会计为谁记账的问题，是会计理论体系中最基本，也是最重要的问题之一。会计主体假设从形式看是对会计活动的空间范围的界定，其实质是对提供财务报表信息加以约束。确立会计主体假设的目的，就在于使会计主体完全独立于执行业务的会计人员、出资者以及其他有关单位和个人，使会计所反映的仅仅是某一特定主体的经济业务，而不是该主体以外的经济活动。会计主体的确立使该主体一切财产和债务得以正确地反映，收益或损失能够客观准确地计量，提供的信息做到与决策相关。

人们都认识到了会计主体的重要性，但对"会计主体概念何时产生？""基于何种原因而产生？"等问题看法不尽相同。林志军教授（1985）认为，从历史上看，"会计主体"（经营个体）基本假定最早是与经营组织的独立性发展有关的。作为一个经济实体，企业的财产和经营活动就有必要同它的所有者分开，特别是与经营组织要求独立核算其经营活动的盈亏直接相关。在13—14世纪威尼斯一带的复式簿记中已出现了"会计主体"概念的萌芽。有的学者认为，会计主体假设的起源大约在15世纪，当时业主投资与企业投资开始分离，这种分离，客观上要求会计不仅记录和反映业主财产的变化，还要反映以组织为主体的日常收支及经营成果，这就需要确定会计空间范围，会计主体假设由此产生③。

会计主体有两种界定方法：一是根据所拥有的各种资财，承担关于做出和执行各种承诺的义务，以及进行各种经济活动；二是根据特定的个人、集体或组织的经济权益范围来解释实体④。

会计主体假设实质在于它规定了会计活动的空间范围，确定了会计人员提供信息的界限。一个经济对象若要称为会计主体，至少应当具备以下特征：①经济

① 刘积斌. 西方政府非盈利组织会计摘译［M］. 北京：中国财政经济出版社，1997：116.
② 亨德里克森. 会计理论［M］. 上海：立信会计图书用品社，1987：76.
③ 冯月平，杨向荣，王曙光. 会计假设的历史演变及未来构想［J］. 财会通讯，2010（6）.
④ 亨德里克森. 会计理论［M］. 上海：立信会计图书用品社，1987：77.

上具有独立性。经济上的独立性要求会计主体只能对自身的经济业务进行核算和报告，并与其他主体进行严格区分。②组织上具有统一性。这就要求具有统一的组织、目标、权责分配，从而对会计主体自身发生的经济业务进行系统、全面的核算和报告①。

与企业会计主体相比，政府会计主体特征主要表现为公共性、非营利性、财政性和专用性②。政府会计主体属于公共部门，代表国家意志，受社会公众委托，按照法律、法规、合同或协议的要求，主要运用财政资金（税收），不以营利和资本增长为目的，履行管理公共事务、提供公共产品和公共服务的职责。

2. 报告主体和记账主体

按照会计一般理论，根据会计主体的界定依据不同，会计主体可以分为记账主体和报告主体两类。两者的区别如表2－7所示③。

表2－7　报告主体和记账主体的区别

记账主体	报告主体
会计要素的定义	财务报表的种类、格式
会计科目的设计	财务报表的信息范围
记账程序和方法的运用	财务信息的质量要求等
会计确认基础	
会计计量属性	

记账主体是从会计记账角度界定会计主体，主要解决会计主体业务核算的范围问题；报告主体是从报告角度界定会计主体，主要解决会计主体财务报告应列入哪些信息的范围问题。

将报告主体和记账主体的概念延伸至政府会计，可对报告主体和记账主体认识如下。

（1）报告主体。顾名思义，报告主体是对提供政府财务报告主体的界定，用于解决纳入政府财务报告内容的范围和政府财务报告组成结构的问题。国际公共会计准则概念框架指出：公共部门报告主体是编制通用目的财务报告的政府或

① 安丰琳，周咏梅．政府会计主体的界定 [J]．财政监督，2016（5）．
② 丁鑫，荆新．我国政府会计目标的定位 [J]．财务与会计，2010（10）．
③ 郭梅．政府财务报告主体问题研究 [D]．厦门：厦门大学，2007.

其他公共部门组织、项目或可识别活动领域。

按照国际会计师联合会公立单位委员会研究报告第三辑《政府财务报告的主体》的解释，"报告主体"是指能够合理地预计存在使用者的主体，这些使用者为了明确会计责任和制定决策而依赖财务报告所提供的信息[①]。

根据报告主体的定义，可以得出确定报告主体依据的认识，即该主体是否存在这样一些信息使用者，他们依赖于财务报告并将财务报告所提供的信息作为他们制定和评价主体资源分配决策的基础。可见，政府就是报告主体，因为：一是政府掌控着很重要的资源，尤其是经济资源，而绝大部分经济资源来自公民的税赋；二是政府对经济资源的使用直接影响公民的利益；三是资源的管理权和使用权相分离，客观存在受托责任，使履行报告义务成为必要。

美国联邦财务会计概念公告第2号"主体与表述"指出，政府报告主体应该满足三个标准：一是该主体承担控制和安排资源、提供产出与成果、预算执行等方面的管理责任，并能对其绩效负责；二是该主体能使其财务报表提供有关营运情况与财务状况的信息；三是该主体应该存在特定的信息使用者群体，这些使用者依靠该主体披露的信息做出决策，他们具有对该主体资源使用情况的信息要求权[②]。

国际上界定政府财务报告主体范围的方法主要有基金授权分配法、控制法、法律主体法和受托责任法。实践中最常用的是基金授权分配法和控制法。其中，基金授权分配法是以财政性资金的分配作为确定报告范围的标准，即凡是由政府提供资金维持其营运的组织均被纳入政府财务报告范围。控制法主要以政府对主体或交易是否具有控制力作为确定政府财务报告范围的标准。

（2）记账主体。记账主体是政府会计在进行会计处理时对需要单独记账的主体范围的界定。每一个会计记账主体都需要设置一套自我平衡的账户，记录该主体范围内的经济资源及其变动。

（二）持续运营

企业和政府会计界都普遍认为，持续运营是一个必要的和重要的会计基本前提，但人们对此认识不尽相同，有时还对持续运营产生误读。其中，一种认识强

---

① 刘积斌. 西方政府非盈利组织会计摘译［M］. 北京：中国财政经济出版社，1997：117.

② 美国联邦政府财务会计概念与准则公告［M］. 北京：人民出版社，2004：62.

调会计主体将永久存在；另一种认识消极地表达会计主体存在的状态，即任何企业不会无限期经营下去，总有一天要停业清理。每一种认识都有其合理性，但未抓住持续运营的精髓。

《基本准则》指出："政府会计核算应当以政府会计主体持续运行为前提。"持续运行为正常会计处理提供理论基础，资产可按历史成本计量，并按使用情况摊销，负债应正常地按约定时间偿还。

首先，持续运营是任何会计主体存在的典型经历或状态，经营活动并不是由一系列偶发、短期的冒险投资行为组成的，经营活动的结果通常无须经受完全清算的考验①。即使会计主体运营活动可能发生意外终止，关于此类情况的会计理论与方法也不能作为会计的基本准则。持续运营假设主要考虑正常情况。

其次，一个会计主体除非提供"反证"，否则它将在可预期的未来持续不断经营下去。如果我们无法提供"非持续运营"反证，如拟停业清理整顿等，就应假定该主体可按照既定的方针、计划、任务和合约继续运营下去。政府会计持续运营的"真谛"，是指在可以预见的未来，政府直接管理和使用社会公共资源的业务活动会持续不断地进行。

最后，持续运营这一假设的真正意义并不在于运营活动的连续性本身，而在于会计实务以持续运营为处理基础②。

但要说明的是，若以某基金项目作为会计主体，一旦基金所限定的项目完成任务或目的达到，该基金主体就会消失，其活动也会终止，所以基金作为会计主体具有暂时性的特点。

（三）会计分期

政府持续运营时间是没有限期的。基于评价受托责任的需要，将政府的持续运营期限人为地划分为若干首尾衔接的等距离时间间隔，以便确认、计量和报告主体的财务状况和业务成果，为此孕育了会计分期假设。

会计分期假设与持续运营紧密联系，没有持续运营也就无从谈起会计分期。但出于满足会计信息使用者的需要，在会计实践中，人们武断地将连续不断的运营活动划分为若干等距期间，长则1年，短则1个月或数日。

---

① 佩顿，利特尔顿. 公司会计准则导论［M］. 北京：中国财政经济出版社，2004：11.
② 张志宁. 四大基本假设对政府会计的适应性［J］. 经济论坛，2004（6）.

会计分期假设对会计的发展具有特殊的作用。

首先，使会计核算基础发挥作用。由于假设会计主体持续运营，因而产生了各项资产耗费或发生的费用在持续运营过程中进行分配的问题，即产生了权责发生制和收付实现制的差异，而所有这些差异又是以会计分期假设为前提的。如果没有会计分期假设，即使假设企业或单位经营活动是持续不断的，也无法解释为什么要以应收应付为计量基础①。

其次，会计中的本期、上期、下期、折旧、摊销、递延等概念或范畴的形成都是以会计分期假设为前提的，从而使期间配比原则成为必要，流动资产与非流动资产、流动负债与非流动负债等概念才会形成。《基本准则》对流动资产与非流动资产之间的划分，是以预计在1年内（含1年）耗用或者变现为前提的；对流动负债与非流动负债的划分，是以预计在1年内（含1年）能否偿还为前提的。

（四）货币计量

货币计量，是指会计确认、计量、记录和报告均以货币作为计量单位，并且假定币值是稳定不变的。

现代科学技术研究有一个极明显的特征，即无论是自然科学还是社会科学，各学科都日趋计量化。作为社会科学分支的会计学也不例外。人类的会计活动以会计计量为开端，又以会计计量为基础。人类早期的"刻木记事""结绳记事"，甚或较为复杂的"基普"（印第安人一种较为复杂的原始计数行为）等，都可视为会计的萌芽。而这些处于萌芽阶段的活动，正是人们力图正确记录各项活动的原始计量行为②。

随着商品经济的发展，经济活动日趋复杂，仅靠实物量度的记录活动已不能满足会计的需要，于是产生了货币量度的计量行为。以货币作为计量尺度，是会计计量区别于原始计量行为的标志。不仅会计从产生之日起就与计量结下了不解之缘，会计的发展也依赖于计量理论。会计提供的信息是一系列经济数据，会计计量在整个会计信息的加工处理过程中无处不在。没有计量，确认便失去了意义，记录和报告也就无从谈起；计量结果构成确认、记录和报告的内容。从这个

---

① 陈毓圭. 宏观财务与会计准则［M］. 北京：经济科学出版社，1992：99.

② 蔡传里，吴磊磊. 论会计计量属性的发展与变迁［J］. 广东商学院学报，2006（3）.

角度讲，会计核算实质上就是会计计量的过程。所以，有人认为会计计量是会计系统的核心。正如美国会计学家 R. 斯特林所说，"没有计量的理论只是猜测……而没有理论的计量则只是无目的的彷徨"①。

关于货币计量假设的认识应从以下方面来理解：

第一，会计的货币计量尺度并非与生俱来。会计并不是一开始就选择了货币尺度来计量经济事项和交易，如伏羲时代的结绳记事、黄帝时代的刻契记数等②。换言之，货币并非会计系统所能够选择的唯一计量属性③，只不过随着商品经济的发展和货币的出现，人们发现以货币计量经济业务更为简便，也可以提供更为丰富的信息。

第二，财产物资可以采用物理单位、劳动时间单位、货币单位等计量单位，但唯有货币作为商品的一般等价物，是衡量一般商品价值的共同尺度。只有货币尺度方可将不同类型的资产、清偿时间不同的负债、性质不同的收入、用途不同的支出加以汇总和进一步分类。在众多可供选择的计量尺度中，货币是基本计量尺度，因为"如果会计主体的活动不能用货币计量，那么要加以计量和报道就太主观"④，其他计量尺度只是补充。

第三，虽然货币币值不变假设成为传统会计的支柱，但货币尺度的可变性也是无法否认的事实。一般情况下，政府会计以货币作为计量尺度而不考虑货币价值变动的影响。

第四，在多种货币存在的条件下，会计核算以人民币为记账本位币，有外币收支的，在登记外币金额的同时应根据国家银行公布的人民币外汇汇率折算成人民币记账。为了弥补货币量度的不足，政府会计主体还需要采用一些非货币指标，以其作为财务报告的补充。

第五，货币计量假设会受到会计内容变化的挑战。在币值稳定不变假设前提下，货币计量假设下形成的信息仅为历史成本信息。"在一笔经济记录中，数据记录反映事物量的方面，而计量单位则反映事物质的方面。"⑤ 如果会计主体经济活动方式变化，要求反映未来的价值运动，客观上就要求改变会计计量的属

---

① 沈毓龄. 论会计计量［J］. 会计研究，1985（4）.
② 郭道扬. 中国会计史稿：上册［M］. 北京：中国财政经济出版社，1982：1－23.
③ 薛云奎. 会计大趋势：一种系统分析方法［M］. 北京：中国财政经济出版社，1999：83.
④ 斐内－米勒. 会计学原理［M］. 上海：上海人民出版社，1989：39.
⑤ 郭道扬. 中国会计史稿：上册［M］. 北京：中国财政经济出版社，1982：18.

性，采纳重置成本、公允价值、现值和名义金额等，而这正是会计内容对会计假设产生影响的结果。

上述四项财务会计假设具有相互依存、相互补充的关系。会计主体确立了会计活动的空间范围，持续运营与会计分期确立了会计活动的时间长度，而货币计量则为会计提供了必要手段。

第三章
政府会计信息质量要求

第一节 若干概念及其相互关系的辨析

高质量的会计信息是各类会计主体政策制定者和市场参与者进行经济决策和反映评价其受托责任履行情况的重要依据。因此，提供何种会计信息、如何提供会计信息等与会计信息质量有关的要求，直接制约着会计要素的确认和计量，也影响着会计报告体系、报表结构和信息披露方式。

一、信息与会计信息

会计信息是"会计"与"信息"复合而成且具有专业性特征的概念。认识会计信息质量要求，了解"信息"及"会计信息"十分必要。

信息的概念最早起源于电力工程学。后来，信息被认为是反映事物特征的形式，与物质、能量并列成为客观世界三大要素之一。人类认识物质最早，工业化发展使人类真正认识了能量，随着科学技术的进步，人们终于认识到客观世界里还有信息存在。人类进入现代社会后，信息充斥着人类社会广阔无垠的时间和空间。任何个人或组织都要进行决策，而所有的决策都要依靠信息，这是不可争辩的事实，除非我们纯粹是凭个人的喜恶、爱憎或一时的感情冲动处理事情。何谓"信息"？什么是"会计信息"？为了更好地利用信息，我们必须能够解释它并充分认识其局限性。无效的信息或不恰当地使用信息常会导致错误的决策。恰当地运用有效的信息通常会使决策更为有效。

信息有广义和狭义之分。狭义上，信息是一种消息、信号、数据或资料。在《现代汉语词典》中，"信息"被解释为："音信；消息。"信息须通过处理和分析来取得，它可以理解为在相当程度上确切信赖的情况、消息。可以讲，人类对信息的认识和利用是与生俱来的，例如，古代的敌情烽火台，现代的交通指示灯，就有这种内涵。广义上，信息是物质的一种属性，是物质存在方式和运动规律与特点的表现形式①。

申农是信息论的创立者，他把信息定义为在传递过程中，人们对系统认识的不确定性的减少，而所消除的不确定性的大小即为信息量的多少。

---

① 龙鹫.信息商品及其经济特性再探析［J］.图书情报工作，2001（10）.

维纳是控制论的创立者，控制论的建立离不开信息论。虽然维纳没有给出信息的明确定义，但从其"信息就是信息，不是物质也不是能量"① 的论述中可以看到他关于信息认识的基本思想。"信息是我们适应外部世界，并且使这种适应为外部世界所感到的过程，同外部世界进行交换的内容的名称。"② 进一步看，信息是在人类社会和人类思维活动中，事物通过物质载体发出的消息、情报、指令、数据、信号等所进行的知识性、智力性信息传递和交换的一切内容。

美国著名数理经济学家、诺贝尔经济学奖获得者阿罗提出根据条件概率原则有效地改变概率的任何观察结果即信息，或者近似地表述为：信息就是传递中的知识差。从该定义可以看到，信息是具有使用价值的，存在知识差，降低事件的不确定性，改善经济代理人的决策，从而获得预期的或者更高的收益；而观察或感知信息需要依据以往的知识、经验积累、时间花费、精力消耗等，即需要主观的努力和客观的条件③。信息是商品，但其不是一般商品而是特殊商品，其特殊性在于人们依靠信息来降低不确定性，减少未知，减少风险。

会计产生和发展的历史过程其实就是一个信息的接收、加工处理、传输的过程，因为在整个会计活动中，处理的内容包括事实、观点和有助于我们认识世界的概念④，这些构成了会计信息的内容。

什么是会计信息？由于学界对信息没有一个统一的定义，所以会计信息的定义也悬而未决。按照现代会计的分类理论，会计信息可分为财务会计信息和管理会计信息。这里所说的会计信息是指财务会计信息。

张婕（2000）认为："会计信息是指有关单位提取或加工的与经济管理活动相关的财务会计方面的信息。"葛家澍教授指出，会计信息是会计人员或会计系统，通过货币计量，描述一个企业（主体）经营、投资和理财方面的特征，反映由此产生的经营业绩和投资、理财业绩，并说明它们还包括财务状况、现金流量的变化。杨世忠教授（2005）指出，会计信息是一种反映主体价值运动的经济信息，是对经济交易或经济事项的数量说明⑤。

纵观上述会计信息的概念，可将会计信息特征概括如下：会计信息的基本形

---

①　维纳. 控制论［M］. 郝季仁，译. 北京：科学出版社，1962：133.

②　维纳著作选［M］. 上海：上海译文出版社，1978：3－4.

③　张国友. 信息商品的特征与定价策略［J］. 电子商务，2008（9）.

④　英格拉姆. 财务会计：为决策提供信息［M］. 2 版. 北京：中国社会科学出版社，1997：4.

⑤　杨世忠. 会计信息质量特征研究［M］. 大连：大连出版社，2005.

式为数据信息。这些数据反映了会计主体一定时点的财务状况或财务业绩、一定时期的运营成果；事实说明，数据信息需要物质材料作为载体，凭证、账簿、报表是数据的表现形式；获取、传递、存贮数据信息则需要消耗能量，也凝结了人类的一般劳动，会计信息具有价值属性，与此同时，会计信息使用价值是由其适用性、精确性、时效性、完整性、易用性和可获得性以及"可整合性"等属性所决定的①。信息的本质则表现为：会计管理活动的直接结果；发出、传递和接收数据，反映受托责任履行情况，并使各方利益相关者得以据之判断和权衡得失，做出恰当的预测、决策，并采取相应的控制措施；这些数据表现为商业语言，使国内外经济交往的各方能够相互沟通和理解；成为国家宏观调控的重要资料和市场经济秩序尤其是资本市场秩序的基石。

二、会计信息质量

什么是会计信息质量？要回答这一问题，首先应明确一些概念。《现代汉语词典》关于质量的含义有如下表述："产品或工作的优劣程度。" GB/T6583—1994《质量管理和质量保证国家标准》中指出，质量是指"反映实体满足明确和隐含需要的能力的特性总和"。英国标准《质量保证名词术语汇编》中，对产品质量下的定义是"产品或服务的全部特性和特征，能满足给定要求能力的总和"。美国著名质量管理专家朱兰博士指出，"质量是表征实体满足规定或隐含需要能力的特性的总和"。

可见，关于质量的表述虽然不尽相同，但它们均认为应以是否让信息使用者满意作为质量高低或优劣的标准。虽然会计信息是非一般商品但其终归是商品，并具有一般商品的特征。与普通产品不同，会计信息的质量很难通过技术手段进行量化。迄今为止，人们用于评价会计信息质量高低的标准依然是：信息是否真实，是否可靠，是否相关，是否有用，是否合规，等等。这就是说，真实程度高、可靠程度高、相关程度高、有用程度高、合规程度高等的会计信息是质量高的会计信息；反之，则相反。换句话说，具有真实性、可靠性、相关性、有用性、合规性等特征的会计信息是符合会计信息质量要求的会计信息，否则就不符合质量要求。这种据以判断会计信息质量高低的标准，被称为会计信息质量特

---

① 美国信息研究所．知识经济：21 世纪的信息本质［M］．王亦楠，译．南昌：江西教育出版社，1999：25.

征。概括来讲，会计信息质量是指会计信息满足信息使用者需求的特征的总和①。

会计信息质量是一个综合性概念，其内涵可从以下六个方面来理解：

第一，会计信息质量是整体性的概念。在市场经济条件下，会计信息质量的内涵已远远越出信息本身所具有的使用价值，是一个整体性的概念。它涉及与会计主体相关的政治、经济、文化、政治体制、环境等因素。

第二，会计信息质量高低具有相对性。传统会计信息质量观念认为，产品质量越高越畅销，"质量第一"就是生产高质量的产品。这种观点以偏概全、以一般代替特殊，而不去分析市场，结果可能会造成所谓"高质量产品"的积压。如前所述，产品只有在消费过程中才最终成为产品，生产产品的目的是满足人类生产和生活的需要，所以，产品质量的高低必须以消费者的需求为参照系。相对于消费者需求而言，不论是质量过剩还是质量不足，都会影响需求导致供求失衡进而影响经济效益。从需求方的主观愿望看，他们对会计信息质量的需求是无限的，当然是越高越好，但是他们有支付能力的需求又是有限的。同时，从使用者看，由于他们的决策目的不同，评价受托责任履行情况的要求不同，对会计信息质量的要求也就不同，加上影响会计主体相关环境因素的瞬息万变，决定了会计信息质量标准的高低变化。

第三，会计信息质量应以使用者（用户）满意为最高标准。会计信息质量相对性概念的建立，实质是要以信息使用者满意为最高标准，也就是说产品质量的高低应由消费者评价和决定。在市场经济条件下，企业能否生存和壮大，基础是它能否持续取得良好的经济效益。企业要实现这一目标，客观上需要自己的产品能被消费者购买。消费者凭借市场机制，通过"货币选票"来反映对产品的满意程度，可以决定生产什么，生产多少，定什么价格。所以，"消费者是上帝""用户第一"就成了企业的共识。因此，一般来说，会计信息提供者，如政府、企业或非营利组织，所提供的会计信息质量的高低、优劣，只能由信息使用者做出评判才具有现实意义。

第四，会计信息质量的动态性。这是指会计信息质量随着环境的发展变化而变化的特性。财务会计的存在与目标乃至方法、程序，与社会经济环境息息相关，必然要受到环境的影响。如果把财务会计活动作为一个系统，那么，财务会

---

① 杨世忠．会计信息质量特征研究［M］．大连：大连出版社，2005.

计以外的，与财务会计产生、发展密切相关，并对财务会计的活动、思想、理论、组织、法规以及会计工作发展水平等有影响作用的一切系统的总和，便构成了财务会计环境。环境对财务会计的影响是多方面的，而且各种环境因素相互交融，在财务会计发展过程中，形成了以政治、经济、文化、科技等为主的财务会计环境体系。而财务会计则以提供相关、可靠的会计信息从诸多方面影响和反作用于财务会计环境。其提供的会计信息的结构、性能、外观等质量会朝着消费者更满意的方向发展。这就是产品质量的动态性。

第五，会计信息质量的层次性。产品质量的层次性是由产品供求双方决定的。产品是满足人类生产和生活需要的，众所周知，人类需求不但具有多样性，而且在质量需求上具有层次性。而从供给角度看，生产力水平的多层次也决定了会生产出不同层次质量的产品。产品质量的层次性正好符合消费者不同层次的满意程度。

从信息经济学角度看，由于会计信息作为一种特殊的商品具有稀缺的特点，所以在其生成、传递和使用过程中不可避免地存在着交易双方极复杂的交易关系，交易双方可能的利益冲突导致发生高额的交易费用。为了降低交易费用，提高交易效率，减少会计信息交换中的外部性和各种可能的利益冲突，客观上要求采用一定的规则来解决这些问题。

第六，会计信息质量是一个综合性的概念，它涉及信息本身及信息传递、接收等过程中的诸多因素。按照现代经济管理的发展理念，会计信息质量是内在质量（即会计信息本身固有的特性）、外观质量（即信息的外表形态）、社会质量（即信息引导社会资源配置状况等）和经济质量（即获得信息成本高低等）等方面内容的综合体现。可见，商品的内在质量是由商品本身的自然属性决定的；商品的外观质量、社会质量和经济质量则是由商品的社会效应来决定的，受诸多社会因素的影响。

三、会计信息质量要求

众所周知，会计信息是资本市场配置资源和国家调控经济的基础，其质量影响着市场运行的效率，也影响着经济发展和社会稳定。因此，人们对会计信息质量提出了要求。从某种意义上讲，会计信息是会计主体生产的一种特殊"产品"。作为产品都需要有质量，而且产品质量越高对消费者的影响就越大。那么，什么是会计信息质量要求？所谓会计信息质量要求，是指什么样的会计信息可以满足报表使用人的要求。会计信息之所以有用的那些特征，构成了会计信息质量要求的内容①。因此，会计信息质量要求也称"会计信息质量特征"或"财务报表信息的质量特征"。

研究会计信息质量要求的意义在于：它是确定会计目标的必然延伸，是实现会计目标的衡量标准；它影响到会计报表的体系和内容，即制约所提供会计信息的范围、程度和方式；它直接影响会计要素的确认、计量和报表列示方法，影响会计政策的选择②。

首先使用"财务报表信息的质量特征"提法的，是美国注册会计师协会（AICPA）在1973年发布的《特鲁柏拉德报告》。在此报告中，提出了相关性与重要性、实质重于形式、可靠性、不偏不倚、可比性、一贯性和可理解性七项特征。第一次将会计信息质量特征问题作为一个专门的研究课题进行研究的是美国财务会计准则委员会（FASB）的第2号概念公告"会计信息的质量特征"。此后，会计信息质量特征作为一个不可或缺的内容出现在很多国家所制订的财务会计概念结构之中。

《国际公共部门会计准则第1号——财务报表的列报》附录二指出，质量特征是指使财务报表提供的信息对使用者有用的属性。四项主要的质量特征是可理解性、相关性、可靠性和可比性。

葛家澍、林志军（2001）认为："会计信息质量特征正是选择或评价可供取舍会计准则、程序和方法的标准，是对财务报告目标的具体化。它主要回答：什么样的会计信息才算有用或有助于决策。会计信息质量特征比目标更具体地指导财务会计的确认、计量和信息传递。"③

吴水澎教授等（2000）认为："会计信息质量特征就是会计信息所应达到或满足的基本质量特征，它是会计系统为达到会计目标而对会计信息的约束。"④

张娟（2010）认为："信息质量特征是使财务报告信息对信息使用者有用、支持财务报告目标实现的信息属性。"⑤

纵观上述关于会计信息质量要求或特征的表述，可对会计信息质量要求或特

---

① 曹冈，史书衡. 财务报表的阅读与编制［M］. 北京：北京出版社，1993：50.
② 王庆成. 西方政府和非营利组织会计准则的理论框架［J］. 教育财会研究，1996（4）.
③ 葛家澍，林志军. 现代西方会计理论［M］. 厦门：厦门大学出版社，2001：107.
④ 吴水澎，陈汉文，谢德仁，等. 中国会计理论研究［M］. 北京：中国财政经济出版社，2000.
⑤ 张娟. 政府会计与企业会计：概念框架差异与启示［J］. 会计研究，2010（3）.

征内涵归纳如下：

第一，信息质量特征是在财务报表提供者与会计信息使用者之间相互联系的媒介。会计信息质量特征研究在整个概念框架中占有很重要的地位，它是连接财务报告目标和其他概念公告的"桥梁"。

第二，会计信息质量特征是会计目标的延伸。会计目标的核心问题是明确各类信息使用者对会计信息的需求，其中包括对会计信息质量方面的要求。作为目标，这种特征一般是基本的、原则性的。研究会计信息质量特征，可以使原则性的特征具体化和深刻化，使会计目标贯穿于整个会计工作过程之中，促使会计目标得以实现。

第三，会计信息质量特征是会计报告的重要基础。会计信息是以会计报告的形式表现和披露的，会计信息质量特征直接制约和影响着会计报告体系、会计报表的设计和披露方式。因此，会计信息特征是会计报告的重要基础。会计信息质量特征是选择或评价会计程序、方法的标准，直接制约着会计要素的确认和计量。决策有用观认为："假如我们不能提供理论上正确的财务报表，至少应该使财务报表更加有用。"①

会计信息质量要求，"是会计信息系统为达到会计目标而对会计信息的约束，它主要回答什么样的会计信息才算有用或有助于决策"②。财务会计信息所应达到或满足的质量标准（质量要求），是财务会计报告目标的具体化。会计信息质量要求在会计概念框架中具有重要作用，处于会计目标与会计要素之间，比会计目标更为具体地指导会计的确认、计量、记录和报告。

四、与会计信息质量要求相关概念的辨析

（一）会计信息质量要求与会计目标

会计信息质量要求与会计目标关系十分密切。我们知道，财务会计应当提供什么信息和如何提供这些信息取决于它的目标。但是目标只规定使用者需要哪些信息（信息的内容与数量），而未曾说明可提供的信息应达到什么质量标准（信息的品质），信息质量是会计信息使用者分析评价受托责任履行情况、进行各类

---

① 斯科特. 财务会计理论［M］. 6 版. 北京：中国人民大学出版社，2012：58.

② 袁知柱，吴粒. 会计信息可比性研究评述及未来展望［J］. 会计研究，2012（9）：9.

经济决策的依据，也是对政府提供财务报告的基本要求。如果信息不能在质量上得到保证，将无助于使用者的决策，甚至会对使用者的决策产生误导。政府会计为实现其目标，需要提供满足使用者需求的会计信息，如果提供的信息不具备一定的质量特征，不符合一定质量要求，就无法满足使用者的需求，政府会计自然也就不能实现其目标。

本书上一章曾经指出，自 20 世纪 70 年代以来，西方会计目标理论形成两大流派：受托责任观与决策有用观。不同流派对会计信息质量的要求存在差异。

1. "受托责任观"与会计信息质量特征

"受托责任观"的基本内涵是会计必须随时提供经营者履行受托责任的情况，反映受托责任也就成为会计的基本目标。受托责任实际上是一种产权责任，作为产权责任，其必须如实地反映，不偏不倚，并可以验证，以维护产权主体的权益。可以断言，此时，会计信息的可靠性较之相关性更为重要①。"受托责任观"与会计信息可靠性关系更为密切。

2. "决策有用观"与会计信息质量特征

"决策有用观"认为，会计的根本目标是向信息使用者提供对其决策有用的信息。当使用者的需求由报告受托资源的管理状况转向提供决策有用的信息时，信息的反馈、预测作用便显得尤为重要。因此，决策有用观主张会计信息最重要的质量要求是决策有用性，要具备决策相关性和决策可靠性两种主要的质量，信息的相关性越大，可靠性程度越高，就越是合乎需要，越是于决策有用。

（二）会计信息质量要求与会计核算一般原则

会计原则既是恰当地从事会计工作的规范，又表达了会计工作所产生的信息应达到怎样的质量标准，才符合人们对它的要求，才能发挥其应有的作用②。

郑安平教授在《论会计原则体系的重构》一文中③，就"会计一般原则"与"会计信息质量要求"之间的关系进行了较为深入的研究。其核心内容如表 3 - 1 所示。

---

① 谷澍. 履行中合约会计论［M］. 大连：东北财经大学出版社，1999：18.

② 张为国，徐毅. 试论符合我国国情的基本会计原则［J］. 上海会计，1989（5）.

③ 郑安平. 论会计原则体系的重构［J］. 会计研究，2011（5）.

表 3 - 1 "会计一般原则"与"会计信息质量要求"之间的关系

联　系		区　别		
1	同属于会计规范体系的内容	1	本质不同	会计信息质量特征是会计信息所应达到或满足的基本质量要求，它是会计系统为实现会计目标而对会计信息的质量约束，其本质是一种结果的检验标准或尺度
				会计原则是为了实现会计目标，指导会计人员选择会计政策或进行职业判断的标准或准绳，是对会计人员选择会计政策或进行职业判断的行为约束，其本质是一种行为取向的指南
2	同属于由国家或权威机构制定的强制规范	2	约束对象不同	会计信息质量特征的约束作用发生在会计信息本身上，重在结果，是一个结果概念
				会计原则的约束作用发生在会计人员选择会计政策或进行职业判断的行为上，重在过程，是一个过程概念
3	共同目标都是为了保证会计信息的质量	3	作用的范围不同	会计信息质量特征的约束范围从会计准则的制定，到最后生成会计信息的全过程，重点体现在对最终生成的会计信息质量高低的检验上，质量意识是每一个会计工作者必须牢固树立并贯穿于会计工作始终的理念
				会计原则的作用仅仅发生在会计人员选择会计政策这一行为上或进行职业判断的过程中，其约束的范围有限

在现代会计理论体系中，会计信息的质量特征与会计目标存在着内在的逻辑关系，一般认为，会计目标应包括并决定会计信息的质量特征，而会计信息的质量特征则反过来维护或服务于会计目标，为实现会计目标发挥着极为重要的作用①。

第二节　会计信息质量要求研究的回顾

一、美国关于会计信息质量特征的研究及其成果

在会计发展的漫长历史中，有关会计信息质量特征的探索和研究的时间并不长，而美国是最早研究这一问题的国家，所取得的研究成果也最具有代表性。美

---

① 杨金观，高永林. 论我国会计信息质量特征体系的构建 ［J］. 中央财经大学学报，2004（5）.

国会计信息质量特征内容及其发展可概括如表3－2所示。

表3－2 美国会计信息质量特征内容及其发展

时间	组织	报告	特征								
1966年	美国会计学会	《论会计基本理论》	相关性	可验证性	免于偏见性	可定量性					
1970年	美国会计原则委员会	《第4号报告》	相关性	可验证性		可理解性	中立性	及时性	可比性	完整性	
1971年开始，至1973年提交报告	美国注册会计师协会；罗伯特·M.特鲁布拉德研究小组	《特鲁布拉德报告》	相关性与重要性		免于偏见性	可理解性			可比性	一贯性	实质重于形式
1980年	美国财务会计准则委员会	《财务会计概念公告》第二辑《会计信息质量特征》	相关性	可靠性	可比性和一贯性	重要性	成本和效益				

从表3－2可见，在美国会计信息质量特征（要求）体系中，相关性和可靠性被并列认为是首要的信息质量特征，可比性属于次要的信息质量特征。此外，相关性由预测价值、反馈价值和及时性三个子质量特征构成，而可靠性也包含了如实表述、中立性（不偏不倚性）和可稽核性（可验证性）三项内容。

二、国际公共部门会计准则

《国际公共部门会计准则第1号——财务报表的列报》附录一"财务报告的

质量特征",概述了财务报告的质量特征,并指出:质量特征是使财务报告提供的信息对使用者有用的属性,可概括为可理解性、相关性、可靠性和可比性四个方面。国际公共部门会计准则质量特征体系如图 3-1 所示。

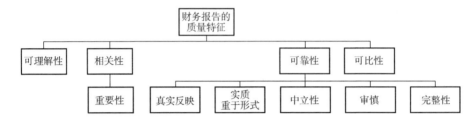

图 3-1　财务报告的质量特征体系

（一）可理解性

当可以合理预期信息使用者能够理解信息的含义时,此信息是可理解的。为此,信息使用者被假定具有主体活动及其运营环境的必要知识,并且愿意去研究该信息。对于涉及复杂事项的信息,不能仅仅以其可能使某些使用者太难理解为由而将其排除在财务报表之外。

（二）相关性

若信息能够有助于评价过去、现在或未来的事项,或者确证或更正过去的评价,信息就是相关的。为了具有相关性,信息必须是及时的。

信息的相关性受其性质和重要性的影响。如果信息的省略或错报可能影响使用者基于财务报表做出的决策或评价,则此信息是重要的。重要性取决于项目或者在省略或错报的特定情况下所判断差错的性质或规模。因此,重要性与其说是信息成为有用信息所必须具备的基本质量特征,倒不如说是提供了一个分界线或取舍点。

（三）可靠性

可靠信息没有重大差错和偏向,其如实反映其意图反映或理当反映的情况,能为使用者依赖。其中,可靠性包括以下内容:

第一,真实反映。信息要真实反映交易和事项,就应当按照交易和事项的实质而不仅仅是其法律形式予以列报。

第二，实质重于形式。信息若要真实地反映其意图反映的交易和其他事项，就必须根据它们的本质和经济实质而不仅仅是它们的法律形式进行会计处理和列报。

第三，中立性。如果没有任何偏向，信息是中立的。

第四，审慎。审慎是指不确定条件下做出所要求的估计时，在判断中加入一定程度的谨慎，以此不高估资产或收入，不低估费用和负债。

第五，完整性。财务报表中的信息应当在重要性和成本允许的范围内做到完整。

（四）可比性

如果财务报表的信息能够使使用者辨别这些信息与其他报告中信息之间的异同，则财务报表中的信息是可比的。可比性适用于：①不同主体财务报表之间的比较；②同一主体不同期间财务报表之间的比较。

三、我国会计标准与会计信息质量要求

从理论研究看，中华人民共和国成立后，较早提及会计信息质量的文献是李宝震教授于1980年发表的《论社会主义会计的原则》。在此文中，李宝震以会计原则的形式提出了客观性、一致性、全面性和先进性（阶级先进性）四个特征。国内关于会计信息质量特征的全面和系统的研究文献主要有孙铮所著的《财务会计信息质量特征：分析验证与暂行结论》及杨世忠教授所著的《会计信息质量特征研究》。

从我国会计标准的发展过程看，我国相关会计法规中涉及会计信息质量要求或质量特征内容比较晚。在很长一段时期，我国会计界并没有将会计信息质量要求（或特征）作为一个专门的研究对象去研究，只是在相关的会计制度中，对编制财务报表规定了基本要求。如1989年的《事业行政单位会计制度》指出，各单位的会计报表要保证数字准确、内容完整、报送及时。

1992年11月30日我国发布的《企业会计准则》也没有明确提出"会计信息质量要求"或"会计信息质量特征"，但是规定了12条会计核算的一般原则，可以说基本上体现了财务报表所提供信息的质量要求和特征。

20 世纪 80 年代，预算会计制度仍沿用 60 年代计划经济统收统支体制下的范本，这种会计标准形式已不适应逐步改革开放的需要，完善预算会计制度被列入预算会计工作的重要议事日程。1997 年我国对预算会计进行了重大改革，全面实施一整套新的预算会计制度，构筑了财政总预算会计、行政单位会计和事业单位会计三位一体的新的预算会计体系。其中，每套会计标准均单设了"会计核算一般原则"一章，该章指出具有现代意义的会计信息质量要求的内容，如表 3-3 所示。

表 3-3　会计信息质量要求

	《财政总预算会计制度》	《行政单位会计制度》	《事业单位会计准则（试行）》
客观性	总预算会计核算应当以实际发生的经济业务为依据，如实反映财政收支执行情况和结果	会计核算应当以行政单位实际发生的经济业务为依据，客观真实地记录、反映各项收支情况及结果	会计核算应当以实际发生的经济业务为依据，客观真实地记录、反映各项收支情况和结果
相关性	总预算会计信息应当符合预算法的要求，适应国家宏观经济管理和上级财政部门及本级政府对财政管理的需要	会计信息应当符合国家宏观经济管理的要求，适应预算管理和有关方面了解行政单位财务状况及收支结果的需要，有利于单位加强内部财务管理	会计信息应当符合国家宏观经济管理的要求，适应预算管理和有关方面了解事业单位财务状况及收支情况的需要，并有利于事业单位加强内部经营管理
可比性	总预算会计核算应当按规定的会计处理方法进行	会计核算应当按照规定的会计处理方法进行。同类单位会计指标应当口径一致，相互可比	会计核算应当按照规定的会计处理方法进行。同类单位会计指标应当口径一致，相互可比
一致性	财政部门管理的各项财政资金（包括一般预算资金、纳入预算管理的政府性基金、专用基金、财政周转金等）都应当纳入总预算会计核算管理	会计处理方法应当前后各期一致，不得随意变更。如确有必要变更，应当将变更的情况、原因和对单位财务收支情况及结果的影响在会计报表中说明	会计处理方法应前后各期一致，不得随意变更。如确有必要变更，应将变更的情况、原因和对单位财务收支情况及结果的影响在会计报告中说明

	《财政总预算会计制度》	《行政单位会计制度》	《事业单位会计准则（试行)》
及时性	总预算会计核算，应当及时进行	会计核算应当及时进行	会计核算应当及时进行
清晰性		会计记录和会计报表应当清晰明了，便于理解和运用	会计记录和会计报表应当清晰明了，便于理解运用
	总预算会计记录和会计报表应当清晰明了，便于理解；对于重要的经济业务，应当单独反映	会计报表应当全面反映行政单位的财务收支情况及其结果。对于重要的业务事项，应当单独反映	会计报表应当全面反映事业单位的财务收支情况及其结果。对于重要的业务事项，应当单独反映
			会计核算一般采用收付实现制，但经营性收支业务核算可采用权责发生制
清晰性			有经营活动的事业单位，其经营支出与相关的收入应当配比
			对于国家指定用途的资金，应当按规定的用途使用，并单独核算反映
			各项财产物资应当按照取得或购建时的实际成本计价。除国家另有规定者外，不得自行调整其账面价值

纵观表3-3，我国关于会计信息要求的特征包括：

第一，会计信息质量要求体系的完整性缺失。会计信息质量是一个完整体系，应具有内在一致性，横向、纵向相互交错、相互交融。但我国的各会计信息质量特征不是一个严密的体系，它们之间是一种平行、并列的关系。这不仅不利于会计主体和会计信息使用者对会计信息质量特征的不同方面进行权衡，而且不利于他们对会计信息质量特征的总体把握。

第二，一些重要概念未做区分。例如：对会计基础与信息质量特征不做区分；对计量属性与信息质量特征不做区分，如历史成本属于计量属性范畴，但在《事业单位会计准则（试行）》中却被列为会计信息质量要求。

第三，与权责发生制、配比原则、历史成本原则、划分收益性支出和资本性支出原则等一起作为一般原则，这样必然不能引起会计主体和会计信息使用者对会计信息质量的重视。

第四，与国际惯例存在一定差异。与国际惯例相比，我国没有提出会计信息质量特征的概念，更不用谈建立紧密的会计信息质量特征体系。

2006年《企业会计准则——基本准则》首次使用"会计信息质量要求"的概念，并将该准则中的第二章"一般原则"更名为"会计信息质量要求"，原准则12项"会计核算的一般原则"（不含"实质重于形式原则"）归并并更名为可靠性、相关性、可理解性、可比性、实质重于形式、重要性、谨慎性和及时性8项会计信息质量要求。其中，鉴于权责发生制属于财务会计的基本问题（会计基础范畴），贯穿于整个企业会计准则体系的总过程，将其列入总则，突出层次较高、统驭作用较强的性质，不宜在会计信息质量要求中规定；新准则对资产要素重新做了定义，其内涵在于资产要素的计量是面向未来而非回顾历史和现在，并且继续将历史成本作为会计信息质量要求，资产计提减值准备要求会处在尴尬局面，原准则中的"历史成本"在新准则"会计计量属性"中加以阐述；由于新准则秉承"资产负债表观"理念，因此，"一般原则"中的"配比原则""划分收益性支出与资本性支出原则"暴露其局限性，将两者在会计信息质量要求体系中剔除。

2012—2015年，我国财政部陆续发布了一系列政府会计标准，其中《事业单位会计准则（2012）》《行政单位会计制度（2013）》《财政总预算会计制度（2015）》三项会计标准（简称"新标准"）分别对政府会计信息质量要求予以规范，由原制度或制度中的"会计核算一般原则"改为"会计信息质量要求"，如表3-4所示。

表3－4 政府会计信息质量要求

	《事业单位会计准则（2012）》	《行政单位会计制度（2013）》	《财政总预算会计制度（2015）》
客观性	事业单位应当以实际发生的经济业务或者事项为依据进行会计核算，如实反映各项会计要素的情况和结果，保证会计信息真实可靠	行政单位应当以实际发生的经济业务或者事项为依据进行会计核算，如实反映各项会计要素的情况和结果，保证会计信息真实可靠	总会计应当以实际发生的经济业务或者事项为依据进行会计核算，如实反映各项会计要素的情况和结果，保证会计信息真实可靠，全面反映政府财政的预算执行情况和财务状况等
全面性	事业单位应当将发生的各项经济业务或者事项统一纳入会计核算，确保会计信息能够全面反映事业单位的财务状况、事业成果、预算执行情况等	行政单位应当将发生的各项经济业务或者事项全部纳入会计核算，确保会计信息能够全面反映行政单位的财务状况和预算执行情况等	
及时性	事业单位对于已经发生的经济业务或者事项，应当及时进行会计核算，不得提前或者延后	行政单位对于已经发生的经济业务或者事项，应当及时进行会计核算，不得提前或者延后	总会计对于已经发生的经济业务或者事项，应当及时进行会计核算
可比性	事业单位提供的会计信息应当具有可比性	行政单位提供的会计信息应当具有可比性	总会计提供的会计信息应当具有可比性
相关性	事业单位提供的会计信息应当与事业单位受托责任履行情况的反映、会计信息使用者的管理、决策需要相关，有助于会计信息使用者对事业单位过去、现在或者未来的情况做出评价或者预测	行政单位提供的会计信息应当与行政单位受托责任履行情况的反映、会计信息使用者的管理、监督和决策需要相关，有助于会计信息使用者对行政单位过去、现在或者未来的情况做出评价或者预测	总会计提供的会计信息应当与政府财政受托责任履行情况的反映、会计信息使用者的监督、决策和管理需要相关，有助于会计信息使用者对政府财政过去、现在或者未来的情况做出评价或者预测
清晰性	事业单位提供的会计信息应当清晰明了，便于会计信息使用者理解和使用	行政单位提供的会计信息应当清晰明了，便于会计信息使用者理解和使用	总会计提供的会计信息应当清晰明了，便于会计信息使用者理解和使用

新标准的会计信息质量要求仅有 6 项，而原标准的会计核算的一般原则在《财政总预算会计制度》中为 9 项，在《行政单位会计制度》中为 10 项，在《事业单位会计准则（试行）》中为 11 项。

新旧标准之间为何出现如此差异？

第一，新标准不再含有收付实现制。原标准是将收付实现制作为会计核算的一般原则加以规范的。新标准将收付实现制作为会计基础列入总则中，而不是在会计信息质量要求中规定，其原因是收付实现制作为会计基础，属于财务会计的基本问题，层次较高，统驭作用较强，贯穿于整个企业会计准则体系的全过程。

第二，新标准的会计信息质量要求中不再含有历史成本。在新标准中，历史成本是在会计计量属性中加以阐述的，而不属于会计信息质量要求的范畴，这是为什么呢？笔者认为，之所以不再将历史成本作为会计信息质量要求的构成要素，追根溯源在于资产要素的重新定义，新资产要素定义的要义在于资产要素的计量是面向未来看问题，既不强调回顾历史也不强调着眼现在。但必须指出的是，在资产、负债的初始计量过程中仍然要按照历史成本来加以确定。换句话说，在新的企业会计准则体系中，历史成本的理念仍需在资产、负债的初始计量中加以应用。

第三，原标准中的《事业单位会计准则（试行）》含有配比原则，即有经营活动的事业单位，其经营支出与相关的收入应当配比。但随着事业单位改革的不断深化，有经营活动的事业单位陆续采用企业会计准则，具有经营活动的事业单位规模在不断减少。但这绝对不意味着配比原则在新企业会计准则体系下不再适用，配比原则的灵魂依旧存在，并体现在了相关具体会计准则的确认与计量过程中。

第四，可比性和一致性在原标准的会计核算的一般原则中是平行存在的两项原则，其中，前者强调的是不同企业发生相同交易或事项时所采用会计政策的横向可比性，后者强调的是同一企业所发生的相同交易或事项在不同时期所采用会计政策的纵向可比性。而在新标准中，会计信息质量要求中的可比性则既包括横向可比性也包括纵向可比性，即"同一企业不同时期发生的相同或相似的交易或事项，应当采用一致的会计政策，不得随意变更。需要变更的，应当在附注中说明""不同企业发生的相同或相似的交易或事项，应当采用规定的会计政策，确保会计信息口径一致、相互可比"。由此不难看出，新标准中的可比性实质上是将老标准的可比性和一致性进行了有机合并，此举更有助于人们加深对会计信息有用性的理解与把握，更有助于报表使用者获取有用的决策信息。

第三节　一般原则与会计信息质量要求的辨析

按照《现代汉语词典》的解释，"原则"的含义之一是指"说话或行事所依据的法则或标准"；而"要求"则是指"提出具体愿望或条件，希望得到满足或实现"。

"原则"提供何种会计信息、如何提供会计信息等与会计信息质量有关的要求，直接制约着会计要素的确认和计量，也影响着会计报告体系、报表结构和信息披露方式。为此，新标准明确提出会计信息质量要求的概念，将原标准第二章"一般原则"更名为"会计信息质量要求"，同时，将原标准中的12条"一般原则"重新进行了归并、修订。

不论是会计核算一般原则还是会计信息质量要求，目的都是相同的，即都以提高会计信息质量，增强会计信息的相关性，满足会计信息使用者的需要为己任。两者构成我国会计法规体系的有机组成部分，都属于强制性规范范畴，有关单位必须遵照执行。

但原标准"一般原则"与新标准"会计信息质量要求"毕竟不是等同概念，两者的区别表现在以下几方面。

首先，性质不同。"原则"一词词义之一是指说话或行事所依据的法则或标准，会计"一般原则"可解释为会计工作所依据的法则或标准，是会计核算的一般要求，是进行会计核算的指导思想，是衡量会计工作的标准，也是处理会计业务的基本依据。而会计信息质量要求，是指使财务报表提供的信息对使用者有用的那些性质，是会计系统为了达到会计目标而对会计信息的约束，也是财务报告目标的具体化。它主要回答什么样的会计信息有用或有助决策等问题。

其次，规范的会计环节不同。会计"一般原则"是为了满足会计质量要求而对会计工作的约束。按程序区分，会计包括确认、计量、记录和报告程序，"一般原则"所规范的对象包括了会计程序的全部内容。而"会计信息质量要求"以"信息"本身为规范对象，强调会计信息所应达到或满足的基本质量要求，会计信息只是会计核算的结果，"会计信息质量要求"重点体现在对最终生成的财务报告的质量要求，即对财务报告满足使用者需要的要求。

最后，本质不同。"会计信息质量要求"特征是：它是会计系统为实现会计目标而对会计信息的质量约束，其本质是一种结果的检验标准或尺度。而会计"一般原则"则是为了实现会计目标，对会计人员选择会计政策或进行职业判断的行为约束，其本质是一种行为取向的指南或准绳。

第四节　会计信息质量要求的具体分析

会计信息质量的要求之所以多种多样，是因为不同的使用目的（用途）会产生不同的使用要求（需要），即使对于同一用途的商品，不同的会计信息使用者也会提出不同的要求。商品质量的各项基本要求并不是独立的、静止的、绝对的，特别是对某种商品提出具体质量要求时，不仅要根据不同的用途进行具体分析，而且还必须与社会生产力的发展、国民经济水平以及人们的消费习惯相适应。

对会计信息质量要求的具体分析是对其进行深入理解、认识和运用的必经之路，而行进是否正确，正确路标显得尤为重要。国际公共部门会计准则提出的财务报告的质量特征为我们提供了极好的参照物，因为我们选择了政府会计国际趋同之路。

一、可靠性

政府会计主体应当以实际发生的经济业务或者事项为依据进行会计核算，如实反映各项会计要素的情况和结果，保证会计信息真实可靠。

（《政府会计准则——基本准则》第十一条）

对于一般商品来说，可靠性是指商品在规定条件下和规定时间内，完成规定功能的能力，如商品的耐久性、易维修性和设计可靠性等。但对于具有特殊性的会计信息质量要求，其可靠性具有特定含义。

《国际公共部门会计准则第1号——财务报表的列报》中指出：当信息没有重大差错和偏向，并能如实反映其所拟反映或理当反映的情况而能提供给使用者作为依据时，信息就具备了可靠性。财务报表所提供信息的可靠性包括真实反映、实质重于形式、中立性、审慎和可核性五个方面，其中，实质重于形式、审慎将专门论述。

可靠性要求信息应反映它所意欲反映的信息，即真实反映。例如，某一特定时期的收入支出表，应尽可能反映与该时期相关的收入和支出（费用）。同时，对会计方法与确认和计量的程序加以详细说明，以便使用者可以充分理解报表所意欲反映的事实和所采用的确认与计量的程序。

可靠性要求提供的信息对于不同的使用者而言，应当是无偏向性的。尽管公布财务报表是为了提供有助于决策的信息，但不应为了按预定的方向影响决策或获取预定的结果而进行预先设计。

可靠性也意味着如果具有专业知识的、独立的观察者认为所报告的交易和事项在合理的精确程度上与实际发生的交易与事项是一致的，那么财务报表所报告的交易和事项就具备了可靠性。

二、全面性

政府会计主体应当将发生的各项经济业务或者事项统一纳入会计核算，确保会计信息能够全面反映政府会计主体预算执行情况和财务状况、运行情况、现金流量等。

（《政府会计准则——基本准则》第十二条）

全面性意味着政府、政府部门和政府单位的会计核算应该全面完整地反映它们的一切经济活动，全面反映其资金的来源和去向、收入和支出，不仅要反映资金的静态，而且要反映资金运动的动态，也就是不仅要反映资金处于什么状态，而且要反映其来龙去脉，不得隐匿和遗漏。全面性还要求政府会计提供的财务报表除了法定的报表项目外，还应就那些比较重大、有可能影响报表解释和信息利用的事项做出说明；不仅对已经发生的、已经有确定证据的经济业务加以确认、计量和记录，而且要对那些即将发生或预计将要发生、可能导致财务状况发生重大变化的经济事项做出记录和报告①。

---

① 陈毓圭．宏观财务与会计准则［M］．北京：经济科学出版社，1992：124.

三、相关性

政府会计主体提供的会计信息，应当与反映政府会计主体公共受托责任履行情况以及报告使用者决策或者监督、管理的需要相关，有助于报告使用者对政府会计主体过去、现在或者未来的情况作出评价或者预测。

（《政府会计准则——基本准则》第十三条）

相关性是指满足这种商品主要用途所必须具备的性能，是为实现预定使用目的或规定用途，商品所必须具备的各种性能（或功能）。它是构成商品使用价值的基础。

《国标公共部门会计准则——公共部门主体通用目的财务报告概念框架》指出："如果财务和非财务信息能够对财务报告目标的实现产生影响，那么就具有相关性特征。"也就是说，当政府会计提供的信息能够用于帮助使用者评估过去、现在或未来的事项，或者确证或纠正使用者过去的评价时，该信息就具有相关性。

相关性就是会计信息能让信息使用者对问题、情况或事件做出不同的评价，有助于会计信息使用者掌握受托责任履行情况，以便做出与之相关的各类经济决策。概括来讲，即"相关财务信息对使用者的决策有重要影响"[①]。这些信息也许能够影响决策。

《国际财务报告准则——财务报告框架》指出："如果财务信息有预测价值、证实价值或两者兼有，则能够对决策产生重要影响。"

《国际公共部门会计准则——公共部门主体通用的财务报告概念框架》指出："如财务和非财务信息具有确认价值、预测价值或两者兼有之，就具有产生影响的能力。"

如果财务信息能够被使用者在其预测未来结果的过程中用作参考，则该财务信息具有预测价值。而证实价值也好，确认价值也罢，都是说明了这样一个事实，即财务和非财务信息具有确认或更改过去（或现在）的预期功效，政府会计主体能够将财务报表执行结果与过去报表的预测信息相互对照，能够对财务报告目标的实现产生影响。

---

① 国际会计准则理事会. 国际财务报告准则：财务报告框架［M］. 北京：中国财政经济出版社，2015：31.

四、及时性

政府会计主体对已经发生的经济业务或者事项，应当及时进行会计核算，不得提前或者延后。

（《政府会计准则——基本准则》第十四条）

为了达到相关性的要求，信息必须及时。"严格地说，及时性算不上是信息的一种质量。只是由于它在某些特定的情形下可以完全改变信息的质量，从而使有质量的信息变成毫无意义的垃圾，因此，人们在讨论信息质量时，总是把及时性与信息的质量联系在一起。"①

在需求的时点即能获得信息，将使使用者获益更多；在需要它的时点之后很长时间才提供的信息，是没有多少相关性的。不同使用者需要财务报表的时点不同，要求报表编制者在有需求时就提供，是很难做到的。所以，各国监管机构通常都规定了一个统一的提供报表的时间，监管机构还可以要求提供中期报表。人们希望企业在会计年度结束以后，尽快公布财务报表。

五、可比性

政府会计主体提供的会计信息应当具有可比性。

同一政府会计主体不同时期发生的相同或者相似的经济业务或者事项，应当采用一致的会计政策，不得随意变更。确需变更的，应当将变更的内容、理由及其影响在附注中予以说明。

不同政府会计主体发生的相同或者相似的经济业务或者事项，应当采用一致的会计政策，确保政府会计信息口径一致，相互可比。

（《政府会计准则——基本准则》第十五条）

可比性是一个很重要的会计信息特征，它是指当经济业务相同时，不同主体的会计信息应能显示相同的情况；反之，当经济业务不同时，会计信息也能反映其差异②。

---

① 薛云奎. 会计大趋势：一种系统分析方法［M］. 北京：中国财政经济出版社，1999：32.
② 袁知柱，吴粒. 会计信息可比性研究评述及未来展望［J］. 会计研究，2012（9）.

1980 年 12 月美国财务会计准则委员会（FASB）在其发布的第 2 号财务会计概念公告"会计信息的质量特征"中就可比性做出了明确要求，并指出可比性使信息使用者能够比较两类经济现象之间的异同（FASB，1980）。国际会计准则委员会（IASC）于 1989 年 7 月发布的《关于编制和提供财务报表的框架》中认为，高质量会计信息必须符合十个质量特征，其中四个最主要的特征为可理解性、相关性、可靠性和可比性（IASC，1989）。

会计信息可比性可分为横向可比性与纵向可比性。其中：横向可比性是指不同政府会计主体提供的会计信息在同一时期可比，也称"狭义可比性"；而纵向可比性是指同一政府会计主体提供的会计信息在不同时期可比。

政府会计主体之间的可比性要求政府会计主体之间采用的定义、计量单位、假设、计量方法和报告期间都是一致的。所以，政府会计主体披露其采用的相关会计政策就显得很重要。如果政府会计主体能充分披露其采用的会计政策以及会计政策的变更情况，以便使用者根据会计政策的变更对会计信息做出调整，那么财务信息在政府会计主体之间的可比性就会得到增强。

纵向可比性是指一致性。一致性要求政府会计主体所采用的会计程序在各期间具有延续性，以防偏向。然而，一致性并不意味着自以为是，或者不正确会计政策的永久使用，或者拒绝提高信息的相关性和可靠性。

从根本上讲，可比性是有效传递信息所必需的。如果政府会计主体所辖的不同部门之间、政府同一部门的不同单位之间，使用不同的术语分类法或计量方法，那么，可能会使财务报表使用者做出错误的判断。

会计信息可比性能扩大会计信息的有用性和决策相关性，它有利于出资者、债权人、捐赠者以及其他信息使用者对不同会计主体的财务状况、运营成果及未来前景做出比较、分析、鉴别和预测，从而做出正确的决策。

六、可理解性

政府会计主体提供的会计信息应当清晰明了，便于报告使用者理解和使用。

（《政府会计准则——基本准则》第十六条）

政府会计主体提供的信息按其目的性，可分为特定目的信息和通用目的信息。通常，为满足特定使用者的需求而提供的信息，很少出现可理解性的问题。

因为信息供需双方之间就信息的相关内容可以预先达成共识，这对于通用目的信息的理解具有特殊意义。

政府会计信息使用者具有不同的教育背景和不同层次的会计认知能力，加之会计信息具有专业性、技术性特征，因此，所提供的会计信息要易于理解和使用。可理解的信息意味着，使用者能够了解到它的实质与意义。易于理解的信息要求报告的格式、有说明的标题、计量概念、假设、数据的分类基础、附注的披露及报告的其他部分应当是相关、明确、清楚且没有无用细节的。如果财务报表编报得不清楚，以至于只有某些特定的使用者才可以使用它们，那么财务披露的目标没有实现。强调政府会计信息的可理解性，一是要加强政府预算信息的公开程度，二是要求政府公开的会计信息简单明了，利于人们理解。

七、实质重于形式

政府会计主体应当按照经济业务或者事项的经济实质进行会计核算，不限于以经济业务或者事项的法律形式为依据。

（《政府会计准则——基本准则》第十七条）

历史上第一次对"实质重于形式"较具权威的阐述始于 1970 年 10 月，当时，美国会计师公会下辖的会计原则委员会发布了第 4 号声明书《构成企业财务报表的基本观念与会计原则》。在该说明书第 25 段中，提出"实质重于形式"为财务会计的基本惯例之一，事实上，实质重于形式惯例的应用，在 1959 年美国会计程序委员会发布第 51 号会计研究公报之后，已屡见不鲜①。

实质重于形式的会计处理思想，早已有之。在权责发生制下，损益在经济事项发生时即予以确认（实质），而非等到实际收付现金时方予确认（形式）。这就是说：凡属当期已经实现的收入和已经产生的应当负担的费用，不论款项是否收付，都应作为当期的收入和费用处理；凡不属于当期的收入和费用，即使款项已经在当期收付，都不应作为当期的收入和费用。考查权责发生制的起源发现，早在 14 世纪意大利的文艺复兴时期即有将利息及租金作为应计事项的会计处理。

众所周知，法律是由一定人类共同体制定、协商、认可，具有外在约束力并

---

① 王跃进，程淮．中西方国家会计惯例评述：兼论我国引用会计惯例的几个问题［J］．淮阴师范学院学报：哲学社会科学版，1989（2）．

且用以规范人类行为的规则。也就是说，人类的一定行为是受法律约束的，政府会计作为人类一项有目的的管理行为或活动也是如此。政府会计的确认、计量、记录和报告行为是受法律形式约束的，但它更注重强调事项的经济实质。在通常情况下，政府会计提供经济业务或事项信息的经济实质与法律形式是一致的，然而，有时候实质与形式会出现程度不同的偏差。实质重于形式质量要求规定：当某一事项的经济实质与法律形式发生冲突时，政府会计强调经济实质，即舍"形"取"质"。这是因为，如果信息要真实地反映其拟反映的经济业务，就必须根据它们的实质和经济现实，而不仅仅根据它们的法律形式进行会计核算和反映。交易或事项的实质并不总是与其法律形式保持一致。会计和财务报告应反映交易的经济实质而非法律形式，即会计信息质量要求的实质重于形式。

该信息质量要求在政府会计处理某项经济业务或事项的确认、计量和报告中，得到不同程度的应用，而且在适用的经济业务或事项中起到决定性作用。例如，租赁经营方式下的某些租赁资产，从法律形式上看，其所有权并不属于承租人，但会计原则要求把它们列为承租人的资产和负债定期反映在资产负债表中。这是因为，从经济实质上看，出租人已赋予承租人使用这一资产的权利，而这一权利对于承租人来说，同他自己私有的财产并无两样。例如，以融资租赁方式租入的资产，虽然从法律形式来讲承租单位并不拥有其所有权，但是由于租赁合同中规定的租赁期相当长，接近于该资产的使用寿命，租赁期结束时承租单位有优先购买该资产的选择权，在租赁期内承租单位有权支配资产并从中受益，所以，从其经济实质来看，单位能够控制其创造的未来经济利益，会计核算上就将以融资租赁方式租入的资产视为承租单位的资产。可见，该原则起到支撑会计处理方法的作用。如果单位没有按照该原则对融资租入进行核算，其结果不但不利于会计信息使用者决策，反而还会误导会计信息使用者决策。

我国1992年颁布的《企业会计准则》、1997年的《事业单位会计准则》，均未将实质重于形式纳入会计准则体系，直至2006年《企业会计准则》和2012年《事业单位会计准则》才分别将该原则作为会计信息质量要求纳入准则体系。

尽管这一原则对企业和事业单位同样适用，但事业单位应用这一原则存在一些特别的挑战。首先，由于政府专注于提供服务而不是获得利润，因此，为了更好地为公民服务，政府参与的某些交易（例如补助）有时并不能单纯地以经济利益为基础来解释。其次，大多数私人单位的交易是自愿的，由买者和卖者自由达成协议，而很多公共单位的交易，比如税收，基本上是强制性的。最后，由于对某些特定通用术语的应用不一致，合理恰当地分析公共单位交易的经济实质就变得更为复杂，所以，在实务中的一个术语（例如补助）可能被用来描述在实质上很不一样的交易①。

第五节　会计信息质量要求的进一步探讨

一、会计信息质量要求层次问题

提供何种会计信息、如何提供会计信息等与会计信息质量有关的要求，直接制约着会计要素的确认和计量，也影响着会计报告体系、报表结构和信息披露方式。新标准的亮点之一是真正体现了会计信息可靠性的要求，明确了会计信息质量要求在会计准则中的地位及其重要性。但新标准没有明确阐述可靠性、相关性等诸质量要求之间的主次关系，而是仅以法规形式进行罗列性表述，使得会计信息提供者目标不够明确，信息使用者或阅读者无法理解这些质量要求之间的内在逻辑关系。

会计信息质量要求体系不是将会计信息质量要求在会计准则中简单罗列，而是按其内在的逻辑性，对诸要素进行科学、合理的排列和配置，使它们相互之间层次分明、关系清晰、概念明确、极具可操作性。为此，应将会计信息质量要求分为三层。

（一）主要质量要求

主要质量要求，由可靠性和相关性构成。

可靠性是指信息没有重大差错和偏向，并能如实反映其所拟反映或理当反映的情况。可靠性是财务会计的本质属性，是会计信息的灵魂。信息如果不可靠，不仅无助于决策，反而可能造成错误的决策，也无法准确反映受托责任履行情况。

相关性是指信息能够帮助使用者评价过去、现在或未来的事项，或者确证或纠正使用者过去的评价。

需要说明的是，相关性和可靠性是同等重要的会计信息质量要求。两者紧密

---

① 政府财务官协会. 政府会计、审计和财务报告［M］. 北京：经济科学出版社，2011：33.

联系在一起，既不能离开可靠性去谈论相关性，也不能离开相关性去谈论可靠性，它们总是同时影响或决定着信息的有用性。

（二）次要质量要求

次要质量要求，由明晰性、可比性、及时性和一致性构成。

会计信息除了具有可靠性和相关性，还要具有明晰性、可比性和一致性。这一层次是进一步对可靠性和相关性进行说明和补充，同时也是着眼于当前的会计环境，从宏观上对会计信息质量的约束。

（三）约束条件

效益大于成本应作为我国会计信息质量要求体系中一条普遍约束原则。任何一项经济活动，只有在其收益大于成本的时候才是可行的，构建会计信息质量要求体系也不例外。这是因为，会计不是一门精确的学科，充满估计和判断，受技术等因素影响，不可能做到绝对真实，在保证会计信息质量可靠、相关的前提下，尽可能花费较小的代价，避免主体为了满足某一信息质量要求而花费巨大的成本，结果得不偿失。只有当提供和使用会计信息所能带来的效益大于其成本时，这项信息才是值得提供的。

其中，可靠性、相关性、可理解性和可比性是会计信息的首要质量要求，是企业财务报告中所提供会计信息应具备的基本质量特征；实质重于形式、重要性、谨慎性和及时性是会计信息的次级质量要求，是对可靠性、相关性、可理解性和可比性等首要质量要求的补充和完善，尤其是在对某些特殊交易或者事项进行处理时，需要根据这些质量要求来把握其会计处理原则。另外，及时性还是会计信息相关性和可靠性的制约因素，企业需要在相关性和可靠性之间寻求一种平衡，以确定信息及时披露的时间。

二、会计信息质量要求之间关系的透视

会计信息的质量特征是联系财务会计目标和财务报告的桥梁，在各个国家的财务会计概念框架中都对该问题进行了阐述。会计信息质量特征的体例基本上说明了它的主要内容和排序；而会计信息质量的内部层次结构主要说明的是各财务会计信息质量之间的逻辑关系，其中既有制约和被制约的关系，也有包含与被包含的关系，还有各信息质量之间的冲突及其权衡问题。对财务会计信息质量内部层次结构的比较，显然有助于廓清相关研究与颁布机构关于财务会计信息质量的总目标和子目标，有助于明了各质量属性之间的关系，更有助于认清主要财务会计信息质量属性的内涵与外延。

在实务中，常常需要在各质量特征之间进行权衡或取舍。其目的一般是为了达到各质量特征之间的适当平衡。各质量特征在不同情况下的相对重要性，属于职业判断问题。

公共部门财务报告目标以及较私人部门更广泛的财务报告范围决定了难以在各种信息质量特征之间排定重要性级次，在不同的情况下权衡各项质量特征的相对重要性需要做出职业判断。为达到公共部门的财务报告目标，更应重视各质量特征之间的平衡。

（一）可靠性与相关性

会计的目标在于向企业利益相关人提供对投资、融资、监管等决策有用的信息，会计信息的质量特征直接影响到利益相关人的决策。对会计信息质量特征较具代表性的阐述出自美国财务会计准则委员会发布的第 2 号财务会计概念公告"会计信息的质量特征"。该公告以财务报告目标为起点，提出了两条最基本的质量特征：相关性和可靠性。相关性是"信息影响决策的能力"，包括信息的预测价值、反馈价值和及时性；可靠性意味着"它反映了它意在反映的经济情况或事项"，分为真实性、可核性和中立性。在改善会计信息质量的过程中，相关性和可靠性并不一定同时改善，有时两者是相互冲突的。因此，会计信息质量的相关性和可靠性不可兼得一直是理论研究的一个重要问题。朱元午从相关性、可靠性是两个含义不能确指的模糊概念出发，认为人们在对信息有用性的不断追求上面临着相关性和可靠性的两难选择，相关性与可靠性并非总是在同一方向上影响信息的有用性。叶有忠从成本效益角度探讨了会计信息相关性与可靠性之间此消彼长的关系，以此说明会计信息质量的两难选择，进而从信息提供者和使用者之间不同期望目标的内在差异性入手，建议健全社会监督机制，促进信息提供者和使用者质量目标的动态平衡。夏冬林从会计确认、计量和报告的时间角度进行探讨，认为相关性和可靠性本质上是一个时间问题，确认会计事项的时间越早，会计信息披露越及时，会计信息就越具备相关性，但不确定性也会越大，从而可靠性越差；反之，确认和披露时间越晚，则可靠性越高，但相关性会降低。翁健英认为，相关性和可靠性产生冲突、需要权衡的根源在于及时性。

（二）可靠性与及时性

一般来说，可靠信息是指没有重大差错和偏向，并如实反映其意图反映或理当反映的情况，能为使用者依赖的信息。

美国财务会计准则委员会在第 2 号财务会计概念公告《会计信息的质量特征》中概括可靠性的特点时指出：财务报告的可靠性标准并不追求分毫不差的精确真实，而是"大致可靠"，即财务报告描述的状况基本符合公司状况即可，追求财务报告的"精确可靠是没有必要的，反而会降低质量标准"。

及时性和可靠性的各自优点应该进行权衡，为了在及时的基础上提供信息，在了解某一交易或事项的所有各方面之前就进行报告，可能会影响可靠性；相反，在了解某一交易或事项的所有各方面之后再报告，信息可能极为可靠，但用处可能很小。要在及时性和可靠性之间达到平衡，决定性的问题是如何最佳地满足使用者的决策需要。

当然，如果为了及时而大大损害信息的可靠性，结果也会使信息的有用性大为逊色。快速地求出近似数而又并不严重地放弃可靠性，通常是能办到的，往往这样做的结果是能从总体上提高会计信息的有用性。

（三）相关性与及时性

相关性与及时性是衡量会计信息披露质量高低的两个重要因素。在及时性与相关性之间如何进行权衡，国际会计师联合会指出：一般来说，在制定决策和判断的过程中，以及在服务于明确会计责任的过程中，信息的相关性会随着时间的流逝而降低。及时性单独不能使信息有用，但是时间的流逝通常会降低信息本来可能具有的相关性。有时，一项合理的和及时的估计，比使用了很长时间编制而成的精确的信息更为有用。

在某些情况下，信息影响决策的能力稍纵即逝或瞬息万变，因而会产生相关性应从总体上把握其得失的问题。有时为了及时，要放弃数据的精确性，因为迅速产生的近似数，往往比用较长时间才能求得的精确信息更为有用①。虽然《基本准则》没有像国际会计师联合会那样明确提出及时性与相关性的权衡选择要求，但政府会计主体在处理两者关系时优先考虑信息披露的及时性。其原因在于：①会计信息是使用者反映受托责任或提供决策的主要依据，但不是唯一依据；②会计信息的取得、加工和提供过程有严格程序，即使提供的信息做不到精确，也能够如实反映会计主体财务状况、运营业绩和现金流量，符合相关性要求。

（四）相关性与全面性

《基本准则》规定了全面性为会计信息质量要求之一，其基本内涵是要求提供的会计信息能反映会计主体的全部情况，既无遗漏更不能隐匿，便于使用者对会计主体的运营情况有一个概括的了解。其实质体现了充分揭示或充分反映的理念。

如果在所提供的会计信息中遗漏一项相关的信息，即使其余部分信息所反映的为真实事实，但所提供信息的相关性也会受到损害。

---

① 刘建勇，朱学义．信息披露及时性与可靠性关系实证研究［J］．中南财经政法大学学报，2008（6）．

第四章

政府预算会计要素：预算收入、预算支出与预算结余

第一节　政府预算与预算会计

本准则所称预算会计，是指以收付实现制为基础对政府会计主体预算执行过程中发生的全部收入和全部支出进行会计核算，主要反映和监督预算收支执行情况的会计。

（《政府会计准则——基本准则》第五十八条）

一、财政与政府预算

（一）财政

《中共中央关于全面深化改革若干重大问题的决定》指出"财政是国家治理的基础和重要支柱"，这是对财政职能作用的重要论断。概括地讲，"财政"也叫"国家财政"，是以国家为主体，通过政府的收支活动，集中一部分社会资源，用于履行政府职能和满足社会公共需要的经济活动①。具体来说，"财政"一词可以从两个方面来认识：一方面，财政是政府的综合性经济部门，即财政部门，通过其收支活动筹集财政资金并供给政府相关部门经费和资金，保证实现政府的职能；另一方面，作为一个经济范畴，财政是以政府为主体的分配活动，通过政府的收支活动，如征税、举债、收取各种规费和使用费等途径集中一部分社会资源，用以实现政府职能和满足社会的公共需要。

在人类社会历史上，财政表现为政府为了满足全社会的共同需要而对其人力、物力和财力进行分配的活动。这种分配活动是以国家为主体，通常采用法律形式，把政府与经济单位或个人的分配关系固定下来，以强制性、无偿性为特征，采取集中财政收入和安排财政支出的形式，促进政府履行其职能，实现其目标。

"财政"作为一个经济过程，其主要职能表现为收入分配、资源配置和稳定经济。收入分配职能是财政与生俱来的一项职能，它是指通过财政分配活动实现收入在全社会范围内的公平分配，将收入差距保持在社会可以接受的范围内；财政的资源配置职能，主要是指将一部分社会资源集中起来，形成财政收入，然后

---

① 项怀诚 . 领导干部财政知识读本［M］. 北京：经济科学出版社，1999.

通过财政支出分配活动，由政府提供公共物品或服务，引导社会资金的流向，弥补市场缺陷，最终实现全社会资源配置效率的最优状态；稳定经济是指政府通过财政手段对市场进行干预和调节，以维持生产、就业和物价的稳定①。

作为国家治理基础和重要支柱的财政，采取税收、转移支付、公共支出等手段，实现提供和分配公共资源的职能。在资源配置过程中，通过组织收入、安排支出活动来影响社会经济的各个方面。政府组织的财政收入，主要包括税收收入、社会保险基金收入、非税收入、债务收入等；政府安排的财政支出，主要有一般公共服务支出、国防支出、公共秩序和安全支出、环境保护支出、住房和社会福利支出、医疗保健支出、教育支出等。这些收入和支出内容构成政府预算的主要内容。

（二）政府预算

1. 政府预算的性质

一般来说，预算泛指家庭、企业、社会组织、政府机关在一定时期对某一特定事项的收支计划。当预算涉及的组织为政府时，我们称之为政府预算。它是经法定程序审核批准的具有法律效力的政府年度财政收支计划。任何政府的财政活动均主要通过预算来反映。政府财政活动一旦离开预算，财政活动的目标也就落空了。

关于预算，美国公共预算研究领域久负盛名的学者阿伦·威尔达夫斯基曾经这样阐述："它是一个涉及权利、权威、文化、协商一致和冲突的过程，并在国家政治生活中占据重要地位。"② 政府预算规定了国家财政收入的来源和数量、财政支出的各项用途和数量，反映着整个国家政策、政府活动的范围和方向，是政府组织和规范财政分配活动的重要工具。

《国际公共部门会计准则第 24 号——财务报表中预算信息的列报》指出："预算反映政府下一阶段计划的财务特征，是财务管理和控制的关键手段，也是政府和议会（或类似机构）监管财务运行状况的核心内容。"具体来说，预算的内涵包括以下几个方面。

（1）预算是经济管理与计划的工具。预算是经法定程序审批的政府下一个

---

① 孙亦军.浅论我国公共财政职能［J］.中央财经大学学报，2000（11）.

② 威尔达夫斯基.预算与治理［M］.上海：上海财经大学出版社，2010.

财政年度内基本的财政收支计划，它一方面反映了政府活动的范围和方向，另一方面又是政府实施其政策目标的重要工具。政府资源的有限或稀缺，使预算成为资源分配的机制，一定的理性计算方法，突出了预算是实现经济效率或者经济效果的工具的特征。

（2）预算是契约。政府财政收入主要来源于企业和广大居民依法缴纳的税收。作为政府财政收入的主要提供者，企业和居民在履行依法纳税义务的同时，必然要求政府担负提供公共产品和公共服务的责任。使政府和纳税人之间形成类似于股份公司的委托代理关系：纳税人是广大股东，政府是经理人，权力机关是董事会。因此，政府预算是一系列契约的组合，具有契约性。

（3）预算本质上就是法律①。预算一经立法机关批准，就具有高度的法律效力，任何部门、单位不得随意变更，必须得到严格执行。

（4）预算不仅是一项经济工具，也是一项政治工具②。预算是通过政治程序对财政资源进行的分配，它是一个政治过程。从政治角度考查，政府预算"是以货币数字表达的政府政策和施政计划"，其政治性突出地表现为政治上层把握宏观政策方向并促使下级政府和相应部门围绕上级政策安排预算。

总之，政府预算是关于未来政府支出的计划，而不是事后的报账；政府预算是统一的计划，包括政府所有部门和开支；政府预算是一个详尽的计划，必须分类列举所有项目的开支；政府预算中每项开支都要说明理由，明确项目支出的轻重缓急。政府预算对政府的行为必须具有约束力，没有列支的项目不得开支，列支项目必须专款专用。政府预算必须得到立法机构的批准，并接受其监督；政府预算内容和过程必须透明，方便民众监督，同时，要强调政府预算绩效评价，注重预算效果③。

2. 政府预算的组成

根据 2014 年新修订的《中华人民共和国预算法》的规定，我国政府预算包括一般公共预算、政府性基金预算、国有资本经营预算、社会保险基金预算。

（1）一般公共预算。它是将以税收为主体的财政收入，安排用于保障和改善民生、推动经济社会发展、维护国家安全、维持国家机构正常运转等方面的收

① 李卫民．试析预算法律性质［J］．福建政法管理干部学院学报，2009（2）．
② 威尔达夫斯基．预算与治理［M］．上海：上海财经大学出版社，2010：5．
③ 刘有宝．政府部门预算管理［M］．北京：中国财政经济出版社，2006．

支预算。

（2）政府性基金预算。它是将依照法律、行政法规的规定在一定期限内向特定对象征收、收取或者以其他方式筹集的资金，专项用于特定公共事业发展的收支预算。

（3）国有资本经营预算。它是国家以所有者身份依法取得国有资本收益，并对所得收益进行分配而发生的收支预算，是政府预算体系的重要组成部分。

（4）社会保险基金预算。它是根据国家社会保险和预算管理法律法规建立并反映各项社会保险基金收支情况的年度计划。

上述四部分预算各自保持完整、独立，但政府性基金预算、国有资本经营预算、社会保险基金预算与一般公共预算有一定衔接。

3. 预算的分类

正确和良好的分类是任何科学研究的出发点，政府预算会计工作也是如此。政府预算可以按照不同的标准分类。

（1）按收支管理范围分类，政府预算可分为总预算和单位预算。总预算是各级政府的基本财政收支计划，它由各级政府的本级预算和下级政府总预算组成。单位预算是政府预算的基本组成部分，是各级政府的直属机关就其本身及所属行政事业单位的年度经费收支所汇编的预算，另外还包括企业财务收支计划中与财政有关的部分。

（2）按预算的级次分类，政府预算可分为中央政府预算和地方政府预算。中央政府预算，是指经法定程序审查批准的，反映中央政府活动的财政收支计划。我国的中央政府预算由中央各部门的单位预算、企业财务收支计划和税收计划组成。财政部将中央各部门的单位预算和中央直接掌管的收支等，汇编成中央预算草案，报国务院审定后提请人民代表大会审查。地方政府预算，是指经法定程序审查批准的，反映各级地方政府收支活动计划的总称，由省、地、县、乡（镇）预算组成。

各级政府预算组成内容（举例）如图 4-1 所示。

（3）按编制形式分类，政府预算可分为单式预算和复式预算。单式预算是传统的预算形式，其做法是在预算年度内，将全部财政收入与支出汇集编入单一的总预算内，而不去区分各项财政收支的经济性质。复式预算，将全部财政收入与支出按经济性质汇集编入两个或两个以上的收支对照表，从而编成两个或两

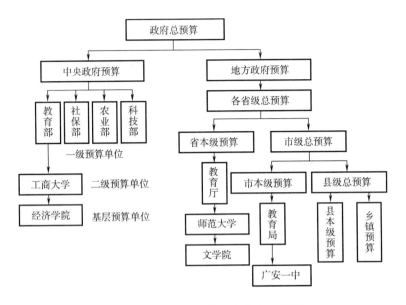

图 4-1 各级政府预算组成内容（举例）

以上的预算。复式预算把政府一般性质的经常收支列为经常性预算，把政府的资本投资支出列为资本预算。

（4）按编制方法分类，政府预算可分为增量预算和零基预算。增量预算是指财政收支计划指标在以前财政年度的基础上，按新的财政年度的经济发展情况加以调整之后确定的预算。零基预算是指对所有的财政收支，完全不考虑以前的水平，重新以零为起点而编制的预算。

（5）按投入项目能否直接反映其经济效果分类，政府预算可分为项目预算和绩效预算。项目预算是指只反映项目的用途和支出金额，而不考虑其支出经济效果的预算。绩效预算是指根据成本—效益比较的原则，决定支出项目是否必要及其金额大小的预算形式。

4. 财政、预算与会计关系的辨析

财政与政府预算的关系十分密切。财政的本质是一种政府分配行为，而预算是反映财政收支与履行财政职能的一种计划与工具。预算规范的对象是财政资金的筹集和分配，反映政府活动的范围、方向和重点。

良好的预算，从编制、执行到完成均依赖于一系列技术和工具的支持。为确保预算得到良好的执行、实施，任何国家或政府都需要借助预算会计系统来追踪和报告支出周期的拨款和拨款使用阶段发生的财务交易活动，以反映预算的编制、执行等情况。

5. 政府预算与会计

在政府预算领域，会计也经常被作为重要方法和工具来使用，"预算有前瞻性和引领性。要落实预算公开的问题，会计是必备的手段和核心，能起到会计控制的作用"①。20 世纪 80 年代，美国财政学家杰克·瑞宾、托马斯·D. 林奇就提出："20 世纪八九十年代将是政府面临资源短缺的时代。这种观点今天看来已为人们所接受。而且，人们大多承认，解决国家预算和财政问题需要各种高超的管理和决策技巧。"② 众所周知，高超的管理水平和娴熟的决策技巧以掌握预算执行情况为前提，离不开信息的有力支撑。这是因为，预算与会计紧密相连，预算收入和预算支出目标主要依托会计平台得以实现。尤其预算支出是一个复杂的过程，它始于立法机关批准预算，终于预算资金流入社会。这一完整的运作程序主要包括准备、编制、批准、执行、监督等环节。而在这诸多环节中，会计扮演了重要的角色，发挥了其他管理方法不可替代的作用。

预算过程始于预算准备，它是预算管理的起始和基础环节。在准备阶段，预计和分析本年度预算执行情况的数据来自会计的日常分类和归集，修订后的预算收支账户也由会计部门来应用；编制预算需要一定的专业知识和技能，预算团队的核心人物即会计人员。

预算执行是预算由计划变为现实的具体实施步骤，也是实现预算收支任务的关键步骤。预算指标下达，及时、足额征收应征的预算收入，拨付预算支出资金，预算执行结果的确定，及其偏离预算的程度等信息都是会计提供的。

审计监督是保证预决算健康运行的有效监督形式，部门预算执行情况、重点项目、重点资金都是审计监督的对象。审计本质的"查账论"观点主张，审计就是检查会计或财务报表的有关资料。纵观古今中外，无论是国家（政府）审计、内部审计，还是民间审计，从其诞生之日起，就与"查账"结下了不解之缘③。也就是说，离开会计，政府审计也就失去了存在的土壤。

可见，政府预算与会计存在紧密的联系，逐渐形成了反映预算执行情况的专

---

① 会计改革护航预算公开［N］. 中国会计报，2014 – 09 – 19.

② 瑞宾，林奇. 国家预算与财政管理［M］. 北京：中国财政经济出版社，1990：前言.

③ 蔡春. 审计理论结构研究［M］. 大连：东北财经大学出版社，2001：23.

门会计，即预算会计。预算会计是控制预算执行过程、实现政府预算管理的技术手段，它所反映和监督的核心内容是预算收支及其结余情况，因此，它必须体现政府预算管理及其改革的需要，同时，政府会计基础以及相关核算内容也应该体现预算管理的要求。

二、预算会计概念

（一）关于预算会计的不同概念

为了确保预算得到良好的执行、实施，每个国家都需要借助预算会计系统来追踪和报告支出周期的拨款和拨款使用阶段发生的财务交易。什么是预算会计？关于预算会计的概念，可谓仁者见仁智者见智。"预算会计这个称谓是一个包含了相当广泛的会计活动的范畴，每一个活动都有其法律或经济含义。"[①]

史绍绂（1994）指出，预算会计是执行预算的会计，实施预算管理的会计，是为国家预算执行和预算管理服务的专业会计[②]。赵建勇教授（2003）指出，预算会计是以预算管理为中心的宏观管理信息系统和管理活动，是核算、反映和监督政府财政总预算及行政事业单位预算执行的一门专业会计，是与企业会计相并列的会计学两大分支之一[③]。财政部（1989）指出，事业行政单位预算会计是核算、反映和监督中央和地方各级各类事业行政单位预算执行和其他经济活动的专业会计。王雍君（2004）指出，预算会计是政府会计（或公共部门会计）的重要分支，用以记录、计量和报告需要在政府预算中反映的财政交易（与事项)[④]。李建发教授（2011）指出，预算会计是将政府预算与政府会计结合，通过预算账户记录和报告预算执行情况的控制程序[⑤]。

（二）官方或会计组织关于预算会计的概念

财政部（1989）指出，事业行政单位预算会计是核算、反映和监督中央和地

① 科尔尼.联邦政府审计：法律、规则、准则、实务与萨奥法案［M］.北京：中国时代经济出版社，2009：99.

② 史绍绂.略谈预算会计的释义与特点［J］.预算会计研究通讯，1994（5）.

③ 赵建勇.预算会计［M］.上海：上海财经大学出版社，2003：3.

④ 王雍君.政府预算会计问题研究［M］.北京：经济科学出版社，2004：1.

⑤ 李建发.政府及非营利组织会计［M］.大连：东北财经大学出版社，2002：36.

方各级各类事业行政单位预算执行和其他经济活动的专业会计。它是各单位预算、财务管理中一项经常性的、专业技术较强的基础工作。

全国会计专业技术资格考试领导小组办公室（1992）指出，预算会计是以国家预算为基础，以货币为主要计量单位，对国家预算、各级财政总预算和单位预算执行中发生的全部预算资金活动（包括收入的集中、分配、支出及有关财务活动过程和结果）进行系统、完整、连续的核算、反映和监督的专业会计，属于预算管理中一项经常的、专业技术性较强的基础工作[1]。

全国预算会计研究会（1997）指出，从预算会计的特性来说，预算会计是以预算管理为中心的宏观管理信息系统和管理手段，是核算、反映和监督中央与地方预算以及事业行政单位收支预算执行的会计，是我国两大类会计体系之一[2]。

虽然上述关于预算会计的概念有着不同的表述，但在以下方面的认识还是一致的：一是国家预算是预算会计的基础或中心，体现了预算会计的核心内容为反映预算资金及其增减变动情况；二是突出预算会计职能的作用，即核算、反映和监督预算资金变化，提供各类经济管理所需要的信息，有助于有关方面做出相关决策；三是预算会计融政策性、专业性和技术性为一体。

《基本准则》第五十八条指出：预算会计，是指以收付实现制为基础对政府会计主体预算执行过程中发生的全部收入和全部支出进行会计核算，主要反映和监督预算收支执行情况的会计。该概念继承并融入新的元素，如明确了预算会计是政府会计的有机组成部分，梳理了政府会计与预算会计之间的关系，提出了会计主体的概念等。

三、预算会计的一般特征

顾名思义，预算会计的"会计"是同"预算"紧密联系在一起的。史绍绂（1994）从宏观和核算两个方面阐述了预算会计同企业会计比较而呈现的不同特点[3]。其中，宏观特点表现为：预算会计的计划性与政策性，预算会计的统一性

---

① 全国会计专业技术资格考试领导小组办公室. 全国会计专业技术资格考试辅导材料：助理会计师、会计师实务（预算会计类）[M]. 北京：中国财政经济出版社，1992：2.

② 全国预算会计研究会预算会计课题组. 新预算会计制度知识问答 [M]. 杭州：浙江人民出版社，1997：1.

③ 史绍绂. 略谈预算会计的释义与特点 [J]. 预算会计研究通讯，1994（5）.

和广泛性，预算会计的政府性、社会性以及非营利性。这是对预算会计一般特征的高度概括。同时，从微观层面或核算视角，比较了预算会计与企业会计，归纳了以下八个不同特点，即：①投资的目标不同；②投资的主体不同；③会计核算基础不同；④资金管理形式、方式不同；⑤收支的主要核算流程不同；⑥债权债务关系的核算量不同；⑦与政府预算的关系不同；⑧与国家银行的关系不同。其对预算会计特点的精辟论述，为在新的社会环境下进一步探讨预算会计的特点提供了研究思路和可以借鉴的蓝本。

综上所述，可将预算会计的基本特征总结如下。

（一）预算会计的主体

会计主体既有营利性组织，也有非营利性机构，而预算会计的主体是执行政府预算的非营利性机构或组织。在我国，凡是执行国家预算，取得预算收入、发生预算支出的各级政府、各部门、各单位都属于预算会计主体范围，如各级财政部门、国家机关、军队、政党组织、社会团体、事业单位和其他单位。这些会计主体，有的属于专司组织国家财政收支，办理国家预算、决算职能的部门，如各级财政机关；有的是以社会公益为目的，利用国有资产，从事教育、科技、文化、卫生等活动的社会服务组织，如各级各类事业单位；而有的则是进行国家行政管理，组织经济建设和文化建设，维护社会公共秩序的单位，如国家权力机关、行政机关、司法机关、检察机关等行政单位。

（二）预算会计的目标

众所周知，受托责任观和决策有用观构成会计目标理论的两大流派。就预算会计而言，应以受托责任观为主，决策有用观为辅。前已述及，无论是何种流派，会计目标涉及的基本内容不外乎三个：一是谁是会计信息使用者；二是会计信息使用者需要什么信息；三是财务报表能够提供怎样的信息以及采取何种形式或方式提供会计信息。

由于预算会计有财政总预算会计和单位预算会计之分，因此，具体每一类预算会计的目标也不是完全相同的。总体而言，各级人民代表大会及其常务委员会、各级政府及其有关部门、政府会计主体自身、社会公众和其他利益相关者均是预算会计使用者。政府会计主体对预算承担着受托责任，预算会计目标就是报告其已经获得批准的预算及预算执行情况，解释实际数与预算数之间差异的原因，以提高政府会计主体的透明度，解除其受托责任。

（三）预算会计的基础

从根本上说，会计基础主要解决收入和费用（支出）会计要素应以什么标准、在什么时候及如何记录和在会计报表中报告的问题。而会计基础分为权责发生制和收付实现制。由于《中华人民共和国预算法》第五十八条明确规定各级预算的收入和支出实行收付实现制，因此，反映预算收支的会计基础，也应该采用收付实现制。《基本准则》第三条指出："预算会计实行收付实现制，国务院另有规定的，依照其规定。"

（四）预算会计对象（或内容）与会计要素

1. 预算会计对象

预算会计对象是预算会计的核算对象的简称，它是预算会计核算的具体内容。预算会计是以反映预算收支执行为主的会计，全面反映政府及其单位有关预算资金的使用、支配过程及其运行结果，而不针对政府的全部资源，如国家土地、文化遗产、国防不动产等就未包含在预算中，不构成预算会计的对象或内容。

概括来讲，预算会计对象是财政资金（或称为财政性资金）的运动过程及结果。但由于不同主体的业务活动和财务收支活动的情况不同，在具体会计对象上就有差别。与会计目标相似，财政总预算会计与单位预算会计对象也存在一定差异。

财政总预算会计的执行主体是各级财政部门，它们是国家预算的执行机关，担负着筹集国家预算资金、分配使用预算资金的任务。在执行总预算的过程中，要收纳预算收入，发生暂存、借入款项，形成各种预算资金来源；要拨付各种预算款，办理预算支出以及借出、暂付款项，形成预算资金的运用。预算资金来源大于预算资金运用的部分，表现为国库存款，形成预算资金的结存。财政总预算会计的对象表现为财政资金的集中、分配及其结果。

政府单位预算会计包括行政单位会计和事业单位会计，其执行的主体分别为行政单位和事业单位。预算资金是行政单位和事业单位从事运营活动的前提，行政单位的全部资金、事业单位的大部分资金是由政府预算集中的资金中分配拨付的，这部分资金来源形成了政府单位的预算收入；政府单位按照预算规定的用途使用和开支预算资金形成资金的运用，这部分预算资金运用表现为预算支出；尚未使用的货币资金和使用预算资金已购进的财产物资，形成资金的结存。因此，政府单位预算会计的对象是各级单位预算资金的领拨、使用及其结果。

2. 预算会计要素

按照财务会计一般理论，预算会计要素是就预算会计对象具体内容所做的最基本分类，它概括了预算会计对象的基本内容。从本质上来说，财务报表的要素（会计要素）是项目的分类，用这些项目的类别可以构筑财务报表①。预算会计要素问题是预算会计理论研究的核心，也是连接会计理论和会计实践的关键。

从预算会计制度的史料考查，以总预算会计制度为例，1950 年 12 月颁布的《各级人民政府暂行总预算会计制度》第十三条规定会计科目分为五类，即岁入（收入）、岁出（支出）、资产、负债、资产负债共同类五类，每一类再设置相关的会计科目；1956—1962 年设置了货币资金、预算支出、贷出款项、预算收入、借入款项、周转金、预算执行结果七类会计要素。

1965 年 9 月，财政部颁布《预算会计工作改革要点》，它是预算会计改革的纲领性文件。该文件明确提出了几个改革重点，其中之一是改革记账方法，根据预算会计办理收支的特点，将借贷记账法改为"资金收付记账法"；适应记账方法的改革，会计要素改为资金来源、资金运用、资金结存三大类。

1997 年财政部颁布的《财政总预算会计制度》《行政单位会计制度》《事业单位会计准则（试行)》均设置了资产、负债、净资产、收入和费用五个会计要素。对此，有学者指出，1998 年对预算会计要素的改革是一种恢复，即恢复了收入、支出、资产、负债、资产和负债共同类五大类要素，并将其中的资产负债共同类改为净资产类②。

《基本准则》第十八条规定："政府预算会计要素包括预算收入、预算支出与预算结余。"

① 刘积斌. 西方政府与非营利组织会计摘译［M］. 北京：中国财政经济出版社，1997：161.
② 张月玲. 国有非营利组织会计基本理论研究［D］. 青岛：山东科技大学，2004.

第二节　预算收入

预算收入是指政府会计主体在预算年度内依法取得的并纳入预算管理的现金流入。

（《政府会计准则——基本准则》第十九条）

预算收入一般在实际收到时予以确认，以实际收到的金额计量。

（《政府会计准则——基本准则》第二十条）

一、预算收入的内涵

预算收入，是指政府会计主体在预算年度内依法取得并纳入预算管理的现金流入。它是政府在预算年度内通过一定的形式和程序，有计划地筹措到的归政府支配的资金，是实现国家职能的财力保证。我国预算收入的基本形式包括以下几种。

（1）税收收入。税收是国家为满足社会公共需要，凭借公共权力，按照法律所规定的标准和程序，参与国民收入分配，强制地、无偿地取得财政收入的一种方式，主要包括增值税、消费税、企业所得税、个人所得税、房产税、印花税、资源税、城镇土地使用税、城市维护税等。税收分别由税务机关和海关负责征收管理。税收收入是政府通过征税取得的财政收入，它是预算收入的主要来源。税收收入由国家预算统一安排，用于社会公共需要支出。

（2）社会保险基金收入。它是指政府为了保障保险对象的社会保险待遇，按照国家法律法规的规定，按缴费基数的一定比例向缴费单位和缴费个人收取的财政收入。社会保险基金收入是一种强制性的专款专用的财政收入形式，其收入要专项用于政府社会保险计划的开支。基本养老保险基金收入、失业保险基金收入、基本医疗保险基金收入、工伤保险基金收入和生育保险基金收入是目前我国社会保险基金收入的主要类别。

（3）非税收入。它是指除税收以外，由各级国家机关、事业单位、代行政府职能的社会团体及其他组织依法利用国家权力、政府信誉、国有资源（资产）所有者权益等取得的各项收入，如政府性基金收入、专项收入、行政事业性收费收入、罚没收入、国有资本经营收入等。

（4）贷款转贷回收本金收入。在政府领域，贷款转贷是指各级政府（一般为中央和省政府）以其名义筹集债务资金，再转贷给（借给）省级、市等地方政府，用于地方的经济和社会发展项目。该项收入是指回收国内外贷款转贷的本金而取得的收入。

（5）债务收入。它是指政府以债务人身份，依据有借有还的信用原则取得的资金来源，是一种有偿形式的、非经常性的财政收入，主要包括政府向国内个人、团体和向外国、国际组织的借款以及发行国库券形成的收入。

（6）转移性收入。它是指国家、单位、社会团体对居民家庭的各种转移支付和居民家庭间的收入转移，包括政府对个人收入转移的离退休金、失业救济金、赔偿等，单位对个人收入转移的辞退金、保险索赔、住房公积金、家庭间的赠送和赡养等。

二、预算收入的确认与计量

（一）税收收入

税收被普遍认为是国家为实现其职能，凭借政治权力，按照法律规定，通过税收工具强制地、无偿地参与国民收入和社会产品的分配和再分配，从而取得财政收入的一种形式。它是政府收入的主体，也是政府会计核算的主要内容。

我国预算会计制度核算政府税收收入采用的是收付实现制。税收收入在实际收到当期被确认，金额按照实际收到的现金额记录，不反映应收未收税收收入。

（二）非税收入

与税收一样，非税收入也是一种历史悠久的财政收入形式。国际货币基金组织和世界银行都认为非税收入是政府在税收之外取得的收入，它包括因公共目的而获得的不需要归还的补偿性收入以及非政府单位自愿和无偿向政府支付的款项。我国的政府非税收入，是指除税收以外，由各级政府、国家机关、事业单位、代行政府职能的社会团体及其他组织依法利用政府权力、政府信誉、国家资源、国有资产或提供特定公共服务、准公共服务取得并用于满足社会公共需要或准公共需要的财政资金。我国政府对非税收入的管理主要包括：行政事业性收费、政府性基金、国有资源有偿使用收入、国有资产有偿使用收入、国有资本经营收益、彩票公益金、罚没收入、以政府名义接受的捐赠收入、主管部门集中收入以及政府财政资金产生的利息收入等。

政府财政收到款项时，根据当日预算收入日报表所列政府性基金预算本级收入数，借记"国库存款"等账户，贷记"政府性基金预算本级收入"账户。或者在政府财政收到款项时，根据预算收入日报表所列国有资本经营预算本级收入数，借记"国库存款"等账户，贷记"国有资本经营预算本级收入"账户。

第三节 预算支出

预算支出是指政府会计主体在预算年度内依法发生并纳入预算管理的现金流出。

（《政府会计准则——基本准则》第二十一条）

预算支出一般在实际支付时予以确认，以实际支付的金额计量。

（《政府会计准则——基本准则》第二十二条）

一、预算支出的内容

预算支出，是指政府为实现其职能需要，对所集中的预算资金进行有计划的使用。财政对国家经济的影响作用主要体现在财政支出上，政府干预、调节经济的职能也主要是通过财政支出来实现的。因此，财政支出的规模和结构，往往反映一国政府为实现其职能所开展活动的范围和政策选择情况。

预算支出可以按照不同的标志进行类别划分。其中，支出功能分类和支出经济分类构成我国的预算支出分类体系。

（一）支出功能分类

进行支出功能分类，主要是为了反映政府活动的不同功能和政策目标，完整地反映政府各项职能活动，说明政府做了什么。按支出功能分类，预算支出一般可分为四个部分：①一般公共（一般政府）服务，其支出一般没有具体的受益人，主要包括一般公共管理、国防、公共秩序与安全等；②社会服务，其支出具有明确的受益人，主要包括教育、卫生、社会保障等；③经济服务，其支出着重于提高经济运行效率，包括交通、电力、工业、农业等；④其他支出，如利息、转移支付等。

根据市场经济条件下的政府职能活动情况及国际通行做法，政府支出按功能划分为类、款、项三级，具体内容如表4-1所示。

表4-1　支出功能分类

类	款	项
类级账户，综合反映政府职能活动，如"教育类"	款级账户，反映为完成某项政府职能所进行的某一方面的工作，如"教育"类下的"普通教育"	项级账户，反映为完成某一方面的工作所发生的具体支出事项，如"水利"款下的"抗旱""水土保持"等

支出功能分类账户能够清楚地反映现阶段我国政府支出的方向，其账户能够比较清晰地反映政府各项职能活动支出的总量、结构和方向，便于根据建立公共财政体制的要求和宏观调控的需要，有效进行总量控制和结构调整，从根本上解决人们对政府支出预算"外行看不懂、内行说不清"的问题。

（二）支出经济分类

进行支出经济分类，主要是为了反映政府支出的经济性质和具体用途，即反映政府的钱是怎么花出去的，多少支付了人员工资，多少用于公用开支，多少用于购买办公设备和进行基本建设等。因此，支出经济分类是对政府支出活动更为明细的反映，也是进行政府预算管理、部门财务管理以及政府统计分析的重要手段。将政府支出按经济内容分类设类、款两级，具体内容如表4-2所示。

表4-2　支出经济分类

类	款
类级账户，一般分为工资福利、商品服务支出、对个人和家庭的补贴、对企事业单位的补贴、转移性支出、债务利息支出、基本建设支出、其他资本性支出、其他支出等	款级账户，是对类级账户的细化，主要体现部门预算编制和预算单位财务管理等有关方面的具体要求，如商品和服务支出下的款级账户又分为办公费、差旅费、因公出国（境）费用、会议费、公务接待费等

二、预算支出的确认与计量

（一）一般公共预算本级支出

政府财政通过设置一般公共预算本级支出账户核算一般公共预算本级支出的增减变动情况。该账户应根据《政府收支分类科目》中支出功能分类科目设置明细科目。同时，根据管理需要，按照支出经济分类科目、部门等进行明细核算。

政府财政实际发生一般公共预算本级支出时，借记一般公共预算本级支出账户，贷记国库存款、其他财政存款等账户。

（二）政府性基金预算支出

政府性基金预算支出，是指政府财政管理的由本级政府使用的列入政府性基金预算的支出。

政府财政通过设置政府性基金预算本级支出账户核算政府性基金预算本级支出的增减变动情况。该账户应当按照《政府收支分类科目》中支出功能分类科目设置明细账户。同时，根据管理需要，按照支出经济分类科目、部门等进行明细核算。

政府财政实际发生政府性基金预算本级支出时，借记政府性基金预算本级支出账户，贷记国库存款账户。

（三）国有资本经营预算本级支出

国有资本经营预算本级支出，是指政府财政管理的由本级政府使用的列入国有资本经营预算的支出。国有资本经营预算支出内容主要包括：一是资本性支出，其依据是国家产业发展规划、国有经济布局和结构调整规划，用于支持国有企业改制、重组、自主创新，以提高企业核心竞争力；二是费用性支出，主要用于弥补国有企业改革成本，解决历史遗留问题；三是其他支出，即用于社会保障等方面的支出。

政府财政通过设置国有资本经营预算本级支出账户核算国有资本经营预算本级支出的增减变动情况。国有资本经营预算本级支出账户应当按照《政府收支分类科目》中支出功能分类科目设置明细账户。同时，根据管理需要，按照支出经济分类科目、部门等进行明细核算。

政府财政实际发生国有资本经营预算本级支出时，借记国有资本经营预算本级支出账户，贷记国库存款账户。

第四节　预算结余

预算结余是指政府会计主体预算年度内预算收入扣除预算支出后的资金余额，以及历年滚存的资金余额。

（《政府会计准则——基本准则》第二十三条）

预算结余包括结余资金和结转资金。

结余资金是指年度预算执行终了，预算收入实际完成数扣除预算支出和结转资金后剩余的资金。

结转资金是指预算安排项目的支出年终尚未执行完毕或者因故未执行，且下年需要按原用途继续使用的资金。

（《政府会计准则——基本准则》第二十四条）

一、预算结余概述

（一）预算结余的性质

无论是政府预算还是营利组织预算，在预算执行过程中都可能存在一定的预算结余，这是预算管理中客观存在的经济现象。

预算结余有广义和狭义之分。广义的预算结余包括当年预算结余和历年滚存的资金余额；狭义的预算结余一般是指当年内预算收入扣除预算支出后的资金余额。根据《基本准则》的规定，预算结余包括结余资金和结转资金。其中，结余资金是指年度预算执行终了，预算收入实际完成数扣除预算支出和结转资金后剩余的资金；结转资金是指预算安排项目的支出年终尚未执行完毕或者因故未执行，且下年需要按原用途继续使用的资金。

需要说明的是，即使在财政所下达的各单位预算指标以及追加预算额均通过周密预测和论证，预算科学，经费使用合理，极少存在贪污浪费现象的情况下①，以下原因也可能形成预算结余资金：①国库集中收付制度中的经费，特别是项目经费很难在短时间内按照规定程序使用完毕；②当年有部分政府采购工作不能在当年结束，致使资金支付滞后；③某些工作进展没有预计的那么顺利，资金支付会随着工作的延期而将付款时间向后推移；④年底资金在结算过程中出现因网络故障或者票据传递推迟等客观原因造成的资金必须跨年度支付的情况。

可见，各级政府预算部门中，相当数量的财政拨款结余资金在当年未能形成实际支出，甚至有些资金长期沉淀是个不争的事实。预算结余资金的存在，不仅直接影响到财政资金的使用效率，而且造成公共财政资源的闲置、浪费，影响了部门预算的完整性，也不利于部门预算改革的深化和推进。

(二) 预算结余的种类

实践中，根据不同的标准，对财政性结余资金有各种不同的分类：按照资金支出性质，分为基本支出结余和项目支出结余；按照预算安排时间，分为当年结余和以前年度结余；按照会计主体不同，分为财政总预算会计结余、行政单位结余和事业单位结余；按照资金的拨付方式，分为国库集中支付结余和非国库集中支付结余；按照项目完成程度，分为项目支出净结余和项目支出专项结余。

二、财政总预算会计预算结余的确认与计量

(一) 一般公共预算结转结余

一般公共预算结转结余，是指政府财政纳入一般公共预算管理的收支相抵形成的结转结余。它一定程度上反映了政府一般公共预算执行的结果。

政府财政通过设置一般公共预算结转结余账户核算一般公共预算结转结余的增减变动情况。

年终转账时，将一般公共预算的有关收入账户贷方余额转入一般公共预算结转结余账户的贷方，借记一般公共预算本级收入、补助收入——一般公共预算补助收入、上解收入——一般公共预算上解收入、地区间援助收入、调入资金——

---

① 王金秀，柳宇燕. 从财政总会计年终结余资金核算反思权责发生制的运用［N］. 中国会计报，2014－06－06.

一般公共预算调入资金、债务收入——一般债务收入、债务转贷收入——地方政府一般债务转贷收入、动用预算稳定调节基金等账户，贷记一般公共预算结转结余账户。

年终转账时，将一般公共预算的有关支出账户借方余额转入一般公共预算结转结余账户的借方，借记一般公共预算结转结余账户，贷记一般公共预算本级支出、上解支出——一般公共预算上解支出、补助支出——一般公共预算补助支出、地区间援助支出、调出资金——一般公共预算调出资金、安排预算稳定调节基金、债务转贷支出——地方政府一般债务转贷支出、债务还本支出——一般债务还本支出等账户。

政府财政设置和补充预算周转金时，借记一般公共预算结转结余账户，贷记预算周转金账户。

(二) 政府性基金预算结转结余

政府性基金预算结转结余，是指政府财政纳入政府性基金预算管理的收支相抵形成的结转结余。

政府财政通过设置政府性基金预算结转结余账户核算政府性基金预算结转结余的增减变动情况。

年终转账时，应将政府性基金预算的有关收入账户贷方余额按照政府性基金种类分别转入本账户下相应明细账户的贷方，借记政府性基金预算本级收入、补助收入——政府性基金预算补助收入、上解收入——政府性基金预算上解收入、调入资金——政府性基金预算调入资金、债务收入——专项债务收入、债务转贷收入——地方政府专项债务转贷收入等账户，贷记政府性基金预算结转结余账户。

年终转账时，将政府性基金预算的有关支出账户借方余额按照政府性基金种类分别转入政府性基金预算结转结余账户下相应明细账户的借方，借记政府性基金预算结转结余账户，贷记政府性基金预算本级支出、上解支出——政府性基金预算上解支出、补助支出——政府性基金预算补助支出、调出资金——政府性基金预算调出资金、债务还本支出——专项债务还本支出、债务转贷支出——地方政府专项债务转贷支出等账户。

（三）国有资本经营预算结转结余

国有资本经营预算结转结余，是指政府财政纳入国有资本经营预算管理的收支相抵形成的结转结余，也是政府持有国有资产运营结果的综合反映。

政府财政通过设置国有资本经营预算结转结余账户核算国有资本经营预算结转结余的增减变动情况。

年终转账时，应将国有资本经营预算的有关收入账户贷方余额转入国有资本经营预算结转结余账户贷方，借记国有资本经营预算本级收入等账户，贷记国有资本经营预算结转结余账户；将国有资本经营预算的有关支出账户借方余额转入国有资本经营预算结转结余账户借方，借记国有资本经营预算结转结余账户，贷记国有资本经营预算本级支出、调出资金——国有资本经营预算调出资金等账户。

三、政府单位预算结余的确认与计量

（一）行政单位

1. 行政单位预算结余的特点

结余是行政单位在一定时期内收入与支出相抵后的余额，是行政单位的财务成果。行政单位结余具有以下特点：一是行政单位的结余是单位全部收入与全部支出相抵后的余额。行政单位的收入是包括财政拨款收入和其他资金收入在内的全部收入，支出是用各项收入安排形成的全部支出，按照规定上述收支要全部纳入单位预算。所以，行政单位的结余是其全部收支相抵后的余额。二是行政单位的业务工作不以营利为目的，其结余的形成，既可能是增收节支的结果，也可能是工作任务调整的结果。其结余形成原因、方法既不同于企业，也与事业单位结余不同。

行政单位结余核算的任务是真实、准确地计算和反映行政单位的业务收支结余情况，向决策者提供信息，以发现开展业务过程中存在的问题和管理上的薄弱环节，促进行政单位加强经济核算，提高管理水平。

2. 行政单位预算结余的种类

行政单位预算结余包括财政拨款结余、财政拨款结转和其他资金结转结余。其中：财政拨款结余，是指行政单位当年预算工作目标已完成，或因故终止，剩余的财政拨款滚存资金；财政拨款结转，是指行政单位当年预算已执行但尚未完成，或因故未执行，下一年度需要按照原用途继续使用的财政拨款滚存资金；其他资金结

转结余，是指行政单位除财政拨款收支以外的各项收支相抵后剩余的滚存资金。

按形成时间，结转资金分为当年结转资金和累计结转资金。当年结转是指当年形成的财政拨款结转；累计结转是指截止到年底形成的历年累计财政拨款结转资金。

按资金结转来源，结转资金分为基本支出资金结转和项目支出资金结转。其中，基本支出资金结转包括人员经费资金结转和日常公用经费资金结转，基本支出结转资金原则上结转下年继续使用，用于增人增编等人员经费和日常公用经费支出，但在人员经费和日常公用经费间不得挪用，不得用于提高人员经费开支标准；项目支出结转资金结转下年按原用途继续使用。

3. 行政单位预算结余的形成

为了将财政的科学化、精细化管理理念延伸至预算管理单位，《行政单位会计制度》设置财政拨款结转、财政拨款结余和其他资金结转结余会计科目。

行政单位年末，将财政拨款收入本年发生额转入财政拨款结转科目，借记财政拨款收入，贷记财政拨款结转科目；年末，将财政拨款支出本年发生额转入本科目，借记财政拨款结转科目，贷记经费支出科目。年末完成上述财政拨款收支转账后，对各项目执行情况进行分析，按照有关规定将符合财政拨款结余性质的项目余额转入财政拨款结余，借记财政拨款结转科目，贷记财政拨款结余科目。

行政单位进行其他资金结转结余的账务处理方法是：年末，将其他收入本年发生额转入其他资金结转结余科目，借记其他收入科目，贷记其他资金结转结余科目；将其他资金支出本年发生额转入其他资金结转结余科目，借记其他资金结转结余科目，贷记经费支出、拨出经费等科目。通过其他资金结转结余科目余额确定其相应结余。

(二) 事业单位

1. 事业单位结转结余的内容

事业单位结转结余是指事业单位年度收入与支出相抵后的余额，包括财政补助结转结余、非财政补助结转结余和经营结余三部分。

(1) 财政补助结转结余。它是指事业单位各项财政补助收入与其相关支出相抵后剩余滚存的、须按规定管理和使用的结转和结余资金。其中：结转是从同级财政拨入的当年预算已执行但未完成，或者因故未执行，下一年度需要按照原用途继续使用的资金；结余是从同级财政拨入，当年预算工作目标已完成，或者因故终止，当年剩余的资金。

（2）非财政补助结转结余。它是指事业单位除财政补助收支以外的各项收入与各项支出相抵后的余额，包括非财政补助结转和结余。其中：结转是指单位除财政补助收支以外的各专项资金收入与其相关支出相抵后剩余滚存的、须按规定用途使用的结转资金；结余是指单位除财政补助收支以外的各非专项资金收入与各非专项资金支出相抵后的余额。

（3）经营结余。它是事业单位一定期间各项经营收支相抵后余额弥补以前年度经营亏损后的余额。

2. 事业单位结转结余的确定①

事业单位结转结余应按照"资金三条线"的原则确定。所谓资金三条线，就是指财政资金一条线、专项资金一条线、其他资金一条线，分资金性质（财政资金、专项资金、其他资金）将事业单位收入支出类科目结转到相应的结转结余中，据此确定结转和结余，计算过程如图4－2所示。

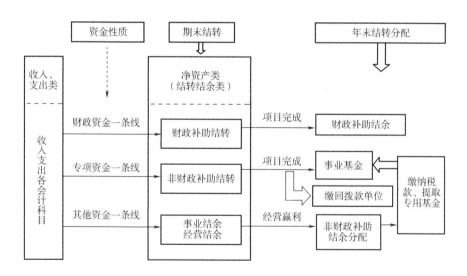

图4－2 事业单位结转结余程序

---

① 刘力宏. 资金三条线：事业单位收支科目结转及分配之精髓——基于新《事业单位会计制度》的研究［J］. 会计之友，2015（3）.

第五章
政府财务会计要素：资产

第一节　资产要素概述

资产是指政府会计主体过去的经济业务或者事项形成的，由政府会计主体控制的，预期能够产生服务潜力或者带来经济利益流入的经济资源。

服务潜力是指政府会计主体利用资产提供公共产品和服务以履行政府职能的潜在能力。

经济利益流入表现为现金及现金等价物的流入，或者现金及现金等价物流出的减少。

（《政府会计准则——基本准则》第二十七条）

一、资产的特征

无论是企业财务会计还是政府财务会计，在其所有的要素中，资产是首位的，或居第一位的要素。这是因为，任何会计主体如果没有资产，便会失去其营运的物质基础，同时，任何其他会计要素都直接或间接地与资产要素产生一定的联系，如负债被认为是该主体的负资产，净资产是资产扣除负债后的净额，收入或费用的内涵、外延也是直接或间接地来自资产的概念。无论是会计理论界还是实务界，都将资产作为关注的重点内容之一。

资产是经济与管理领域的基本概念，各个学科的资产概念一般以会计学为准①。在会计学中，关于资产的认识是沿着"成本—资源—未来经济利益—产权"这样一条路径不断深化和发展的。目前，"经济资源观"是政府会计领域关于资产本质认识的主流。《基本准则》指出：资产是指政府会计主体过去的经济业务或者事项形成的，由政府会计主体控制的，预期能够产生服务潜力或者带来经济利益流入的经济资源。纵观政府会计的资产定义，与其他会计要素相比，资产至少具有以下几方面的特征：

第一，资产的实质是经济资源。资源是人类生存和发展的基础，人类一切活动归根到底都是将资源转化为支持人类生存和发展所需要的物质资源和精神资源。经济资源通常被定义为具有稀缺性且能带来效用的财富，是人类社会经济体

---

① 林四春，何小峰. 资产的边界：以权利概念为基础［J］. 财会通讯：综合（上），2013（5）.

系中各种经济物品的总称。作为政府履职的物质基础即经济资源，可能是有形的，如设备、房屋、建筑物、自然资源，也可能是无形的，如土地使用权等。经济资源外化为服务潜力和经济利益。服务潜力是指政府会计主体利用资产提供公共产品和服务以履行政府职能的潜在能力；经济利益流入表现为现金及现金等价物的流入或者现金及现金等价物流出的减少。

作为一种经济资源的资产，单独或与其他资产相互结合，可以直接或间接地为政府提供某种经济权利或经济潜能。例如：有的资产具有一定的购买力，如国库存款；有的资产代表着一定的清偿权，如应收股利、借出款项、暂付及应收款项等，政府可以在未来某一指定日期收取款项。由于政府财政所持有资产的目的更侧重于向广大公众提供公共产品与服务或准公共产品与服务，因此政府资产的经济资源的性质不只限于产生现金的净流入。政府会计主体拥有的某些资产，比如政府大楼、国家公园等，只提供服务潜能而不产生现金流量。"资产蕴蓄着可能的未来利益，也就是它单独或和其他资产结合起来具有一种能力，将来能直接或间接地产生净流入现金。"[①]

第二，经济资源源于过去的经济业务或事项。一般来说，政府会计主体持有资产是由过去的经济活动形成的。也就是说，只有过去的经济业务或事项才能产生资产，而预期在未来发生的经济活动不形成资产。但需要说明的是，与经济资源相关的权利可能是法律赋予的，或由历史原因或既成事实所形成的，而非过去的经济业务或事项。

第三，控制是政府会计主体享有与经济资源相关权利的前提。控制是使经济资源处于被支配、占有、管理或影响之下，并且这种控制权的范围包括会计主体能够使用资产所产生的各项利益，如服务潜能或经济利益以及资源产生的现金流等。如果政府会计主体无法对其有效行使控制权，如空气、公海以及尚未发现或开采的矿藏和能源储备等资源，则均不属于政府资产范围。

第四，在可计量上政府资产都可以通过货币获得统一的表现和计量。

可将资产一般特征总结如下：源于"昨天"的经济活动，属于"今天"的经济资源，体现于"明天"的经济利益[②]。

---

① 美国财务会计准则委员会. 论财务会计概念［M］. 北京：中国财政经济出版社，1992：128.

② 王保平. 1＋38 的故事：《企业会计准则》趣绎［M］. 北京：中国财政经济出版社，2007：10.

二、资产定义的演变与比较

（一）资产定义的演变

任何事物的发展都表现为一定的传承关系。对资产定义演变进行历史考查，可以使我们更深入地了解资产的属性，重要的是从历史的角度进行考查还能使我们获得一些关于资产规律性的认识。

1. 1950 年政府会计标准与资产定义

1950 年 12 月，我国财政部印发的《各级人民政府暂行总预算会计制度》和《各级人民政府暂行单位预算会计制度》被誉为中华人民共和国预算会计体系和方法的奠基石[①]。两个制度第二章均对会计科目进行了规定：《各级人民政府暂行总预算会计制度》设置了岁入、岁出、资产、负债、资产负债共同类五类会计科目；《各级人民政府暂行单位预算会计制度》设置了收入、支出、资产、负债、资产负债共同类五类会计科目。"资产"一词首次在政府会计标准中出现。但何谓资产？这两个制度均未做说明。

2. 1997 年政府会计标准与资产定义

1992 年，党的十四大明确提出建立社会主义市场经济体制的改革目标，也对预算会计改革提出了新的要求。1993 年年底，财政部开始启动预算会计改革。经过三年多有目标、有规划、有组织的研究设计，借鉴国际会计惯例，1997 年发布了《事业单位会计准则（试行)》、《财政总预算会计制度》、《事业单位会计制度》和《行政单位会计制度》。其中，有三个会计标准为资产做出了定义：《财政总预算会计制度》指出，资产是一级财政掌管或控制的能以货币计量的经济资源；《行政单位会计制度》和《事业单位会计准则（试行)》指出，资产是单位占有或者使用的能以货币计量的经济资源。

3. 2012—2015 年政府会计标准与资产

2012—2015 年，我国陆续修订了三个会计制度：2012 年 12 月财政部印发《事业单位会计准则》（财政部令第 72 号）；2013 年 12 月财政部印发《行政单位会计制度》（财库〔2013〕218 号）；2015 年 10 月财政部印发《财政总预算会计制度》（财库〔2015〕192 号）。

---

① 项怀诚. 新中国会计 50 年［M］. 北京：中国财政经济出版社，1999：234.

三个会计标准关于资产的定义如下：《财政总预算会计制度》指出，资产是指政府财政占有或控制的能以货币计量的经济资源；《行政单位会计制度》指出，资产是指行政单位占有或者使用的能以货币计量的经济资源；《事业单位会计准则》指出，资产是指事业单位过去的业务或事项形成的、由单位占有的、预期会给单位带来经济利益或者服务潜力的资源。

与1997年会计标准相比，《财政总预算会计制度》和《行政单位会计制度》关于资产定义的界定无实质性变化。相比之下，《事业单位会计准则》关于资产定义的界定变化较大，表现在以下方面：一是突出资产形成的原因是与过去业务或事项的形成相关的；二是弱化资产存在的状态即"使用"状态，因为能够带来经济利益或者服务潜力是资产的本质特征，如果不使用或者其能力殆尽，就不应列作资产；三是将经济资源概念内涵具体化，表现为经济利益或者服务潜力。

4.《基本准则》与资产定义

与上述会计标准相比，《基本准则》关于资产定义的界定特征表现在：一是继承了多年来我国行政事业单位和财政总预算会计改革的有益经验，吸收了当代企业会计、政府会计理论研究的最新成果，体现了国际公共部门会计概念框架的发展动态；二是突出资产被政府会计主体"控制"的性质，这里所说的"控制"应当至少包括所有、管理、占有、使用，除此之外应当还有其他的形式；三是突出政府会计主体持有资产的性质，表现为非营利性，提供"服务"潜力，比如国家安全、医疗卫生、社会保障等公共服务，并将其性质列于经济利益之前。

（二）资产定义的比较

1. 与企业会计比较

《企业会计准则——基本准则（2014）》第二十条指出："资产是指企业过去的交易或者事项形成的、由企业拥有或者控制的、预期会给企业带来经济利益的资源。"

由于企业与政府的运营性质迥异，企业以营利作为其存在的首要目的，所以我国企业会计标准将资产描述为"预期会给企业带来经济利益的资源"。从定义看，政府会计资产概念在以下方面有别于企业会计资产概念：一是政府资产概念更强调"资产"被主体"控制"，而企业资产概念还表现为"拥有"之性质。二是突出"服务潜力"而非经济利益。用"服务潜力"来定义更符合政府资产的实质，因为政府承担的政府资产的受托责任是广泛的，"服务潜力"可以更好地反映出政府提供公共服务这一职能，并能反映出更广泛的政府资产管理目标，如社会目标和环境目标等①。

因此，可以这样理解政府资产，即它不仅能够为政府会计主体带来经济利益，还具为解除公共受托责任而生产物品、提供服务或执行任务的能力，即服务潜力。

2. 资产定义的国际比较

《国际公共部门会计准则第1号——财务报表的列报》将资产定义为"由于过去事项而由主体控制的、预计将导致未来经济利益或服务潜能流入主体的资源"。

美国有两个政府会计准则制定机构：一个是服务于联邦政府的美国联邦会计准则咨询委员会（FASAB）；另一个是服务于州和地方政府的政府会计准则委员会（GASB）。两个准则制定机构职责分工明确，保持相对独立。其中2007年12月发布的联邦财务会计概念公告第5号（SFFAC5）指出：资产是指联邦政府能够控制、体现经济利益或服务的某项资源②。

澳大利亚政府会计规范体系主要包括法律、准则和公告、实务三个层次。其中，法律主要由财务管理法和财务管理规章构成；准则和公告主要由会计准则和概念公告、行政指令、紧急问题小组意见等构成；会计实务主要包括财政部门、澳大利亚会计准则委员会、审计机构和会计职业团体的规定或建议③。澳大利亚政府部门采用澳大利亚会计准则委员会（AASB）制定的会计准则。根据《公司法经济改革方案条例（1999）》的要求，2000年1月1日澳大利亚公共部门会计准则委员会被正式并入澳大利亚会计准则委员会。该委员会负责制定和发布澳大利亚单位适用的会计准则以及对准则的"维护和保养"④。《澳大利亚会计准则第29号——政府部门财务报告》指出，资产是指因过去的交易或事项产生的受主

---

① 王丽. 政府资产核算与披露问题研究 [D]. 厦门：厦门大学，2008.
② 傅雨萍. 政府会计要素国际比较 [J]. 财会通讯，2014（28）.
③ 财政部会计司. 政府会计研究报告：澳大利亚政府会计准则概况 [M]. 大连：东北财经大学出版社，2005.
④ 刘力云. 澳大利亚联邦预算管理、政府会计和决算（财务报表）审计 [M]. 北京：中国时代经济出版社，2015：104.

体控制的未来经济利益。

纵观上述资产定义，资产被政府会计主体控制是一种共识，但关于资产的本质特征，国际公共部门会计准则、美国联邦财务会计概念公告持"经济资源观"，而澳大利亚会计准则则持"经济利益观"。

三、资产的分类

政府会计主体的资产按照流动性，分为流动资产和非流动资产。

流动资产是指预计在1年内（含1年）耗用或者可以变现的资产，包括货币资金、短期投资、应收及预付款项、存货等。

非流动资产是指流动资产以外的资产，包括固定资产、在建工程、无形资产、长期投资、公共基础设施、政府储备资产、文物文化资产、保障性住房和自然资源资产等。

（《政府会计准则——基本准则》第二十八条）

资产的分类，是把无规律资产按照不同的特点分为若干类别，便于确认、计量和列报资产。从广义上来说，可以根据不同的需要对资产进行不同的分类，而必须与资产计量的基本目的、质量要求以及资产要素和资产项目的特性相联系[①]。政府资产的准确核算首先应基于对资产的合理分类，不同类别的资产，其计量方法有所不同。

（一）政府会计标准与资产的分类

在我国，政府会计很长时间采用的是预算会计模式。在此模式下，没有专门规范资产分类问题。直至1997年相关政府会计标准的出台，才对资产分类进行了规范。

1. 1997 年政府会计标准与资产分类

我国1997年之前的政府会计标准未专门规范资产分类问题。从1997年开始，政府会计标准中出现了有关资产分类的规范。如《行政单位会计制度》第二十一条指出，行政单位资产包括流动资产和固定资产。《事业单位会计准则（试行）》第二十二条指出，事业单位资产分为流动资产、对外投资、固定资产、

---

① 吴艳鹏. 资产计量论［M］. 北京：中国财政经济出版社，1991：69.

无形资产等。

1997年《事业单位会计准则（试行）》对资产初次分类，考虑了会计信息使用者对财务信息的不同需求，已体现了流动性要求，但仍有不足：一是分类不彻底，流动资产部分分类较好，而非流动资产部分还是无序或者说未形成一个划分标准；二是分类结果使资产结构分布不协调，流动资产与非流动资产两部分不对称，不利于从总体上认识资产。

可见，《事业单位会计准则（试行）》已经开始对资产以流动性为标准进行分类。这种对资产的分类，被称为初次分类。之所以称之为初次分类，是指资产虽然按照流动性分类，但此分类还是比较粗略的，也未将资产的非流动性体现出来。

2. 2012年、2013年政府会计标准与资产分类

《事业单位会计准则（2012）》第十九条规定，事业单位的资产按照流动性分为流动资产和非流动资产。流动资产是指预计在1年内（含1年）变现或者耗用的资产；非流动资产是指流动资产以外的资产。可见，该准则是以1年作为标志，将资产划分为流动资产与非流动资产，原因是事业单位资金来源主要是政府预算资金，而政府预算一般以财政年度为起讫日期，即1年。

资产按照其流动性分类，目的是提供有意义的分类总括财务信息[①]。例如，有些资产必须在较短时间内使用和重置，通常仅限于一个经营周期或年度，另一些资产则可以较长期地在生产过程中使用，不必逐年重置，于是它们被分别概括为流动资产和非流动资产。这种分类可以更好地提供满足使用者决策需要的财务信息。

与《事业单位会计准则（2012）》相比，《行政单位会计制度（2013）》关于资产流动性与非流动性的划分不是那样彻底。该制度第十九条规定："行政单位的资产包括流动资产、固定资产、在建工程、无形资产等。"

3. 2015年《基本准则》与资产分类

2015年财政部公布的《基本准则》专门就资产分类进行了规范。《基本准则》指出，政府会计主体的资产按照流动性分为流动资产和非流动资产。

---

① 葛家澍，林志军. 现代西方会计理论［M］. 3版. 厦门：厦门大学出版社，2011：221.

（二）《基本准则》与资产分类

《基本准则》采用流动性和非流动性作为标准对资产进行分类，编制财务报告的目标之一即反映现金流动性。解释现金资产产生现金流动潜力的方法，是将资产按照一定顺序或者资产转化成为现金的难易程度分类排列在资产负债表中①。可见，《基本准则》对资产按照流动性分类是与政府会计目标直接相关的。

1. 流动资产

流动资产是指预计在 1 年内（含 1 年）耗用或者可以变现的资产，包括货币资金、短期投资、应收及预付款项、存货等。

2. 非流动资产

非流动资产是指流动资产以外的资产，包括固定资产、在建工程、无形资产、长期投资、公共基础设施、政府储备资产、文物文化资产、保障性住房和自然资源资产等。

按照国际公共部门会计准则的要求，政府会计主体资产当且仅当按照流动性列报资产和负债的信息是可靠的，并且比按照流动/非流动列报提供的信息更相关时，主体应按照流动性的顺序列报资产和负债。可见我国政府会计资产分类与国际公共部门会计准则是一致的。

第二节　资产的确认、计量和列报理论

一、资产的确认

符合本准则第二十七条规定的资产定义的经济资源，在同时满足以下条件时，确认为资产：

（一）与该经济资源相关的服务潜力很可能实现或者经济利益很可能流入政府会计主体；

（二）该经济资源的成本或者价值能够可靠地计量。

（《政府会计准则——基本准则》第二十九条）

上一节资产定义及其特征理论是财务会计确认资产的基本标准或基本前提与

---

① 刘积斌. 西方政府与非盈利组织会计摘译［M］. 北京：中国财政经济出版社，1997：231.

依据。但我们要把某一项目确认为一项资产，仅局限于某个项目是否符合资产定义和特征还是不够的。除此之外，资产的确认还应有其他标准。《基本准则》第二十九条指出，"（符合）资产定义的经济资源，在同时满足以下条件时，确认为资产：（一）与该经济资源相关的服务潜力很可能实现或者经济利益很可能流入政府会计主体；（二）该经济资源的成本或者价值能够可靠地计量"。

第一，与该经济资源相关的服务潜力很可能实现或者经济利益很可能流入政府会计主体。

"服务潜力"和"经济利益"前已述及，不再赘述。

"很可能实现"是将某一个项目能否确认为资产的一个关键因素。世界上充满了不确定性，正如美国前财政部长鲁宾所言："天下唯一确定的是不确定性。"政府会计也是如此。无论是发达国家还是发展中国家，政府运作都会面临政治、经济风险和自然灾害等其他不确定或不可预见的事件，并随着经济的不断发展，政府经济活动中的不确定性与日俱增。因此，服务潜力，或者经济利益流入政府的可能性就存在不确定性。

对服务潜力"很可能"实现，或者经济利益"很可能"流入政府的判断，如表 5 - 1 所示。

表 5 - 1　或有事项的可能性判断

结果的可能性	对应的概率区间
基本确定	大于 95% 但小于 100%
很可能	大于 50% 但小于或等于 95%
可能	大于 5% 但小于或等于 50%
极小可能	大于 0 但小于或等于 5%

第二，该经济资源的成本或者价值能够可靠地计量。

财务会计系统是一个确认、计量和报告的系统。其中，计量起着枢纽作用，可计量性是所有会计要素确认的重要前提，资产的确认也是如此。只有当有关资源的成本或者价值能够可靠地计量时，资产才能予以确认。例如，政府会计主体购买的存货、购置的房屋或者设备等资产，要么发生了实际成本，要么其成本能够可靠地计量，就视为符合资产确认的可计量条件。需要说明的是，"可计量性"并不意味着政府会计主体取得资产一定发生了实际成本，例如，尽管政府的自然资源资产、文物资产等资产没有发生实际成本或者发生的实际成本很小，但是如果其公允价值能够可靠地计量，也被认为符合资产可计量性的确认条件。

二、资产的计量属性

近半个世纪以来，无论是在营利组织会计领域还是在政府会计领域，有关如何提供可靠的会计信息的问题一直是全球会计信息使用者极为关注的问题。其中，选择何种计量属性是影响其可靠程度的核心和焦点。政府会计计量不仅是会计处理程序中的一个重要环节，而且也是一种不可缺少的会计技术方法。

政府会计进行计量需明确两个问题：计量单位和计量属性。

计量单位指的是计量尺度的量度单位。一般情况下以货币作为会计计量单位。但是，对某一特定的货币尺度又分为两种不同的计量单位：名义货币单位（即面值货币单位）和一般购买力单位（对名义货币单位按一定时日的物价指数调整换算后的计量单位）。一般情况下会计核算中采用名义货币单位进行计量。

在财务会计中，计量属性是指要予以计量的某一会计要素的品质。它主要有三层含义：一是计量属性是针对会计要素的，它必须以可计量或可量化为基础；二是它必须能用货币量化；三是会计主体持有的资产或承担的负债，取得的收入或发生的费用，在时间上有先有后、有现在和未来之分，在价格上也有现值和未来价值的差异。因此，会计要素采用的计量属性不是唯一的而是多种的。

（一）《基本准则》与资产的计量属性

资产计价是财务会计最为核心的问题之一，也是争论最多的问题之一。在现代财务会计中，就资产计价而言，争论的焦点集中在计量属性的选择上。不同的资产计量属性既反映了资产能够创造未来经济利益这一本质特征，在现实中又满足了客观性与可靠性的计量要求。

资产的计量属性主要包括历史成本、重置成本、现值、公允价值和名义金额。

在历史成本计量下，资产按照取得时支付的现金金额或者支付对价的公允价值计量。

在重置成本计量下，资产按照现在购买相同或者相似资产所需支付的现金金额计量。

在现值计量下，资产按照预计从其持续使用和最终处置中所产生的未来净现金流入量的折现金额计量。

在公允价值计量下，资产按照市场参与者在计量日发生的有序交易中，出售资产所能收到的价格计量。

无法采用上述计量属性的，采用名义金额（即人民币1元）计量。

（《政府会计准则——基本准则》第三十条）

1. 历史成本

历史成本是人类会计实践中历史最悠久、使用最广泛的一种计量属性。历史成本又称"实际成本"，是指取得或制造某项财产物资时所实际支付的现金或其他等价物。其主要特点是以发生交易时的实际价格作为资产的计价标准，并在内部后续计量中维持这种计价标准。历史成本是交易或事项发生时供求双方所认同的价格，其人为估计等主观因素程度较低，且其不确定性和风险低，真实性和可验证性高。同时，历史成本是资产购置时的价值表现形式，也是政府会计主体所控制经济资源这一本质属性的体现。该信息是各类决策制定者做出决策的重要依据。

在会计发展史中，历史成本计量属性以其客观性和可靠性而著称，并较好地完成了人们赋予它的历史使命，取得了不可抹杀的历史功绩。时至今日，无论是营利组织会计还是政府会计，历史成本仍为会计计量的基本属性。

2. 重置成本

重置成本又称"现行成本"，是指按照当前市场条件重新取得同样一项资产所需支付的现金或现金等价物金额①。

从字面分析，"重置成本"是一个动宾关系词组。动词"重置"在前，"成本"作为宾语在后，据此可将"重置成本"理解为重现某项资产潜藏的服务潜力或者带来经济利益的能力。它假定将过去完全相同的资产、负债再度重新"放置"到目前的空间中考虑其所需要的成本②。《国际公共部门会计准则——公共部门主体通用目的财务报告概念框架》指出：（重置成本）是在报告日主体置换某一资产的服务潜力所需的最经济的成本（包括主体在使用寿命后处理资产所获

---

① 财政部会计司编写组．企业会计准则讲解（2006）［M］．北京：人民出版社，2007：13．

② 梁淑红，梁清泉．新会计准则会计计量属性的比较与应用［J］．广西大学学报：哲学社会科学版，2007（10）．

得金额）。

在政府会计领域，重置成本是显性的出售价值反映替代资产的服务潜能，它包括置换某一资产服务潜力所产生的全部的必要的成本。

3. 现值

现值是经济学、财务学的基础之一。其内涵是指对未来现金流量以恰当的折现率进行折现后的价值，是考虑货币时间价值的一种计量属性。按照《基本准则》第三十条，可将"现值"表述为资产按照预计从其持续使用的和最终处置中所产生的未来净现金流入量折现的金额。

美国会计原则委员会在其发布的第 10 号意见书中指出：现值既是一个经济学和财务学的概念，又是一个"总的来说与财务会计有关"的概念①。现在看不仅是"有关"，而且关系十分密切。当代国际会计变革的一个主要特征就是越来越多地在会计和报告中运用未来现金流量的现值。因此，有些会计学者提出"现值和公允价值会计体现了会计发展的客观规律，代表着财务会计未来发展方向"② 的判断和结论。

现值是价值范畴的重要内容。价值是经济学的精髓，价值增值是管理学的永恒追求，虽然政府行为或活动的价值不在于追求盈利，但政府在制定各类经济决策过程中取得与决策相关又可靠的价值计量信息是政府提升管理水平不可回避的难题。正如谢诗芬教授所阐述的："没有这样的价值计量，经济学和管理学所追求和从事的一切价值创造、价值增值、价值管理（包括考核、评价、分配等）活动都失去了基本的依据。"③

现值计量的关键是如何估计现金流量和确定用于贴现（折现）的利率。用于预计未来现金流量和利率的方法随着资产所处的环境不同而不同。

4. 公允价值

公允价值计量自 20 世纪 50 年代被引入会计系统后逐渐被会计界接受。不仅在企业会计领域，政府会计领域也引入公允价值计量属性，其应用的范围逐步拓展。

①　谢诗芬. 会计计量的现值研究［M］. 成都：西南财经大学出版社，2001：57.

②　谢诗芬，戴子礼. 现值和公允价值会计：21 世纪财务变革的重要前提［J］. 财务与会计，2005（5）.

③　谢诗芬. 会计计量中的现值研究概览［J］. 上海立信会计学院学报，2007（3）.

公允价值包含"公允价值会计"和"公允价值计量"两个范畴。所谓公允价值会计，是指对财务报告中的哪些项目以公允价值来计量；所谓公允价值计量，是指计量取得这些项目公允价值的方法。

公允价值的概念有狭义和广义之分。狭义上，公允价值作为独立的计量属性，其所反映的是一种模拟市场价格，在尚未交易和非清算的情况下，采用各种估价技术对缺乏有效市场的资产或负债项目的价值进行近似市场定价方式的评估，从而试图得到相对公允、合理的价格，以反映报表截止日各项资产或负债项目的静态价值。广义上，公允价值是一个很宽泛的概念，涵盖了其他几个计量属性，需要反映交易和事项内涵的公平、允当的价值，同时兼具可靠、相关的信息质量特征。

根据《基本准则》，公允价值是指市场参与者在计量日发生的有序交易中出售资产所能收到的价格。

（1）市场参与者特征。公允价值的概念反映出了市场参与人的观点。政府会计主体以公允价值计量相关资产应当充分考虑市场参与者之间的经济业务或事项。市场参与者是指在相关资产的主要市场中相互独立的、熟悉资产情况的、能够且愿意进行资产交易的买方和卖方。

（2）计量日。公允价值计量的目的在于满足政府会计主体众多利益相关者的决策需要。能够满足决策需要的信息，必须是与决策相关的、及时的信息。而公允价值是计量日所发生的一种价格估计，可见，立足现时是公允价值与历史成本、未来成本或未来市价最根本的区别。在过去某一时点发生的公平交易价格，只能称为"历史成本"，而不能称为"公允价值"；同样，在将来某一时点发生的公平交易价格，则只能称为"未来成本"或"未来市价"[①]。需要说明的是，公允价值可以是建立在实际交易基础上的实际交易价格，也可以是建立在假定发生的交易基础上的估计价格，即它可以是一个假设金额（如果在此时出售该项资产，可以得到的价格）[②]。事实上，从会计报告日这一特定计量日来看，大多数资产、负债的公允价值都是靠估计得出的。正如井尻雄士所说："公允价值通常由市价决定，但在下述意义上，公允价值的含义比市价更宽广，当资源常常不在

---

① 罗绍德. 财务会计理论［M］. 成都：西南财经大学出版社，2010：90.

② 韦尔，雪普，弗朗西斯. 财务会计：概念、方法与应用［M］. 北京：机械工业出版社，2015：95.

市场上交易时，公允价值包括一个假设的市价。"①

（3）有序交易。政府会计主体以公允价值计量相关资产，应当假定市场参与者在计量日出售资产的交易，是当前市场情况下的有序交易。有序交易，是在计量日前一段时期内该资产具有惯常市场活动的交易，而不是被迫清算和抛售。

（4）公允价值是脱手价格。公允价值是与入账价格相对应的一种计价标准。对于资产而言，入账价格（又称"购买价格"）是指市场参与者获得一项资产所支付的价格，即取得资产的入账成本。而公允价值是脱手价格（又称"销售价格"），是指市场参与者出售一项资产所收到的价格，其实质上是一种机会成本②，即当期将资产出售能收到相应的价款，如选择不出售，便失去了得到款项的机会。

5. 名义金额

顾名思义，"名义金额"就是"表面上的金额"或"形式上的金额"的意思。作为一项计量属性，名义金额在我国首次出现于 2006 年《企业会计准则第5 号——生物资产》《企业会计准则第 16 号——政府补助》等相关准则中。在此之前，我国会计标准中未采用过名义金额计量属性。

名义金额是一种象征性的金额，它的作用主要是用于记录和确认某些特定的物体或事实的存在。它不是基于实际的商品交易或实际的损失而产生的，而是一种人为估计的金额③。

在政府会计主体核算的资产中，有些资产通常是没有投入的，如天然林等天然起源的生物资产；有些资产虽然有投入，但其成本无法确定或者资产取得不是基于等价交换形式，如博物馆中陈列的各种艺术品、古器、标本或工艺类的展览品，图书馆中珍藏的书籍、手稿以及相关文献资料，历史纪念碑，建筑风格独特或历史意义重大的建筑物等。可见这些资产的成本难以按照外购、自行营造方式下发生的必要支出，或者非货币性资产交换、债务重组等方式下确定的对价来确定。采用名义金额即 1 元人民币作为计量属性，可以为政府会计主体实际占有或使用的但无法取得公允价值的资产创造一个进行会计核算的条件，使这些资产既在会计账簿和财务

---

① 罗绍德．财务会计理论［M］．成都：西南财经大学出版社，2010：90.

② 韦尔，雪普，弗朗西斯．财务会计：概念、方法与应用［M］．北京：机械工业出版社，2015：95.

③ 董江春，王如峰．名义金额：含义、定性、运用与展望［J］．财会通讯，2016（1）.

报告上有所反映，又处在财务的有效监督之下，防止这部分资产流失。

虽然人们对会计计量的概念和应当包括的基本要素有不同的看法，但是会计职业界普遍接受美国会计学家莫里斯·穆尼茨在1961年的著作《会计基本假设》（ARS No.1）中所提出的以下观点："会计计量有三个条件：一是时间因素；二是数量因素；三是单位因素。简而言之，就是在适当之时以特定的单位做出的数量表示。"按照计量的一般原理，一项完整的计量应该包括选择计量尺度、确定计量规则、分配具体数量三个部分。

（二）计量属性的应用

政府会计主体在对资产进行计量时，一般应当采用历史成本。

采用重置成本、现值、公允价值计量的，应当保证所确定的资产金额能够持续、可靠计量。

（《政府会计准则——基本准则》第三十一条）

1. 历史成本

作为一种计量属性，历史成本以其可靠、客观、可验证等特征很长一段时期主导了营利组织会计。至今，历史成本计量属性在政府会计领域仍发挥核心作用。在以反映政府会计主体"公共受托责任"履行情况的会计目标前提下，历史成本成为主要的计量模式，通过获取历史成本信息，可以客观、公正、真实、可靠、不偏不倚地报告管理层履行经济责任的情况。

在历史成本模式下，资产按照购置时的成本进行初始计量。初始计量后，资产不再随资产价格的变化而变化。资产的服务潜能和经济效益随其使用寿命增长而消耗（即折旧或摊销），也因经济条件改变而减少（即减值），因此，资产的成本以折旧或摊销、计提减值准备的方式在报告期间计入费用。

目前，我国相关政府会计标准中有关资产的计量标准大多体现了历史成本计量属性的要求。例如：《财政总预算会计制度》第二十三条指出，总会计核算的资产，应当按照取得或发生时实际金额进行计量；《事业单位会计准则》第二十二条指出，事业单位的资产应当按照取得时的实际成本进行计量，除国家另有规定外，事业单位不得自行调整其账面价值；《行政单位会计制度》第二十一条指出，行政单位的资产应当按照取得时的实际成本进行计量，除国家另有规定外，行政单位不得自行调整其账面价值。

2. 其他计量属性

其他计量属性是指除历史成本之外的重置成本、现值、公允价值。鉴于经济业务或者事项的复杂与多样性，单一的历史成本计量属性已经无法满足实现会计目标的需要。以历史成本为计量基础，根据会计环境的发展变化，结合各种计量属性的不同特征，选择一种或几种计量属性并用，已成为政府会计的发展趋势。《政府会计概念框架》提出除历史成本之外的几种计量属性，如市场价值、重置成本、净售价、使用价值等。在我国，政府会计多种计量属性并存，不仅符合目前我国政府会计的环境发展现状和政府财务报告的目标，而且能够较好地处理会计信息的可靠性和相关性之间的关系，提高会计信息的质量。

重置成本、现值、公允价值计量属性的各自内涵前已述及，从其定义可以看出，它们各具特点，也有不同的适用范围、条件和用途。例如，重置成本从购买视角考虑资产入账价值，现值从持有并继续运营的角度考虑资产的价值，公允价值则从购买和出售行为都是出于双方的共同意愿来考虑资产的价值属性。不同的计量属性，在会计计量中不能相互代替。但无论何种计量属性，都应当保证所确定的资产金额能够持续、可靠地计量。

三、资产的列报

符合资产定义和资产确认条件的项目，应当列入资产负债表。

（《政府会计准则——基本准则》第三十二条）

列报是指交易和事项在报表中的列示和在附注中的披露。在财务报表的列报中，"列示"通常反映资产负债表、收入费用表、现金流量表等报表中的信息；"披露"通常反映附注中的信息。

资产列报是指与资产相关的经济业务或事项在资产负债表中的列示和披露。资产列报的目标、资产信息质量特征和通用目的财务报告的信息限制，以及形成该信息必要的相关经济或其他现象都是列报时应考虑的因素。

前已述及，《基本准则》对我国政府会计主体财务报告目标进行了明确的定位，将反映政府会计主体的公共受托责任履行情况，有助于财务报告使用者做出决策或者进行监督和管理。可见，资产列报目标既包括财务报告一般目标，如决策有用观和受托责任观相互融合，也强调政府资产列报的监督和管理。受托责任观要求资产列报的信息侧重于其客观性和可靠性，要有助于说明和交代有关各方的受托责任及其履行情况，因而倾向于采用历史成本计量属性在资产负债表中列示资产信息。决策有用观则要求资产列报的信息与相关决策相关，因而倾向于列报的信息主要是资产的现时成本。诚然，这两种资产计量观念不是完全矛盾的，但它们在资产计量理论和方法上的不同倾向性则是不可否认的。

需要说明的是，无论政府会计主体控制的资产在财务报表中如何列报，政府会计主体都承担着管理好资产的责任，包括按照政府会计主体目标有效取得、使用、保护、维持和处置资产等责任。

资产列报必须具备一定的质量特征。一是列报的资产信息必须应该是真实公允的，这也是对任何报表项目列报的基本要求。二是列报的资产信息应做到既可靠又相关，两者具有不可分的统一性。但鱼和熊掌不可兼得，因此，可靠性是财务会计的本质属性，是资产信息的灵魂。三是资产列报是会计主体采用一定的会计基础的必然结果。四是列报既是列示和披露的有机结合，也是财务信息与非财务信息的相互融合。列示的信息是通用目的财务报告的关键信息，披露的信息能够为使用者理解披露的信息提供更多的细节。因此，国际公共部门会计准则概念框架指出，披露不是列示的同义替代。

总的来说，资产信息主要是通过资产负债表提供的。根据"表从账出"的原则，资产负债表中的资产信息来源方式可分为五种：一是根据总分类账户余额直接填列，资产负债表中大部分项目是根据相关总分类账户期末余额直接填列的；二是根据总分类账户余额计算填列；三是根据明细账户余额计算填列；四是根据总分类账户和明细账户余额分析计算填列；五是根据总分类账户余额减去其备抵账户后的净额填列。

通过资产列示，财务报告传递了资产关键信息，保证了信息的准确和可理解性，同时，也使资产信息使用者可关注列示的关键信息，不被其他模糊关键信息的细节干扰。

在财务报告附注中披露的信息是使用者理解财务报告所必需的，它提供了财务报告所依赖的主体及其运行环境的信息，一般与财务报告有关事项列报的信息有清晰且显而易见的关系。

第三节 流动资产

流动资产是指预计在1年内（含1年）耗用或者可以变现的资产，包括货币资金、短期投资、应收及预付款项、存货等。

（《政府会计准则——基本准则》第二十八条）

一、流动资产概述

（一）流动资产的概念

在很长一段时期，我国的政府会计标准中没有流动资产的概念，直至1997年在政府会计标准中开始使用流动资产概念。关于流动资产概念的变化如表5－2所示。

表5－2 流动资产概念的变化

1997年政府会计标准	《财政总预算会计制度》	仅规范资产概念和具体内容，未对其进行流动性和非流动性区分
	《行政单位会计制度》	流动资产是指可以在1年内变现或者耗用的资产，包括现金、银行存款、暂付款、库存材料等
	《事业单位会计准则（试行）》	流动资产是指可以在1年内变现或者耗用的资产，包括现金、各种存款、应收及预付款项、存货等
《事业单位会计准则（2012）》		流动资产是指预计在1年内（含1年）变现或者耗用的资产，包括货币资金、短期投资、应收及预付款项、存货等
《行政单位会计制度（2013）》		流动资产是指可以在1年以内（含1年）变现或者耗用的资产，包括库存现金、银行存款、零余额账户用款额度、财政应返还额度、应收及预付款项、存货等
《政府会计准则——基本准则（2015）》		政府的资产按照流动性分为流动资产和非流动资产。流动资产是指预计在1年内（含1年）变现或者耗用的资产，包括货币资金、短期投资、应收及预付款项、存货等

根据流动资产的概念，"预计在1年内（含1年）变现"一般针对应收及预付款项、短期投资等；"耗用的资产"一般是指存货由一种形态（如材料）转变

为另一种形态（如科技产品、药品）的过程。

国际公共部门会计准则指出：当某项资产符合以下标准之一时，应划分为流动资产：①预期能在主体正常经营周期内实现或打算出售或消耗；②主要为交易目的而持有；③预期在报告日后 12 个月内实现；④现金或现金等价物（根据《国际公共部门会计准则第 2 号——现金流量表》中的定义），除非在报告日后至少 12 个月内交换或用于清偿负债受到限制。其他所有资产应划分为非流动资产。

（二）流动资产的特征

流动资产的特征是与非流动资产相互比较而呈现出的特点，包括：周转期限短；资产价值一次性消耗或转移；占用数量具有波动性。

首先，流动资产保持其自身形态的时间是短暂的，一般不会超过 1 年。例如，货币资金由于具备流通手段的职能，可以随时用于购置资产或支付费用。

其次，流动资产单位价值量较低或一次性使用或耗费，有时直接作为其他资产的构成要素，如政府单位活动中领用或耗用的材料、物品等。

最后，流动资产占用的数量不是固定不变的，它会随着政府单位活动的变化而有升有降。例如，政府文化单位持有的流动资产，会随着服务对象所处的季节、民族风俗不同而不同，这些政府单位流动资产的消耗具有一定的季节性或地域性。

（三）流动资产的内容

《国际公共部门会计准则第 1 号——财务报表的列报》"公共部门主体——财务状况表"列举了该表中流动资产的类别包括现金和现金等价物、应收款项、存货、预付款、其他流动资产。

《基本准则》第二十八条规定，政府会计主体拥有的流动资产包括货币资金、短期投资、应收及预付款项、存货等。

可见《基本准则》与国际公共部门会计准则关于流动资产的内容界定是一致的。

二、货币资金

（一）货币资金的内容

货币资金是政府资金运动的起点和终点，也是唯一能够随时转换为其他资产或用于清偿债务并最具流动性的资产。货币资金具有较强的流动性，在资产负债表中列在资产项目的首位。货币资金确认与计量方法并不复杂，其重点是对货币资金的管理或控制。

目前，我国政府会计标准中，关于货币资金的内容，《财政总预算会计制度（2016）》仅规定了"财政存款"，《行政单位会计制度（2012）》《事业单位会计准则（2013）》规定，货币资金的内容主要包括库存现金、财政存款、银行存款、零余额账户用款额度。

（二）库存现金

现金有广义和狭义之分。广义讲，"一个现金项目之是否成立一般就看银行是否乐于把它作为存款来接受"①。以此推论，硬币、纸币、银行活期存款、银行本票、银行汇票、旅行支票、邮政汇票、保付支票等均属于现金范畴。但我国会计上所讲的现金是其狭义概念，即由企业或政府单位出纳员经管的库存现金。

被称为"现代会计之父"的巴其阿勒1494年在其出版的《算术几何比与比例概要》一书中就指出：足够现款是希望获得经营成功商人必须具备的三个条件之一②。有人讲："现金是商业车轮的润滑油。没有足够的润滑油机器会因摩擦而停止运转；没有足够现金的商业活动也是如此。"政府运营活动也是如此。从众多的视角分析，政府是一个有生命的有机体，而现金流转则是其生命的源流，政府很多的公共服务活动始于库存现金或者终于库存现金。

为了提供库存现金总括信息，政府单位应设置"库存现金"账户来核算库存现金增减变动情况。此外，还应设置"现金日记账"来提供库存现金收付和结存的详细信息。

为了加强库存现金的管理，出纳或有关人员应对库存现金进行定期或不定期的盘点清查。每日账款核对中发现现金溢余或短缺的应当及时进行处理。

（三）财政存款

财政存款是指政府财政部门代表政府管理的国库存款、国库现金管理存款以

---

① 戴维森. 现代会计手册：第三分册［M］. 北京：中国财政经济出版社，1987：1.
② 布朗，约翰斯顿. 巴其阿勒会计论［M］. 上海：立信会计图书用品社，1988：41.

及其他财政存款等。财政存款的支配权属于同级政府财政部门，并由总会计负责管理，统一在国库或选定的银行开立存款账户，统一收付，不得透支，不得提取现金。

（四）银行存款

政府部门或单位发生各类经济业务的结算除国家规定可以用现金办理外，其余部分都必须通过银行办理转账结算。

政府会计主体应设置银行存款账户及其所辖的银行存款日记账。银行存款日记账应按开户银行和其他金融机构的名称及存款种类设置，并逐日、逐笔登记，每日终了应结出存款余额；有外币存款的单位还应按外币种类设置"银行存款日记账"，分别按人民币和各种外币进行明细核算。

（五）零余额账户用款额度

零余额账户用款额度是在国库集中支付制度改革的背景下引入的一个新概念。2000年以来我国实施了一系列公共财政改革措施，如部门预算、国库集中收付、政府收支分类、国有资产管理等，很多改革涉及会计科目及核算方法的调整。

国库集中支付制度也称"国库单一账户制度"，是指将政府的所有财政性资金集中在人民银行或指定的代理银行开设国库单一账户，所有预算单位需要购买商品或支付劳务款项时由预算单位提出申请，经国库支付机构审核后将资金直接从单一账户支付给收款人。按发出支付令的主体不同，可分为两种支付方式：一是由财政部门发出支付令的支付方式，称为财政直接支付方式；二是由预算单位经财政部门授权自行发出支付令的支付方式，称为财政授权支付方式。财政资金支付程序具体分为财政直接支付程序和财政授权支付程序。

财政直接支付是指预算单位按照部门预算和用款计划确定的资金用途，提出支付申请，经财政国库执行机构审核后开出支付令，送代理银行，通过国库单一账户体系中的财政零余额账户或预算外资金支付专户，直接将财政性资金支付到收款人或收款单位账户。财政直接支付的财政性资金包括工资支出、工程采购支出、物品和服务采购支出。其具体程序如图5-1所示。

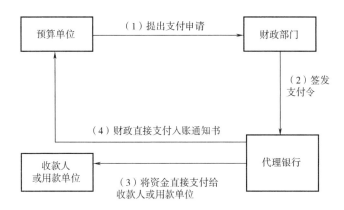

图 5 - 1 财政直接支付程序

财政授权支付是国库集中支付的另一种方式，是指预算单位按照部门预算和用款计划确定资金用途，根据财政部门授权，自行开具支付令送代理银行，通过国库单一账户体系中的单位零余额账户或特设专户，将财政性资金支付到收款人或用款单位账户。财政授权支付的支出范围是指除财政直接支付支出以外的全部支出。财政授权支付程序适用于未纳入工资支出，工程采购支出，物品、服务采购支出管理的购买支出和零星支出，包括单件物品或单项服务购买额不足 10 万元人民币的购买支出，年度财政投资不足 50 万元人民币的工程采购支出，特别紧急的支出和经财政部门批准的其他支出。其具体程序如图 5 - 2 所示。

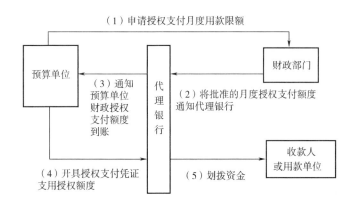

图 5 - 2 财政授权支付程序

代理银行在收到财政部门下达的"财政授权支付额度通知单"时，向相关预算单位发出"财政授权支付额度到账通知书"。基层预算单位凭据财政授权支付额度到账通知书所确定的额度支用资金；代理银行凭据财政授权支付额度通知单受理预算单位财政授权支付业务，控制预算单位的支付金额，并与国库单一账户进行资金清算。

政府会计主体支用授权额度时，填制财政部门统一制定的财政授权支付凭证送代理银行，代理银行根据财政授权支付凭证通过零余额账户办理资金支付。

政府会计主体应设置零余额账户用款额度科目核算财政部门下达的预算指标，以及其审批的月度用款计划，向国库集中支付核算中心申请用款。该科目不是一个实存资金账户，它是政府会计主体可以随时动用的资金数额。

需要说明的是：①政府会计主体收到的用款额度不是实际的货币资金，因此，在商业银行开设的单位零余额账户不是实存资金账户，而是一个过渡性的待结算账户；②政府会计主体零余额账户的用款额度具有与人民币存款相同的支付结算功能，可办理转账、汇兑、委托收款和提取现金等支付结算业务。

（六）货币资金与内部控制

舞弊、内部控制和现金三部分内容互相联系。内部控制有助于防止舞弊；现金可能是最容易通过舞弊挪用的资产。库存现金既是支付工具也是偿债手段；库存现金流动性大，容易为经管人员挪用或侵占。财务会计中与库存现金相关内容的重点，是如何完善其内部控制制度以防发生意外或损失。

库存现金内部控制的核心内容包括两个方面：一是制度控制；二是流程控制。

1. 制度控制

政府会计单位应当建立健全货币资金管理岗位责任制，合理设置岗位，不得由一人办理货币资金业务的全过程，确保不相容岗位相互分离和定期轮岗规定落实到位。担任出纳的人员应当具备会计从业资格。出纳不得兼任稽核、票据管理、会计档案保管以及收入、支出、债权、债务账目的登记和对账工作。单位应当严禁一人保管支付款项所需的全部印章。财务专用章应当由专人保管，个人的人名章应当由本人或其授权人员保管。设置内部稽核人员或单位对库存现金定期或突击检查，以起到对舞弊的威慑作用。定期轮岗与休假可以提高工作活力，如有舞弊也可及时发现。已实现财务信息化管理的单位，其货币资金收付流程要全面纳入信息系统管理，禁止手工开具资金收付凭证。

2. 流程控制

流程控制主要是指对政府单位收入或支出流程的控制，如收入款项一系列手续，支付款项领用支票、报销支出或费用的程序。

（七）主体货币资金、非主体货币资金和限制性货币资金

在对货币资金确认和列报时，需要关注货币资金归属和是否可使用的限制特征。主体货币资金是指政府会计主体有权在其运营过程中使用的货币资金；而非主体货币资金，则是指政府会计主体持有但不能使用的货币资金，如政府会计主体代收的货币资金等。政府会计主体持有的部分货币资金可能是由法律、规范或合同约束，被限定用途的。被限定用途的货币资金可能是非主体的，也可能是主体的，财务报表应列报限制的原因和限制的范围。

三、短期投资

（一）投资：内涵的演变

关于投资的内涵，西方不同经济流派对其理解亦不尽相同。最早描述投资的文献，应该是法国重农主义创始人魁奈的《经济表》。他在《经济表》中以"原预付"代表资本、以"年预付"代表投资。亚当·斯密在其著作《国民财富的性质和原因的研究》中指出："任何人把其资本的一部分作为资本进行投资总是指望能够回收并附有利润。"马克思也对投资做过解释，认为"投资即货币转化为生产资本"。保罗·萨缪尔森在《宏观经济学》一书中提出："经济学家将'投资'定义为耐用资本品的生产。而在一般用法上，'投资'通常是指诸如购买通用汽车公司的股票或去开个存款户头这类东西。为了不致混淆，经济学家将后者称为金融投资。"在我国，对投资的认识是随着经济体制的变化而变化的。在计划经济时期，投资长期被认定为"基本建设投资"；改革开放以后，理论界对投资的认识不断深化，对投资的理解多为"固定资产投资"；现阶段投资的概念进一步扩大至更多、更广的范围，涉及人力资本投资、股票投资、债券投资等。基于上述分析，在财务会计领域可将投资理解为：经济主体（包括政府和企业）为通过分配来增加财富，或为谋求其他利益，而将资产让渡给其他经济主体所获得另一项资产的经济活动。

（二）政府投资的内容

政府投资可以按照不同标准进行分类。如按照投资的性质不同，投资分为债权性投资、权益性投资和混合性投资。

1. 债权性投资

债权性投资是指为取得债权所做的投资，如购买公司债券就属于债权性投资。进行这种投资不是为了获得另一会计主体的剩余资产，而是为了获取高于银行存款利率的利息并保证按期收回本息。

2. 权益性投资

权益性投资是指为获取另一会计主体的股权或净资产所做的投资。这种投资的目的是获得另一会计主体的控制权或实施对另一会计主体的重大影响等，如对另一个会计主体的普通股股票投资即属于权益性投资。

3. 混合性投资

混合性投资是指既有债权性投资性质又有权益性投资性质的投资，如购买另一企业发行的优先股股票和购买可转换公司债券均属于混合性投资。

政府投资可以按照投资对象的可变现性和投资目的分类为短期投资和长期投资。政府会计主体将持有易变现并意图短期持有的投资归为短期投资，作为流动资产列示于资产负债表内；将不易变现且意图长期持有的投资确认为长期投资，作为非流动资产列示于资产负债表内。根据《基本准则》的规定，政府会计主体包括各级政府、各部门、各单位。会计主体不同，其投资称谓也不同，如《财政总预算会计制度》将投资分为有价证券（流动资产）和股权投资（非流动资产），《事业单位会计准则》《事业单位会计制度》将其投资分为短期投资（流动资产）和长期投资（非流动资产）。

（三）政府短期投资的特点

短期投资是指政府会计主体依法取得的持有时间不超过1年（含1年）的投资。从理论上讲，政府会计主体是从事公共服务的非营利性经济组织，其占有使用的资产不应用来对外投资。但鉴于会计主体资金供需矛盾之现状，为了满足和保障其履行职能、发展事业的需要，在保证完成公共事业任务的前提下，可以利用国有资产进行对外投资以弥补财政经费供给不足，促进各类社会公益事业的发展。但是，政府会计主体应当严格遵守国家法律、行政法规以及财政部门、主管部门关于对外投资的有关规定。

与长期投资相比，政府会计主体短期投资具有以下特点：一是投资对象主要是国债投资；二是短期投资具有高度的变现性，可根据需要随时变现，其流动性仅次于货币资金；三是投资的目的不是控制被投资企业、单位或对其实施重大影响，而是有效利用正常运营中暂时多余的资金，提高其资金使用效果。

（四）短期投资的确认、计量与记录

短期投资确认解决的是定性问题。比如什么是短期投资？判断短期投资的关键在于：①看是否符合短期投资的定义；②看能否预期为政府会计主体带来经济利益流入，不能为政府会计主体带来经济利益流入的资源就不是短期投资。

短期投资的计量解决的是定量问题，即在确认短期投资的基础上确定其金额。政府会计主体在对短期投资进行计量时一般应当采用历史成本计价。

政府会计主体通过设置有价证券或短期投资科目来核算短期投资的增减变动情况。短期投资的核算包括四个方面，即取得、收益、处置和计价。其中，政府会计主体取得短期投资时，应当以其实际成本（包括购买价款以及税金、手续费等相关税费）作为投资成本计入有价证券或短期投资；短期投资持有期间收到利息时，按实际收到的金额计入其他收入；政府会计主体处置短期投资或到期收回短期国债本息，按照实际收到的金额与出售或收回短期国债的成本之间的差额计入其他收入。

四、应收及预付款项

（一）应收款项

应收款项是指政府会计主体在其运营活动过程中形成的短期债权，包括应收账款、应收票据、应收贷款和应收债券。在每种情况下，一方收款的合同权利（或支付义务）总是与另一方相应的支付义务（或收款权利）相配比。

政府会计主体不同，其流动资产性质的应收款项内容也略有不同。例如：财政总预算会计涉及的应收款项主要包括预拨经费、借出款项、应收股利、应收利息、与下级往来、其他应收款等；行政单位的应收款项包括财政应返还额度、应收账款、其他应收款等；事业单位的应收款项包括财政应返还额度、应收票据、应收账款、其他应收款等。其中：

1. 预拨经费

预拨经费是指政府财政在年度预算执行中预拨出，应在以后各月列支以及会计年度终了前根据"二上"（即各部门或单位根据分配的部门或单位预算指标正式编制年度预算，并逐级汇总报送同级财政部门）预算预拨出的下年度预算资金。预拨经费（不含预拨下年度预算资金）应在年终前转列支出或清理收回。

2. 借出款项

借出款项是指政府财政按照对外借款管理的相关规定，借给预算单位应对临时急需并需按期收回的款项。

3. 应收股利与应收利息

应收股利是指政府因持有股权投资而应当收取的现金股利或利润；应收利息是指政府因持有债权投资而应当收取的利息。

4. 与下级往来

与下级往来是指本级政府财政与下级政府财政的往来待结算款项。在日常核算中，有时会在上下级之间发生财政资金周转调度的业务；在年终财政体制结算中，也会发生下级财政应向上级财政上解资金或上级财政应向下级财政补助资金的业务。上下级财政间发生这类待结算业务，对于上级财政来说属于与下级往来业务。

5. 财政应返还额度

财政应返还额度是指实行国库集中支付的政府单位年终应收财政下年度返还的资金额度，包括财政直接支付方式财政应返还额度、财政授权支付方式财政应返还额度两部分。其具体会计处理方法如表 5-3 所示。

表 5-3　政府单位财政应返还额度账务处理

	财政直接支付	财政授权支付
确认依据	本年度财政直接支付预算指标数与当年财政直接支付实际支出数的差额	代理银行提供的对账单做注销额度

	财政直接支付	财政授权支付
年度终了	借：财政应返还额度 　　——财政直接支付 贷：财政补助收入	借：财政应返还额度 　　——财政授权支付 贷：零余额账户用款额度
下年度恢复财政直接支付额并实际支出	借记有关科目，贷记"财政应返还额度——财政直接支付"科目	借：零余额账户用款额度 贷：财政应返还额度 　　——财政授权支付
下年度实际支出	借：经营支出（行政单位） 贷：财政应返还额度 　　——财政直接支付	

6. 应收票据

应收票据是指政府会计主体（事业单位）因开展经营活动销售产品、提供有偿服务等而收到的商业汇票，包括银行承兑汇票和商业承兑汇票。通常一个单位持有还没有到期、尚未兑现的票据包括支票、银行本票、银行汇票和商业汇票等。在我国实务中，上述票据大部分为即期票据，可以即刻收款或存入银行成为货币资金，不需要作为应收票据核算。因此，应收票据主要是指单位持有的还没有到期、尚未兑现的商业汇票。

在我国商业汇票的期限较短，一般按其面值计价，即政府会计主体收到应收票据时，按照票据的面值入账。政府会计主体因销售产品、提供服务等收到票据，或收到债务人以票据抵偿前欠货款时，确认应收票据增加。政府会计主体因下列原因，需要确认应收票据减少：①持未到期的商业汇票向银行贴现；②将持有的商业汇票背书转让以取得所需物资；③票据到期收回应收票据；④因付款人无力支付票款收到银行退回的商业承兑汇票；等等。应收票据减少时，也应按其面值予以转销。

7. 应收账款

应收账款是指政府会计主体因开展经营活动销售产品、提供有偿服务等而应收取的款项。它是政府会计主体在结算过程中形成的短期性债权，代表政府会计主体在未来收取现金、得到商品或劳务等各类经济利益的权利。

对于行政单位来说，应收账款的内容主要是单位出租资产、出售物资等应当收取的款项，行政单位收到的商业汇票也确认为应收账款；而对于事业单位来说，应收账款的内容一般是公立学校学生欠交的学杂费，公立医院病人欠交的医药费，外部单位所欠科研机构的开发、研究、试制合同款等。

8. 其他应收款

其他应收款是指政府会计主体除财政应返还额度、应收票据、应收账款、预付账款以外的其他各项应收及暂付款项，如职工预借的差旅费、拨付给内部有关部门的备用金、应向职工收取的各种垫付款项等。

（二）预付账款

预付账款是指政府会计主体按照购货、劳务合同规定预付给供应单位的款项。预付货款如同应收账款一样，是结算中的资金占用，反映了政府会计主体的短期债权。但两者性质不同，应收账款是应向购货方收取的款项，而预付账款则是预先付给供货方的款项。政府会计主体预付一定数额的款项，目的主要是掌握物资货源、劳务供应的渠道，有些政府会计主体是为了避免未来价格变动及市场风险。

政府会计主体发生预付账款时，按照实际预付的金额计价入账；收到所购物资或劳务时，按照与购入物资或劳务的成本相应的预付账款金额，转销预付账款。

（三）应收及预付款项的列报

在资产负债表中，应收款项各部分作为单独项目在流动资产中列示。

在财务报表附注中，应当对已贴现的商业承兑汇票单独披露。如果政府会计主体（如事业单位）当年对相关应收项目提取了坏账准备，当年提取的坏账准备金也应该予以单独披露。

五、存货

（一）存货概述

1. 存货的概念和内容

存货是指政府会计主体在开展业务活动及其他活动中为耗用而储存的资产，包括材料、燃料、包装物和低值易耗品等。这类物品经常性处于耗用和重置状态，并通过其购入、耗用、生产或开发以及销售实现政府会计主体的运营活动目标。对存货的正确核算，直接关系到资产负债表上资产价值的确定和收入支出表结余的确定，同时它还为报表使用者提供存货有关信息，有助于预测未来现金流量。

《政府会计准则第1号——存货》指出：存货，是指政府会计主体在开展业务活动及其他活动中为耗用或出售而储存的资产，如材料、产品、包装物和低值易耗品等，以及未达到固定资产标准的用具、装具、动植物等。

《国际公共部门会计准则第12号——存货》指出：存货，指下列资产：①在生产过程中将被消耗的材料或物料；②提供服务过程中将被消耗或分配的材料或物料；③在正常经营过程中持有以备销售或分配的材料或物料；④为销售或分配而仍处在生产过程中的资产。

政府会计主体持有存货的具体内容并不完全相同，如公立医院的存货主要有药品、卫生材料、低值易耗品和其他材料等；公立高等学校的存货包括材料、燃料、包装物、低值易耗品以及达不到固定资产标准的用具、装具、动植物等；科学事业单位的存货主要包括库存材料、科技产品等。

综上所述，可将政府会计主体存货归纳为以下类别：

（1）材料。它是指其价值随着使用而消耗或者逐渐消耗，不能保持原有形态的各种原材料，包括主要材料、辅助材料、外购半成品、修理用备件。

（2）燃料。它是指使用后就消失掉的各种固体、液体和气体燃料。

（3）包装物。它是指为了包装本单位产品而储备的各种包装容器等。

（4）低值易耗品。它是指不具备固定资产标准、价值较低、容易损耗的劳动资料，如工具、器具、低值仪器仪表等。

2. 企业存货

在营利组织（企业）中，除某些特殊服务性企业外，存货一般是企业经营活动中最为活跃的因素，它不停地被购进或被生产出来，然后不停地被销售出去，并通过存货的购进、生产和销售收回成本获得利润。

我国《企业会计准则第1号——存货》指出，存货是指企业在日常活动中持有以备出售的产成品或商品，处在生产过程中的在产品，在生产过程或提供劳务过程中耗用的材料、物料等。企业的存货通常包括原材料、在产品、半成品、产成品、商品、周转材料，其中，原材料包括原料及主要材料、辅助材料、外购半成品（外购件）、修理用备件（备品备件）、包装材料、燃料等。

3. 存货的特点

与其他资产相比，存货具有以下特点：①存货属于流动资产，具有较快的变现能力和明显的流动性。但其流动性不及现金和应收款项，而且其时效性强，发生潜在损失的可能性也比前者大。②存货是有形资产，有别于专利权、商标权等无形资产。③存货与固定资产同为有形资产，但其价值转移方式与固定资产不同。存货在正常的业务活动中不断地处于耗用和重置之中，在 1 年内能够有规律地转换为货币资金或其他资产。而固定资产使用周期长，其价值分期转移。④政府会计主体中的行政单位持有存货的目的是自用或消耗。但事业单位持有存货的目的，一部分是为了销售取得价值补偿，如科研机构中间试验的产品等；另一部分是为了耗用，即在各类事业中消耗掉。可见，政府会计主体持有存货的目的不是为了投资增值，也不是为了长期持有。

（二）存货的确认

根据《基本准则》的规定，某项资产符合存货定义，并同时满足以下条件时应确认为存货：①与该经济资源相关的服务潜力很可能实现或者经济利益很可能流入政府会计主体；②该经济资源的成本或者价值能够可靠地计量。

根据《国际公共部门会计准则第 12 号——存货》规定，当政府控制了创造和发行各种资产（包括邮票和货币）的权力时，这些存货项目应按照存货准则规定确认为存货。

当政府持有各种战略性储备物资，如能源储备（如石油）以备紧急情况或其他情况（如自然灾害或其他国防紧急状态）之用时，这些储备物资应按照存货准则规定确认为存货并进行相应的会计处理。

（三）存货计价的基本原理

存货会计的核心是计价，即正确地确定收入、发出及结存存货的价值。因此，存货的计价分为存货取得的计价、存货发出的计价和存货结存的计价。不同环节的存货，计价方法不同。

1. 存货取得的计价

政府单位取得存货的方式主要有采购、自行或委托加工、置换、接受捐赠、无偿调拨等。取得方式不同，其成本包括的内容也不尽相同。根据《基本准则》规定，政府会计主体对存货计量时，一般应当采用历史成本。

（1）购入存货。购入存货的成本包括购买价款、相关税费、运输费、装卸费、保险费以及其他使得存货达到目前场所和状态所发生的支出。

（2）置换换入存货。置换换入存货的成本，应按照换出资产的评估价值加上支付的补价或减去收到的补价加上为换入存货支付的其他费用（运输费等）确定。

（3）接受捐赠、无偿调入存货。接受捐赠、无偿调入存货的成本，按照有关凭据注明的金额加上相关税费、运输费等确定；没有相关凭据可供取得，但依法经过资产评估的，其成本应当按照评估价值加上相关税费、运输费等确定；没有相关凭据可供取得也未经评估的，其成本比照同类或类似存货的市场价格加上相关税费、运输费等确定；没有相关凭据也未经评估，其同类或类似存货的市场价格无法可靠取得的，该存货按照名义金额入账。

（4）委托加工存货。委托加工存货的成本按照未加工存货的成本加上加工费用和往返运输费等确定。

（5）自行加工存货。自行加工存货的成本包括耗用的直接材料费用、发生的直接人工费用和按照一定方法分配的与存货加工有关的间接费用。

2. 存货发出的计价

具有较快的变现能力和明显的流动性是存货的重要特点之一。一个持续运营的政府会计主体，其存货始终处于流动状态。原有的存货不断流出或消耗，新的存货不断流入。当发出原有存货时，必须采用一定的方法确定其发出成本。政府会计主体一般采用先进先出法、加权平均法或者个别计价法确定发出存货的实际成本。

（1）先进先出法。它是以先购入的存货应先发出（销售或耗用）这样一种存货实物流动假设为前提对发出存货进行计价的。采用这种方法，先购入的存货成本在后购入存货成本之前转出，据此确定发出存货和期末存货的成本。

先进先出法的优点是使政府会计主体不能随意挑选存货计价，以调整当期业务活动成果。其缺点是工作量比较烦琐，特别对于存货进出比较频繁的事业单位更是如此。而且当物价上涨时，会高估其当期业务活动成果和库存存货价值；反之，会低估其存货价值和当期业务活动成果。

（2）加权平均法。加权平均法有月末一次加权平均法和移动加权平均法之分。

第一，移动加权平均法。它是指以每次进货的成本加上原有库存存货的成本除以每次进货数量与原有库存存货数量之和，据以计算加权平均单位成本的方法，以其结果作为在下次进货前计算各次发出存货成本的依据。

$$存货单位成本 =（原有库存存货的实际成本 + 本次进货的实际成本）÷$$
$$（原有库存存货的数量 + 本次进货数量）$$

$$本次发出存货的成本 = 本次发出存货的数量 × 本次发出存货前存货的单位成本$$

$$本月月末库存存货成本 = 月末库存存货的数量 × 本月月末存货单位成本$$

移动加权平均法在每次发出存货前即可求出移动加权平均单价，弥补月末一次加权平均法的缺点，可以随时确定发出存货的实际成本和库存存货的价格。但如果月份内购进次数多、每次购进单价变化小，采用这种计算方法的工作量则较大。

第二，月末一次加权平均法。它是指以当月全部进货数量加上月初存货数量作为权数，去除当月全部进货成本加上月初存货成本，计算出存货的加权平均单位成本，以此为基础计算当月发出存货成本和期末存货成本的一种方法。其计算公式如下：

$$存货单位成本 =（月初库存存货的实际成本 + 本月各批进货成本之和）$$
$$÷（月初库存存货数量 + 本月各批进货数量之和）$$

$$本月发出存货成本 = 本月发出存货的数量 × 存货单位成本$$

$$本月月末结存存货成本 = 月末库存存货的数量 × 存货单位成本$$
$$=（月初库存存货的实际成本 + 本月各批进货成本之和）－$$
$$本月发出存货的成本$$

（3）个别计价法。它是指对存货逐一辨认，分别按各自购入或取得时的成本计价，以确定发出存货和结存存货的实际成本。其特征是注重所发出存货具体项目的实物流转与成本流转之间的联系，逐一辨认各批发出存货和期末存货所属的购进批别或生产批别，并分别以购入或生产时所确定的单位成本作为计算各批发出存货和期末存货的成本。

个别计价法是一种合理而准确的存货计价方法。但这种方法的前提是需要对发出存货和结存存货的批次进行具体认定，据此辨别其所属的收入批次，所以，这种方法的计算工作量较大。

3. 存货结存的计价

期末，为了客观、真实、准确地反映政府会计主体存货的实际价值，政府会计主体在编制资产负债表时，要确定"存货"项目的金额，也就是对期末结存存货进行计价，确定其价值。政府会计主体期末存货价值通常采用历史成本计价。其确定方法在"存货发出的计价"中已有说明，不再重复。

4. 存货的列报

在资产负债表中，存货作为单独项目在流动资产中列示，有助于报表使用者进一步分析存货变动的原因和对政府会计主体财务状况及运营的影响。在报表附注或附表中，还应对存货进行分类，以反映每一主要类别存货的情况。

第四节　非流动资产

非流动资产是指流动资产以外的资产，包括固定资产、在建工程、无形资产、长期投资、公共基础设施、政府储备资产、文物文化资产、保障性住房和自然资源资产等。

（《政府会计准则——基本准则》第二十八条）

一、非流动资产概述

（一）非流动资产的定义

一般而言，非流动资产是指全部资产扣除流动资产后的差额。《基本准则》指出，非流动资产是指流动资产以外的资产，包括固定资产、在建工程、无形资产、长期投资、公共基础设施、政府储备资产、文物文化资产、保障性住房和自然资源资产等。与流动资产相比，非流动资产使用年限较长，即使用年限不短于1年或一个运营周期，其价值将逐渐并分次转化为货币资金。因而，非流动资产可为公益事业提供服务达数年，甚至数十年之久。

综合上述非流动资产的内容，可将政府非流动资产的特点概括为以下几点：

第一，种类繁多、形式各异。非流动资产可以是货币性资产，如长期债券投资，也可以是非货币性资产，如固定资产、长期股权投资；可以是有形资产，也可以是无形资产。

第二，在资产负债表中，有些非流动资产的成本被予以资本化，并按期折旧或摊销。

第三，性质各异。非流动资产中有些资产是通过其成本分配逐渐费用化的，如资本化资产中的固定资产、无形资产等；有些是具有投资性活动的资产，包括取得的债权性投资（如购买公司债券）、为获取另一会计主体的权益或净资产所做的权益性投资；有些是能够在生产运营活动中长期、反复使用，从而不断产出农产品的，或者是长期役用的经济林、薪炭林、产畜和役畜等。

（二）非流动资产内容的演变

中华人民共和国成立后的很长一段时期，我国政府会计（预算会计）制度没有使用非流动资产概念。直至 1997 年《事业单位会计准则（试行）》的出台，资产中才有流动性资产概念，为非流动资产概念的出现奠定了基础。实际上，该准则资产分类中的对外投资、固定资产和无形资产多数属于非流动资产。政府会计标准非流动资产内容演变归纳如表 5－4 所示。

表 5－4　非流动资产内容演变归纳表

1997 年政府会计标准与非流动资产	《财政总预算会计制度》	《行政单位会计制度》	《事业单位会计准则（试行）》
	未明确提出非流动资产的概念		
《事业单位会计准则（2012）》	事业单位的非流动资产包括长期投资、在建工程、固定资产、无形资产等		
《行政单位会计制度（2013）》	没有明确给出非流动资产概念，也没有具体指出非流动资产内容但从资产定义可以推断非流动资产内容。该制度规定：行政单位的资产包括流动资产、固定资产、在建工程、无形资产等。可见行政单位非流动资产包括固定资产、在建工程、无形资产等		
《基本准则（2015）》	第二十八条非流动资产是指流动资产以外的资产，包括固定资产、在建工程、无形资产、长期投资、公共基础设施、政府储备资产、文物文化资产、保障性住房和自然资源资产等		

由表 5－4 可见，我国政府会计领域关于非流动资产的认识有一个不断发展变化的过程。

二、固定资产与在建工程

（一）固定资产概述

《国际公共部门会计准则第 17 号——不动产、厂场和设备》专门规范了政府固定资产的确认、计量和报告。与我国政府会计标准相比，它使用的是"不动产、厂场和设备"的概念。

《政府会计准则第 3 号——固定资产》指出：固定资产，是指政府会计主体为满足自身开展业务活动或其他活动需要而控制的，使用年限超过 1 年（不含 1 年）、单位价值在规定标准以上，并在使用过程中基本保持原有物质形态的资产，一般包括房屋及构筑物、专用设备、通用设备等。单位价值虽未达到规定标准，但是使用年限超过 1 年（不含 1 年）的大批同类物资，如图书、家具、用具、装具等，应当确认为固定资产。

但需要说明的是，公共基础设施、政府储备物资、保障性住房、自然资源资产等在资产负债表中作为单独的资产项目予以列示，不作为固定资产确认。

（二）固定资产的初始确认与计量

根据《国际公共部门会计准则第 17 号——不动产、厂场和设备》的规定，不动产、厂场和设备只有满足以下条件时才能确认为一项资产：①与该资产有关的未来经济利益或服务潜能很可能流入主体；②该资产的成本或公允价值能够可靠地计量。

《基本准则》规范了资产确认的基本条件，而《政府会计准则第 3 号——固定资产》规范了固定资产确认的具体条件，即固定资产同时满足下列条件的，应当予以确认：一是与该固定资产相关的服务潜力很可能实现或者经济利益很可能流入政府会计主体；二是该固定资产的成本或者价值能够可靠地计量。

可见，《基本准则》关于固定资产确认标准与国际公共部门会计准则是一致的。

通常情况下，购入、换入、接受捐赠、无偿调入不需安装的固定资产，在固定资产验收合格时确认；购入、换入、接受捐赠、无偿调入需要安装的固定资产，在固定资产安装完成交付使用时确认；自行建造、改建、扩建的固定资产，在建造完成交付使用时确认。

固定资产计量分为确认时的计量和确认后的计量（即后续计量）。

《基本准则》规定，固定资产在取得时应当按照成本进行初始计量。具体计量方法由《政府会计准则第 3 号——固定资产》予以规范。

（三）固定资产后续计量——折旧

我国政府会计主体的固定资产在很长一段时期是不提折旧的。其理由是：作为领报经费的预算单位，其资金运动是国民收入再分配使用消耗的过程，不需要自身在此资金运动过程中进行资金补偿，同时，采用收付实现制会计基础也没有计提折旧的理论依据。因此，没有规定固定资产折旧的核算。

但是我们必须看到，固定资产提取折旧的意义并不仅仅在于价值补偿，更在于真实、完整反映政府会计主体的财务状况[①]。政府会计主体的固定资产经过多年积累，金额庞大，由于对其不提取折旧，造成了固定资产账面价值与其实际价值的严重背离，不能真实、公允地反映固定资产的财务状况，也影响了资产负债表资产的信息质量。因此，对固定资产计提折旧对于资产负债表如实反映政府会计主体资产的价值状况是必要的。为此，2010 年财政部修订的《医院会计制度》规定医院对固定资产要计提折旧。这也是我国政府会计标准中首次明确规定固定资产折旧问题。

折旧，是指在固定资产的预计使用年限内按照确定的方法对应计的折旧额进行系统分摊。

固定资产应计的折旧额为其成本，计提固定资产折旧时不考虑预计净残值。

根据我国政府会计标准，下列各项固定资产不计提折旧：文物和陈列品；动植物；图书、档案；单独计价入账的土地；以名义金额计量的固定资产。

政府会计主体一般应当采用年限平均法或者工作量法计提固定资产折旧。

1. 年限平均法

年限平均法也称直线法，是指将固定资产的应计折旧额按均等的数额在其预计使用期内分配于每一会计期间的一种方法。

年限平均法建立在固定资产服务潜力随时间的延续而减退与其使用程度无关的假设上。因此，固定资产的折旧费可以均衡地摊配于其使用年限内的各个期间。

采用年限平均法，固定资产年折旧额的计算公式为：

---

① 财政部会计司. 政府会计研究报告 [M]. 大连：东北财经大学出版社，2005：159.

固定资产年折旧额 =（固定资产原值 – 净残值）÷ 固定资产预计使用年限

固定资产月折旧额为固定资产年折旧额除以 12。

在实际工作中，为了反映固定资产在一定时期内的损耗程度并简化核算，各期折旧额一般根据固定资产原值乘以该期折旧率计算确定。固定资产折旧率是指一定时期内固定资产折旧额与固定资产原值的比率。其计算公式为：

固定资产年折旧率 = 固定资产年折旧额 ÷ 固定资产原值

$$= \frac{固定资产原值 \times (1 - 预计净残值率)}{固定资产预计使用年限} \times \frac{1}{固定资产原值} \times 100\%$$

$$= \frac{1 - 预计净残值率}{固定资产预计使用年限} \times 100\%$$

月折旧率 = 年折旧率 ÷ 12

月折旧额 = 固定资产原值 × 月折旧率

年限平均法的优点是直观、计算简单，并且以固定资产的使用时间为计算折旧的基础，能够较好地反映无形损耗对固定资产的影响。但这种折旧方法也存在着一些缺点：①因该方法侧重于时间因素而忽视了固定资产利用程度的影响，没有考虑各期磨损程度不同的事实，因此不能充分反映有形损耗因素的影响；②随着固定资产的连续使用，其相应修理、维护等费用逐年增加，但由于各期所提折旧额相同，因而导致各期成本负担的固定资产使用成本不均衡。

2. 工作量法

工作量法是指按照固定资产实际完成的工作总量计算折旧的一种方法。采用这种方法，每期计提的折旧随当期固定资产提供工作量的多少而变动，提供的工作量多就多提折旧，少则少提折旧，每一工作量所负担的折旧费是不变的。这里所讲的工作量可以是车辆行驶的里程数，也可以是机器完成的工作时数，或生产产品的产量数。

采用工作量法计提折旧，应先以固定资产在使用年限内预计总工作量（如总工作时数或总产量）去除应计折旧总额，算出每一工作量应分摊的折旧，然后乘以当期的实际工作量，求出该期应计提的折旧额。其计算公式为：

单位折旧额 =［固定资产原值 ×（1 – 预计净残值率）］÷ 预计总工作量

（总里程、总工时、总产量）

当期折旧额 = 当期工作量 × 单位折旧额

工作量法的优点是简单明了、容易计算，且计提的折旧额与固定资产的使用程度相联系，它既充分考虑了固定资产有形损耗因素的影响，也符合配比原则。其缺点是：只重视有形损耗对固定资产的影响，而忽视了无形损耗对固定资产的作用。另外，要准确预计固定资产在其使用期间的总工作量也比较困难。

工作量法主要适用于车辆、船舶等运输工具以及大型精密设备的折旧计算。

（四）固定资产的处置

固定资产的处置是指政府会计主体转移、变更和核销其占有、使用的资产部分或全部所有权、使用权，以及改变资产性质或用途的行为。

（1）政府会计主体按规定报经批准出售、转让固定资产或固定资产报废、毁损的，应当将固定资产账面价值转销计入当期费用，并将处置收入扣除相关处置税费后的差额按规定做应缴款项处理（差额为净收益时）或计入当期费用（差额为净损失时）。

（2）政府会计主体按规定报经批准对外捐赠、无偿调出固定资产的，应当将固定资产的账面价值予以转销，对外捐赠、无偿调出中发生的归属于捐出方、调出方的相关费用应当计入当期费用。

（3）政府会计主体按规定报经批准以固定资产对外投资的，应当将该固定资产的账面价值予以转销，并将固定资产在对外投资时的评估价值与其账面价值的差额计入当期收入或费用。

（4）固定资产盘亏造成的损失，按规定报经批准后应当计入当期费用。

（五）固定资产的列报

根据《政府会计准则第3号——固定资产》的规定，政府会计主体应当在附注中披露与固定资产有关的下列信息：固定资产的分类和折旧方法；各类固定资产的使用年限、折旧率；各类固定资产的账面余额，累计折旧额，账面价值的期初、期末数及其本期变动情况；以名义金额计量的固定资产名称、数量以及以名义金额计量的理由；已提足折旧的固定资产名称、数量等情况；接受捐赠、无偿调入的固定资产名称、数量等情况；出租、出借固定资产以及以固定资产投资的情况；固定资产对外捐赠、无偿调出、毁损等重要资产处置的情况；暂估入账的固定资产账面价值变动情况。

（六）在建工程

在建工程是指已经发生必要支出但尚未达到交付使用状态的建设工程。政府会计主体无论是新建、改建、扩建，还是进行技术改造、设备更新等在建工程所发生的各种建筑和安装支出均属于资本性支出，所形成的资产为固定资产。在建工程包括建筑工程和安装工程。

1. 建筑工程

建筑工程是指通过对各类房屋建筑及其附属设施的建造和与其配套的线路、管道、设备的安装活动所形成的工程实体。其中，房屋建筑物，如办公楼、剧院、学校、住宅等的新建、改建或扩建必须兴工动料通过施工活动才能实现；附属构筑物设施，指与房屋建筑配套的水塔、自行车棚、水池等；线路、管道、设备的安装，指与房屋建筑及其附属设施相配套的电气、给排水、通信、电梯等线路、管道、设备的安装活动。

政府会计主体发生的各项建筑工程支出，如转入改建、扩建或修缮的固定资产的账面价值，领用或购买的材料，应付与工程直接相关的职工薪酬，根据工程价款结算账单与施工企业结算工程价款等计入工程成本并通过在建工程科目核算。

政府会计主体为建筑工程借入的专门借款的利息，属于建设期间发生的也计入在建工程成本。

2. 设备安装

政府会计主体购入需要安装的设备，在安装过程中发生的实际安装费应计入固定资产原值。设备安装工程可以采用自营安装方式，也可以采用出包安装方式。采用自营安装方式的安装费，包括安装工程耗用的材料、人工以及其他支出；采用出包安装方式的安装费，为向承租单位支付的安装价款。不论采用何种安装方式，设备的全部安装工程成本（包括买价以及包装运杂费和安装费）均应通过"在建工程"科目进行核算。设备安装完工交付使用时，政府会计主体在确认固定资产的同时转销在建工程成本。

三、无形资产

（一）无形资产概述

1. 无形资产的概念

在我国政府会计标准中，首次引入无形资产核算内容的是 1997 年财政部颁布的《事业单位会计准则（试行）》。该准则第二十六条指出：无形资产是指不具有实物形态而能为事业单位提供某种权利的资产，包括专利权、土地使用权、非专利技术、著作权、商标权、商誉等。同时，该准则对于无形资产的计量、摊销和列报进行了规范。之后的会计标准，如《事业单位会计准则（2012）》《行政单位会计制度（2013）》均对无形资产进行了界定。

《事业单位会计准则（2012）》指出：无形资产，是指事业单位持有的没有实物形态的可辨认非货币性资产，包括专利权、商标权、著作权、土地使用权、非专利技术等。

《行政单位会计制度（2013）》指出：无形资产，是指不具有实物形态而能够为使用者提供某种权利的非货币性资产。其在无形资产科目中列举的内容包括著作权、土地使用权、专利权、非专利技术等。

《政府会计准则第 4 号——无形资产（2016）》指出：无形资产，是指政府会计主体控制的没有实物形态的可辨认非货币性资产，如专利权、商标权、著作权、土地使用权、非专利技术等。

纵观我国政府会计标准，关于无形资产在以下方面发生了变化：一是从概念看，《政府会计准则第 4 号——无形资产》强调政府会计主体对无形资产的可控性及其可辨认性；二是从内容看，1997 年《事业单位会计准则（试行）》关于无形资产的内容中包括商誉，但之后的会计标准中未包括"商誉"；三是充分借鉴国际公共部门会计准则关于无形资产定义的合理成分，《国际公共部门会计准则第 31 号——无形资产》指出无形资产指没有实物形态的可辨认非货币性资产；四是体现了无形资产的不确定性，无形资产属于非货币性资产，在将来为政府会计主体带来的经济利益是不固定或不可确定的，这是非货币性资产有别于货币性资产的最基本特征，无形资产具备此特征。

2. 无形资产的内容

根据我国政府会计具体准则和相关政府会计标准，无形资产的内容包括以下几项：

（1）专利权，是指国家专利主管机关依法授予发明创造专利申请人对其发明创造在法定期限内所享有的专有权利，包括发明专利权、实用新型专利权和外观设计专利权。

（2）非专利技术，是指不为外界所知、在生产经营活动中已采用的、不享有法律保护的、可以带来经济效益的各种技术和诀窍。非专利技术一般包括工业专有技术、商业贸易专有技术、管理专有技术等。

（3）商标权，是指专门在某类指定的商品或产品上使用特定的名称或图案的权利。

（4）著作权，是指作者对其创作的文学、科学和艺术作品依法享有的某些特殊权利。

（5）土地使用权，是指国家准许某政府在一定期间内对国有土地享有开发、利用、经营的权利。

3. 无形资产的特征

与其他资产相比，无形资产具有以下特征：

（1）无形资产是一种没有实物形态的资产。不具有独立的物质实体是无形资产区别于其他资产的显著标志。虽然无形资产没有实物形态，但却具有价值，其价值往往是法律或合同所赋予的某种法定或特许的权利（如专利权、商标权），或者是人们对该会计主体价值的综合判断。这种价值难通以过人们的感官直接触摸或感受到，而是隐形存在于组织之中。

（2）无形资产是非货币性长期资产。无形资产虽然不具有物质实体，但能在若干生产经营期内使用或发挥作用，具有未来的经济利益和社会效益。因而无形资产属于一项长期资产，并且是非货币性资产。

（3）无形资产所能提供的未来经济效益具有很大的不确定性。受外部因素、有形资产使用状况的影响，无形资产提供的未来经济效益具有较大的不确定性。有些无形资产确认的账面价值与以后的实际价值往往出现较大差距；取得成本较高的无形资产可能带来较少的经济效益，而取得成本较低的无形资产却可能带来较大的经济利益；有些无形资产的受益期难以断定，其价值随着市场竞争、新技术的发明、替代品的出现而波动，其预期获利能力不能被准确确定。多数情况下无形资产的潜在价值可能分布在零至很大金额的范围内，具有高度不确定性。

（4）持有无形资产的目的是用于公共服务活动或公共管理，离开该目的无形资产也就失去了其经济价值。

（二）无形资产的确认与初始计量

无形资产通常是按实际成本计量的，即以取得无形资产并使之达到预定用途而发生的全部支出作为无形资产的成本。对于不同来源取得的无形资产其成本构成不尽相同。

（1）政府会计主体外购的无形资产，其成本包括购买价款、相关税费以及可归属于该项资产达到预定用途前所发生的其他支出。政府会计主体委托软件公司开发的软件视同外购无形资产确定其成本。

（2）政府会计主体自行开发的无形资产，其成本包括自该项目进入开发阶段后至达到预定用途前所发生的支出总额。

（3）政府会计主体通过置换取得的无形资产，其成本按照换出资产的评估价值加上支付的补价或减去收到的补价加上换入无形资产发生的其他相关支出确定。

（4）政府会计主体接受捐赠的无形资产，其成本按照有关凭据注明的金额加上相关税费确定；没有相关凭据可供取得但按规定经过资产评估的，其成本按照评估价值加上相关税费确定；没有相关凭据可供取得，也未经资产评估的，其成本比照同类或类似资产的市场价格加上相关税费确定；没有相关凭据且未经资产评估，同类或类似资产的市场价格也无法可靠取得的，按照名义金额入账，相关税费计入当期费用。

（5）政府会计主体无偿调入的无形资产，其成本按照调出方账面价值加上相关税费确定。

（三）无形资产的后续计量——无形资产摊销

无形资产摊销，就是将无形资产成本在其受益期限内进行系统分配。无形资产能在较长的时间内提供经济利益。随着无形资产提供效用的递减，其原始成本也应在各个会计期间进行合理分摊并转为费用，以便确定各个期间的运营成果。

政府会计主体应当按月对使用年限有限的无形资产进行摊销，并根据用途计入当期费用或者相关资产成本。使用年限不确定的无形资产、以名义金额计量的无形资产不应摊销。

政府会计主体应当采用年限平均法或者工作量法对无形资产进行摊销，应摊销金额为其成本，不考虑预计残值。

对于使用年限有限的无形资产，政府会计主体应当按照以下原则确定无形资产的摊销年限：①法律规定了有效年限的，以法律规定的有效年限作为摊销年限；②法律没有规定有效年限的，以相关合同或单位申请书中的受益年限作为摊销年限；③法律没有规定有效年限，相关合同或单位申请书也没有规定受益年限的，应当根据无形资产为政府会计主体带来服务潜力或经济利益的实际情况，预计其使用年限；④非大批量购入、单价小于 1 000 元的无形资产，可以于购买的当期将其成本一次性全部转销。

（四）无形资产处置

无形资产处置包括转让、对外投资、核销等，应当分别按以下情况做出处理。

1. 经批准转让无形资产

所拥有的无形资产可以依法转让。转让无形资产有两种方式：一是转让其所有权；二是转让其使用权。转让无形资产所有权，出让方丧失了占有、使用、收益和处分的权利。

政府会计主体按规定报经批准出售无形资产，应当将无形资产账面价值转销计入当期费用，并将处置收入大于相关处置税费后的差额按规定计入当期收入或者做应缴款项处理，将处置收入小于相关处置税费后的差额计入当期费用。

转让无形资产的使用权，出让方仅让渡给其他单位部分使用权，出让方不丧失原占有、使用、收益和处分权，受让方只有根据合同的规定进行使用的权利，因此出让方无须改变无形资产的账面价值。转让收入计入其他收入，与转让有关的费用计入其他支出。

2. 无形资产对外投资

与企业在性质和运营目的上有很大不同，政府会计主体主要从事非营利性的公共服务活动，以社会效益为最高准则，其资金来源从总体上看主要依靠财政拨款，对外投资尤其以无形资产对外投资不构成其经济活动的主要内容。但政府会计主体按规定报经批准以无形资产对外投资的，应当将该无形资产的账面价值予以转销，并将无形资产在对外投资时的评估价值与其账面价值的差额计入当期收入或费用。

3. 无形资产对外捐赠与无偿调出

政府会计主体按规定报经批准对外捐赠、无偿调出无形资产的，应当将无形资产的账面价值予以转销，对外捐赠、无偿调出中发生的归属于捐出方、调出方的相关费用应当计入当期费用。

4. 无形资产核销

无形资产预期不能为政府会计主体带来服务潜力或者经济利益的，应当在报经批准后，将该无形资产的账面价值予以转销。

（五）无形资产的列报

无形资产在资产负债表上应单独设置无形资产项目。该项目属于非流动资产部分，应按账面价值列示，即根据无形资产账户的期末借方余额减去累计摊销账户期末贷方余额后的金额填列。

政府会计主体应当按照无形资产的类别在附注中披露与无形资产有关的下列信息：①无形资产账面余额，累计摊销额，账面价值的期初、期末数及其本期变动情况；②自行开发无形资产的名称、数量，以及账面余额和累计摊销额的变动情况；③以名义金额计量的无形资产名称、数量，以及以名义金额计量的理由；④接受捐赠、无偿调入无形资产的名称、数量等情况；⑤使用年限有限的无形资产，其使用年限的估计情况，使用年限不确定的无形资产，其使用年限不确定的确定依据；⑥无形资产出售、对外投资等重要资产处置的情况。

四、长期投资

（一）长期投资概述

1. 长期投资的概念和特点

政府会计主体长期投资是指政府会计主体依法取得的持有时间超过 1 年（不含 1 年）的各种股权和债权性质的投资。

长期投资不准备在 1 年或长于 1 年的运营周期之内转变为现金，具有投资期限长、金额大、变现能力差以及投资风险大等特点。

政府会计主体开展对外长期投资活动，可以使政府会计主体合理配置公共资源，提高资产的使用价值，并利用对外投资所获得的投资回报，缓解部分政府会计主体资金紧缺的矛盾，促进各类公益事业的发展。

2. 长期投资的分类

按投资性质不同，政府会计主体长期投资可分为股权投资和债权投资。

（1）股权投资。它是指各级政府、各部门、各单位通过投资拥有被投资单位的股权并成为被投资单位的股东，按所持股份比例享有权益并承担责任。股权投资一般有两种投资形式：一是直接投资形式；二是间接投资形式。直接投资是指将现金或资产投入被投资单位，由被投资单位向投资者出具出资证明书确认其股权；间接投资是指政府会计主体通过证券市场取得被投资单位的股票或股权而形成的投资。

（2）债权投资。它是指政府会计主体购入的在 1 年内（不含 1 年）不能变现或不准备随时变现的国债等债权性质的投资。债权投资只能按约定的利率收取利息并到期收回本金。债权投资也可以转让，但在债权债务方约定的期限内一般不能要求债务单位提前偿还本金。

此外，按投资形式分类，政府会计主体长期投资可分为货币投资、实物投资和无形资产投资等。

政府会计主体长期投资应在保证政府会计主体正常运转，保障和促进各项公共事业发展，维护资产的安全完整，有效地利用国有资产的前提下，按照国家的有关规定进行。对外投资时应当进行必要的可行性论证，并提出申请，经主管部门审核同意后报同级财政部门审批。如果以非货币性资产对外投资，则应当对相关资产进行评估。对外投资取得的收入应当纳入单位预算统一核算、统一管理。

（二）长期股权投资

政府会计主体长期股权投资在取得时，应当以实际成本作为初始投资成本。长期股权投资取得方式不同，其实际成本构成内容也不同。

1. 长期股权投资取得的计价

政府会计主体以支付现金取得的长期股权投资，以实际支付的全部价款（包括购买价款和相关税费）作为实际成本。实际支付价款中包含的已宣告但尚未发放的现金股利，应当单独确认为应收股利，不计入长期股权投资初始投资成本。

政府会计主体以现金以外的其他资产置换取得的长期股权投资，其成本按照换出资产的评估价值加上支付的补价或减去收到的补价，加上换入长期股权投资发生的其他相关支出确定。

政府会计主体接受捐赠的长期股权投资，其成本按照有关凭据注明的金额加上相关税费确定；没有相关凭据可供取得，但按规定经过资产评估的，其成本按照评估价值加上相关税费确定；没有相关凭据可供取得，也未经资产评估的，其成本比照同类或类似资产的市场价格加上相关税费确定。

政府会计主体无偿调入的长期股权投资，其成本按照调出方账面价值加上相关税费确定。

2. 长期股权投资的后续计量

按照财务会计理论，长期股权投资确认后，其后续的核算方法可分为成本法和权益法。

（1）成本法。它是指投资按照投资成本计量的方法。取得股权时，按取得投资成本计价，除投资方追加投资、收回投资等外，长期股权投资的账面价值一般保持不变。长期股权投资持有期间，对被投资单位宣告分派的现金股利或利润，政府会计主体应当按照宣告分派的现金股利或利润中属于政府会计主体应享有的份额确认为投资收益。

政府会计主体无权决定被投资单位的财务和经营政策或无权参与被投资单位的财务和经营政策决策的，应当采用成本法进行核算。

（2）权益法。它是指投资最初以投资成本计量，以后根据政府会计主体在被投资单位所享有的所有者权益份额的变动对投资的账面余额进行调整的方法。

政府会计主体有权决定被投资单位的财务和经营政策或有权参与被投资单位的财务和经营政策决策的，应当采用权益法进行核算。

长期股权投资持有期间，对被投资单位实现的净收益，政府会计主体应按照享有或分担的被投资单位实现的净收益的份额确认为投资收益，同时调高长期股权投资的账面余额；对被投资单位发生的净损失，政府会计主体应按照享有或分担的被投资单位净损失的份额确认为投资损失，同时调低长期股权投资的账面余额。

长期股权投资持有期间，对被投资单位宣告分派的现金股利或利润，政府会计主体应按照被投资单位宣告分派的现金股利或利润计算应享有的份额确认为应收股利，同时减少长期股权投资的账面余额。

政府会计主体确认被投资单位发生的净亏损，应当以长期股权投资的账面余额减记至零为限，政府会计主体负有承担额外损失义务的除外。被投资单位发生净亏损，但以后年度又实现净利润的，政府会计主体应当在其收益分享额弥补未确认的亏损分担额等后，恢复确认投资收益。

长期股权投资持有期间，对被投资单位发生除净损益和利润分配以外的所有者权益变动，政府会计主体应按照被投资单位除净损益和利润分配以外的所有者权益变动的份额确认为净资产，同时调整长期股权投资的账面余额。

在权益法下，长期股权投资的账面余额已不是长期股权投资的原始成本，而是投资方在被投资单位所有者权益中应享有的份额。

3. 长期股权投资的处置

政府会计主体按规定报经批准处置长期股权投资，应当冲减长期股权投资的账面余额，并按规定将处置价款扣除相关税费后的余额做应缴款项处理，或者按规定将处置价款扣除相关税费后的余额与长期股权投资账面余额的差额计入当期投资损益。采用权益法核算的长期股权投资，因被投资单位除净损益和利润分配以外的所有者权益变动而将应享有的份额计入净资产的，处置该项投资时，还应当将原计入净资产的相应部分转入当期投资损益。

（三）长期债权投资

长期债权投资的确认与计量包括取得、持有和处置三方面内容。

长期债权投资在取得时，应当以实际成本作为初始投资成本。实际支付价款中包含的已到付息期但尚未领取的债权利息，应当单独确认为应收利息，不计入长期债权投资初始投资成本。

由于政府会计以权责发生制为记账基础，因此，长期债权投资持有期间的资产负债表日，应当按期以票面金额与票面利率计算确认利息收入。对于分期付息、一次还本的长期债权投资，应当将计算确定的应收未收利息确认为应收利息，计入投资收益；对于一次还本付息的长期债权投资，应当将计算确定的应收未收利息计入投资收益，并增加长期债权投资的账面余额。

政府会计主体按规定出售或到期收回长期债权投资，应当将实际收到的价款扣除长期债权投资账面余额和相关税费后的差额计入投资损益。

（四）长期投资的列报

《政府会计准则第2号——投资》指出，政府会计主体应当在附注中披露与投资有关的下列信息：①短期投资的增减变动及期初、期末账面余额；②各类长期债权投资和长期股权投资的增减变动及期初、期末账面余额；③长期股权投资的投资对象及核算方法；④当期发生的投资净损益，其中重大的投资净损益项目应当单独披露。

五、公共基础设施资产

公共基础设施是政府资产的重要组成部分。我国政府公共基础设施规模巨大，为我国经济社会发展提供了强有力的基础支撑条件。但是，受多方面因素影响，目前大部分政府会计主体负责管理维护的公共基础设施并没有纳入单位会计核算，政府投资形成的巨额公共基础设施在政府会计主体资产负债表中未得到科学计量和全面反映。如何确定、计量此类资产，一直缺乏明确的标准。党的十八大以后，财政部门推行了权责发生制政府综合财务报告制度，我国在试编政府综合财务报告中，也将公共基础设施作为需要单独反映的资产项目予以列报，《基本准则》也明确将其作为政府资产的重要内容予以确认、计量和列报。

（一）公共基础设施资产的内容

"公共基础设施资产"一词属于政府会计领域特有的概念。在营利组织中，此类资产被视为或解释为非流动实物资产。目前，政府会计对于公共基础设施并无一致的定义，但对公共基础设施的基本特点具有大体一致性的描述。

《国际公共部门会计准则第17号——不动产、厂场和设备》中指出，某些资产通常被称为"基础设施"。这些资产通常具有以下部分或全部特征：①是一个系统或网络的组成部分；②具有专用性且没有其他用途；③不可移动；④处置受到限制。

我国《政府会计准则第5号——公共基础设施》指出：公共基础设施是指政府会计主体为满足社会公共需求而控制的，同时具有以下特征的有形资产：①是一个有形资产系统或网络的组成部分；②具有特定用途；③一般不可移动。

公共基础设施主要包括市政基础设施（如城市道路、桥梁、隧道、公交场站、路灯、广场、公园绿地、室外公共健身器材，以及环卫、排水、供水、供电、供气、供热、污水处理、垃圾处理系统等）、交通基础设施（如公路、航道、港口等）、水利基础设施（如大坝、堤防、水闸、泵站、渠道等）和其他公共基础设施。

这些资产的特征表现为：一是先行性和基础性；二是整体不可分性；三是属

于准公共物品性，即它们提供的服务具有相对的非竞争性和非排他性。

（二）公共基础设施的核算演变

我国政府会计很长时期采用收付实现制的预算会计模式。绝大部分公共基础设施未纳入财务报表列报范围。2010 年年末，财政部启动权责发生制综合财务报告试编工作，要求对行政事业单位的固定资产按非公共基础设施、公共基础设施分类调整部门决算。2013 年新修订的《行政单位会计制度》中增加了对行政单位直接负责管理的、为社会提供公共服务的公共基础设施进行资产核算的相关规定。2014 年 12 月国务院批转财政部发布的《权责发生制政府综合财务报告制度改革方案》，要求对政府部门代表政府管理的公共基础设施进行核算和反映，并将其纳入政府综合财务报告列报范围。2015 年 10 月财政部正式发布的《基本准则》将公共基础设施正式全面纳入政府会计核算体系范围。

（三）公共基础设施的确认

公共基础设施的确认应遵循谁负责谁确认的原则，根据公共基础设施提供公共产品或服务的性质或功能特征对其进行分类确认。

公共基础设施确认条件应符合《基本准则》规定的资产确认的一般条件。具体来说，公共基础设施同时满足下列条件的，应当予以确认：①与该公共基础设施有关的服务潜力很可能实现或者经济利益很可能流入政府会计主体；②该公共基础设施的成本或者价值能够可靠地计量。

对于政府会计来说，由于公共基础设施取得方式不同，其具体确认时点也不尽相同。通常情况下，对于自建或外购的公共基础设施，政府会计主体应当在该项公共基础设施验收合格并交付使用时确认；对于无偿调入（划拨）的公共基础设施，政府会计主体应当在取得该项公共基础设施维护管理权限时确认。

政府会计主体在构建公共基础设施时，应当将与公共基础设施相关的土地使用权成本一并确认为公共基础设施。

（四）公共基础设施的计量

1. 公共基础设施的初始计量

公共基础设施在取得时应当按照成本进行初始计量。但由于其形成的方式不同，初始计量的方法也有所不同。

政府会计主体自行建造的公共基础设施，其成本包括该项公共基础设施至交付使用前所发生的全部必要支出，包括规划设计费用、土地使用权成本、施工建造成本、建造管理费用，以及该公共基础设施交付使用前发生的可归属于该项资产的检测鉴定费、试运行费和专业人员服务费等。

政府会计主体接受其他会计主体无偿调入的公共基础设施，其成本按照该项公共基础设施在调出方的账面价值确定。

政府会计主体外购的公共基础设施，其成本包括购买价款、相关税费，以及公共基础设施交付使用前所发生的可归属于该项资产的运输费、装卸费、安装费和专业人员服务费等。

2. 公共基础设施的后续计量——折旧

对于公共基础设施是否需要计提折旧以及如何计提折旧的问题，应根据公共基础设施的具体构成而定。例如，公路的路基和桥梁的桥基类似于土地，难以计提折旧也不应该计提折旧；但公路的路面、桥梁的桥体提供服务是有期限的，应当计提折旧。因此，计提公共基础设施折旧首先要区分公共基础设施的类型，还要考虑其计提基础等因素。

根据公共基础设施使用年限是否有限，可将其分为使用年限有限的公共基础设施和使用年限不确定的公共基础设施。《政府会计准则第 5 号——公共基础设施（征求意见稿）》指出，政府会计主体应当对使用年限有限的公共基础设施计提折旧。

对使用年限有限的公共基础设施计提折旧：一是要确定计提折旧的基础。公共基础设施应计提的折旧额为其成本，计提公共基础设施折旧时不考虑预计净残值。二是要合理估计该使用年限。政府会计主体应当根据公共基础设施的性质和使用情况合理确定公共基础设施的折旧年限。三是要明确政府会计主体一般应当采用年限平均法或者工作量法计提公共基础设施折旧。四是公共基础设施应当按月计提折旧，并根据用途计入当期费用。

（五）公共基础设施的处置

公共基础设施的处置包括无偿调出、报废和毁损。

政府会计主体按规定报经批准无偿调出公共基础设施的，应当将公共基础设施的账面价值予以转销，无偿调出中发生的归属于调出方的相关费用应当计入当期费用。

政府会计主体按规定报经批准报废公共基础设施或公共基础设施遭受重大毁损的，应当将公共基础设施账面价值予以转销，并将报废、毁损过程中取得的残值变价收入扣除相关费用后的差额按规定做应缴款项处理（差额为净收益时）或计入当期费用（差额为净损失时）。

公共基础设施丧失功能且预期不能为政府会计主体带来服务潜力或者经济利益的，应当在报经批准后将该项资产的账面价值予以转销。

（六）公共基础设施的列报

《政府部门财务报告编制操作指南（试行）》在资产负债表非流动资产项目中设置"公共基础设施净值""公共基础设施在建工程"两个项目并分别列示该项目期初数和期末数。

政府会计主体应当在财务报表附注中披露与公共基础设施有关的下列信息：①公共基础设施的分类、计量属性和折旧方法；②使用年限有限的公共基础设施的折旧年限及其确定依据，使用年限不确定的公共基础设施其使用年限不确定的确定依据；③各类公共基础设施账面余额，累计折旧额，账面价值的期初、期末数及其本期变动情况；④公共基础设施在建工程的期初、期末金额及其增减变动情况；⑤各类公共基础设施的实物量；⑥已提足折旧继续使用的公共基础设施的名称、数量等情况；⑦无偿调入和调出的公共基础设施名称、数量等情况；⑧暂估入账的公共基础设施账面价值变动情况；⑨公共基础设施年度维护费用和其他后续支出情况；⑩公共基础设施毁损、报废等处置情况。

六、政府储备资产

（一）政府储备资产的内涵

按照《现代汉语词典》的解释，储备是指（金钱、物资等）储存起来准备必要时使用。一般来说，储备的主体可以是国家、企业或其他经济组织，也可以是个人。储备的对象可以是实物资产，也可以是金融资产；可以是有形资产，也可以是无形资产；可以是固定资产，也可以是流动资产。储存目的是"必要时"使用，"必要时"可能是某主体经济状况出现捉襟见肘的情况时，可能是遇到突发事件或自然灾害时，也可能是遇到外来侵袭时。

政府储备可以按不同的标准进行分类：一是按照储备功能的不同，把政府储备分为战略储备和市场调控储备；二是按照储备的对象不同，把政府储备分为实物资产储备和金融资产储备。实物资产储备，如石油储备、粮食储备和其他重要战略物资储备；金融资产储备，主要包括黄金储备和外汇储备。

在政府会计领域，政府储备资产，是指政府储存管理的各项应急、救灾或战略存储物资。它是为了预防和应对未来可能发生的不利因素而进行的资产储备。《行政单位会计制度（2013）》专门设置了政府储备物资科目，核算行政单位直接储存管理的各项政府应急或救灾储备物资等。可见，应急和战略需要是政府储备资产的主要目的。

1. 应急、救灾物资

应急、救灾物资，可统称为"应急物资"。从广义上概括，凡是在突发公共事件应对过程中所用的物资都可以称为应急物资。按照国务院《国家突发公共事件总体应急预案》的界定，突发公共事件，是指突然发生，造成或者可能造成重大人员伤亡、财产损失、生态环境破坏和严重社会危害，危及公共安全的紧急事件。突发公共事件主要分为自然灾害、事故灾难、公共卫生事件和社会安全事件四类。

预防和应对突发公共事件，始终是人类文明进程的一部分。从某种意义上讲，人类社会的发展史也是一部人类应对和战胜各种突发公共事件的抗争史[①]。应急物资储备是有效应对和战胜突发公共事件的物质基础，也是现代应急管理的关键内容。

根据在突发事件应对活动中作用的不同，应急物资可以分为应急期间需要的处置突发公共事件的专业应急物资、在突发公共事件发生后用于救济的基本生活物资及与人民生产生活息息相关的重要物资三大类。

2. 战略存储物资

战略存储物资，顾名思义，是指政府储备的对国计民生和国防具有重要作用的物质资料。它是为应对可能出现的战争、严重自然灾害、经济失调或国际市场的大波动对国内经济产生冲击等紧急情况和其他意外不测事件，国家有目的、有

---

① 郑朝阳. 我国应急物资储备中的相关财政问题研究［D］. 成都：西南财经大学，2013.

计划积累的直接掌握的战略后备力量。

（二）政府储备资产的确认和计量

不管政府储备资产形式如何、持有目的怎样，作为政府资产，其确认和计量方法应符合《基本准则》的要求。

政府储备资产取得方式不同，其计量方法也不同。政府会计主体购入的政府储备物资，一般采用历史成本计价入账。其成本包括购买价款、相关税费、运输费、装卸费、保险费以及其他使政府储备物资达到目前场所和状态所发生的费用。

政府会计主体接受捐赠的政府储备物资，其成本按照有关凭据注明的金额加上相关税费确定；没有相关凭据可供取得，但按规定经过资产评估的，其成本按照评估价值加上相关税费确定；没有相关凭据可供取得，也未经评估的，其成本比照同类或类似资产的市场价格加上相关税费确定；没有相关凭据且未经评估，同类或类似资产的市场价格也无法可靠取得的，相关税费计入当期费用。

政府会计主体无偿调入的政府储备物资，其成本按照调出方账面价值加上相关税费等确定。

政府会计主体发出政府储备物资时，应当根据实际情况采用先进先出法、加权平均法或者个别计价法确定发出政府储备物资的实际成本。

（三）政府储备资产的列报

在政府资产负债表非流动负债项目中，单独设置"政府储备资产"项目，反映政府会计主体储存管理的各项应急、救灾或战略存储物资的成本。

七、文物文化资产

（一）文物文化资产的内涵

一般来说，文物文化资产是指历史性建筑和纪念碑、考古遗址、保护地区和自然保护区、艺术品等。

关于文物文化资产，国际公共部门会计准则称之为"遗产"，并指出因其具有文化、环境或历史意义而被称为遗产。此类资产，《美国联邦政府财务会计概念与准则公告》称之为"继承资产"，该公告指出继承资产是因以下原因中之一个或多个而具有独一特性的不动产、厂场及设备：①具有历史性的或自然的重要意义；②具有文化、教育或艺术（如美学）上的重要性；③重要的与建筑有关的特色。

我国正式会计标准中未出现过"文物文化资产"的概念。2009 年 8 月财政部关于印发《高等学校会计制度（征求意见稿）》的通知中，曾将文物文化资产定义为："文物文化资产指高等学校用于展览等目的的历史文物、艺术品以及其他具有文化或者历史价值并做长期或者永久保存的典藏等。"

（二）文物文化资产的特征

《国际公共部门会计准则第 17 号——不动产、厂场和设备》指出，与其他资产相比，文物文化资产一般具有以下显著特征：

第一，它们在文化、环境、教育和历史方面的价值不可能在纯粹以市场价格为依据的财务价值中得到完全反映。

第二，法律和/或法定义务可能禁止或严厉限制它们通过销售进行处置。

第三，它们通常具有不可替代性，即使它们的实体状态恶化，其价值却可能日益增长。

第四，它们的使用寿命可能难以估计，有些可能会长达几百年。

（三）文物文化资产的确认和计量

1. 文物文化资产的确认

作为政府资产的有机组成部分，文物文化资产应当按照《基本准则》关于资产确认的一般条件要求加以确认。

2. 文物文化资产的计价

政府会计主体取得文物文化资产的方式可能有多种，如购买、捐赠、遗赠和没收等，其中有些本身是历史遗产文物。目前，国际上对其计价的处理方法是在能够获取公允价值的情况下采用公允价值计量（更多地采用估值法）；否则，使用历史成本计量。

根据我国政府会计标准，文物文化资产的计量方法依据其取得方式而有所不同。

外购文物文化资产的成本应依据购买时的实际支付金额入账，具体应包括实际支付的买价、相关税费，以及在使文物文化资产达到预定可使用状态前发生的可直接归属于该文物文化资产的其他支出（如运输费、安装费、装卸费、评估费等）。

如果以一笔款项购入多项没有单独标价的文物文化资产，应按照各项文物文化资产公允价值的比例对总成本进行分配，分别确定各项文物文化资产的入账价值。

接受捐赠的文物文化资产可以按照三种方式计价入账：评估价格、捐赠方的账面价值和捐赠双方共同确认的价格。评估价格最为公允，为首选计价方式；如果不便取得评估价格，可按捐赠方的账面价值或捐赠双方共同确认的价格计价入账。为取得捐赠的文物文化资产所支付的其他相关费用可与该资产一并入账。

有些文化文物资产存在后续支出，包括直接使文化文物资产保持现有状态的支出、恢复文化文物资产的支出等。这些后续支出是否应当资本化计入文化文物资产的账面价值是需要研究的问题。从文化文物资产的固定资产属性看，其单件性和不可复制性，使得对其维修一般不会提高资产的使用功能，所以大多数维修的后续支出不应当资本化。而对文化文物资产的有些维护或修理可以提高文化文物资产的预期保存时间，如果这种延长文化文物资产保存时间的效用是明显的，则比较符合增加固定资产使用价值的含义，可以将其支出进行资本化并计入文化文物资产账面价值。有的维护或修理改善、恢复了文化文物资产的原有状态，也可以视作增加了固定资产的使用价值，因此应当对相应的支出进行资本化处理[1]。

3. 文化文物资产的列报

文化文物资产基于以下原因需要单独列报：一是政府会计主体可能对部分文化文物资产具有所有权或代管权利；二是随着时间流逝，大部分文化文物资产会发生折旧，也需要投资和维护保养，在财务报表中单独列报，所提供的相关信息对使用者是具有一定相关性的。目前，《政府综合财务报告编制操作指南（试行）》中的资产负债表设置了"其他资产"项目，文化文物资产可在该项目中列报。

八、保障性住房

我国"保障性住房"的提法源于 2008 年《国务院办公厅关于促进房地产市

---

[1]　赵西卜. 对建立政府综合财务报告几个难点问题的思考［J］. 财务与会计，2015（17）.

场健康发展的若干意见》（国办发〔2008〕131号）。该文件首次提到："加大保障性住房建设力度，进一步改善人民群众的居住条件，促进房地产市场健康发展。"

住房是人类最基本的生存需要，在当今社会，获得适当住房的权利也是人类的一项基本人权。为了实现2020年全面建成小康社会的宏伟目标，我国政府从2010年开始加大对保障性住房的建设投入力度，为中低收入住房困难家庭提供一定的保障性住房。

保障性住房，是指政府为中低收入住房困难家庭所提供的限定标准、限定价格或租金的住房，一般由廉租住房、经济适用住房和政策性租赁住房构成。这种类型的住房有别于完全由市场形成价格的商品房。保障性住房的内容如表5-5所示。

表5-5　保障性住房的内容

种类	基本含义	来源
经济适用住房	经济适用住房是指政府提供政策优惠，限定套型面积和销售价格，按照合理标准建设，面向城市低收入、住房困难家庭，供应的具有保障性质的政策性住房	《经济适用住房管理办法》2007年12月1日由建设部、国家发展和改革委员会、监察部、财政部、国土资源部、中国人民银行、国家税务总局等七部门联合发布
公共租赁房	公共租赁住房是指限定建设标准和租金水平，面向符合规定条件的城镇中等偏下收入、住房困难家庭、新就业无房职工和在城镇稳定就业的外来务工人员出租的保障性住房	《公共租赁住房管理办法》（中华人民共和国住房和城乡建设部令第11号）自2012年7月15日起施行
棚改房	棚户区改造房的一层含义是指棚户区内将要被改造拆迁的住房；另一层含义只是指棚户区改造后建设的住房	

保障性住房是商品，但不是一般商品。与一般的商品房相比，保障性住房有以下几个鲜明的特点：①供应对象特定。保障性住房的供应对象是严格限定的，只有符合条件的中低收入和最低收入人群才具有申请资格，一般采用人均住房面积、家庭户收入等标准。②限定户型面积。对于不同的申请对象，严格界定其适

宜申请的户型和面积以实现公平分配。③享有政策支持或优惠。在保障性住房建设中，政府会提供一系列的政策支持，从而降低保障性住房的建设成本和减少被保障对象的住房支出①。

根据《国务院办公厅关于保障性安居工程建设和管理的指导意见》（国办发〔2011〕45 号）文件精神，中央和地方各级人民政府加大对廉租住房建设和棚户区改造的投资支持力度。可见，保障性住房支出属于政府预算支出的范畴，保障性安居工程及其保障性住房应作为政府的资产，同时也构成政府会计列报的内容。

九、自然资源资产②

我国是一个地大物博、资源丰富的国家。生物资源、水资源、海洋资源、物种资源、煤炭资源、矿产资源等为中华民族的繁衍、发展带来了雄厚的物质基础。受诸多因素的影响，很长时期我国丰富的自然资源没有被政府会计所确认、计量与报告，使各级政府、政府部门以及相关的政府单位无法得到与资源相关的会计信息，也无法做出资源投资、开发、管理等方面的正确决策。

（一）自然资源资产的内容和特征

1. 自然资源的内容

自然资源是大家耳熟能详的名词，但目前还未有一个公认的定义。《国民账户体系（2008）》将自然资源划分为土地、矿物和能源储备、非培育性生物资源、水资源、其他自然资源。其中，矿物和能源储备是指位于地球表面以上或以下的具有经济可开采性的矿物和能源储备；非培育性生物资源是指动物、鸟类、鱼类和植物；水资源是指其稀缺性已导致行使所有权或使用权、进行市场估价和采取某些经济控制措施的地下蓄水层和其他地表水。

2. 自然资源资产的特征

自然资源与自然资源资产有联系，但不是同一概念。在政府会计中，不是所有的自然资源都可以称之为自然资源资产。自然资源资产，是指具有稀缺性和明

---

① 宋春兰. 保障性住房建设资金问题研究［J］. 经济研究导刊，2012（35）.

② 此部分内容主要参考：联合国，欧盟委员会，经济合作与发展组织，等. 国民账户体系（2008）［M］. 北京：中国统计出版社，2012：245.

确的所有权归属，并能在今后和未来给产权所有者带来经济收益或其他福利利益的自然资源。与政府会计主体其他资源相比，自然资源具有的特征如表5－6所示。

表5－6　自然资源资产与一般资产的比较

	自然资源资产	一般资产
形成基础	必须依托自然资源	一般不需要依托自然资源
交易资格	受诸多条件限制	本身就已经具备
收益表现	经济收入，非经济收入	经济收入
资产效用	财富增值工具，存在即价值	财富增值工具
权益主体	比较复杂	相对单一
分配原则	效率，讲究公平公正	追求效率与激励作用

资料来源：国务院发展研究中心资源与环境研究所课题组．自然资源资产所有者的权利与义务研究［J］．中国机构改革与管理，2016（5）．

（二）自然资源资产的确认和计量

某一自然资源作为资产并在政府会计中予以确认，需要具备一定的条件。根据《基本准则》中的资产概念、资产确认一般理论，结合自然资源的特点，会计主体确认自然资源资产应具备以下条件。

1. 自然资源具有可确定性

自然资源种类繁多、性质各异。确认自然资源的前提是自然资源在范围、形态、质量、储量和可利用程度等方面是能够确定的，否则确认和计量也就无从谈起。

2. 必须是一种经济资源

政府会计主体通过对自然资源的运用，可以获得未来一定的经济利益。

3. 自然资源具有可控性

"只能那些所有权已经确立并已得到有效实施的自然资源资产才有资格作为经济资产，并计入资产负债表。"① 可控性表现为：政府会计主体直接拥有、可以直接使用和支配、可分享自然资源带来的经济利益且该资源受法律保护。否

---

① 联合国，欧盟委员会，经济合作与发展组织，等．国民账户体系（2008）［M］．北京：中国统计出版社，2012：246.

则，不能确认为自然资源，也不能在资产负债表中列报，如空气、公海等。

4. 自然资源是可计量的

可计量也就是可以采用一定的方式、方法，能够对自然资源的存量、变量和增量进行计量。有时自然资源的增量和变量的变化难以用货币计量，如果可计量性是建立在合理假设的基础上，则其确认和计量结果是可以列报的。

基于自然资源资产的特殊性，采用何种计量属性是需要认真研究的课题。《基本准则》规定，政府会计主体在对资产进行计量时一般应当采用历史成本，同时也允许采用重置成本、现值、公允价值等计量属性。采用其他计量属性应当保证所确定的资产金额能够持续、可靠地计量。

（三）自然资源资产的列报

虽然《基本准则》已将"自然资源"纳入政府会计资产的内容，但相关的政府会计标准未对自然资源资产的列报做出具体规定。财政部制定的《政府综合财务报告编制操作指南（试行）》《政府部门财务报告编制操作指南（试行）》均未指出明确、具体的列报方法。

第六章

政府财务会计要素：负债与净资产

第一节 负 债

负债是指政府会计主体过去的经济业务或者事项形成的，预期会导致经济资源流出政府会计主体的现时义务。

现时义务是指政府会计主体在现行条件下已承担的义务。未来发生的经济业务或者事项形成的义务不属于现时义务，不应当确认为负债。

（《政府会计准则——基本准则》第三十三条）

一、政府负债与公共债务（或政府债务）关系的辨析

不仅家庭、企业会涉及债务，政府也是如此。对经济来说，债务是一把双刃剑，根据经济所处周期不同，债务可以对经济起到不同的作用。在深入研究政府负债核算前，区分政府负债与公共债务（或政府债务）的关系是很有必要的。

政府债务，或称公共债务，包括两部分：一是政府负有无条件的偿还责任；二是政府负有有条件的偿还责任，即政府的或有债务。

从会计学的角度来看，政府负债，指主体过去的事项形成的现时义务，履行该义务预期会导致含有经济利益或服务潜能的资源流出主体。

从上述概念可见，政府负债与公共债务（或政府债务）的关系如图6-1所示。

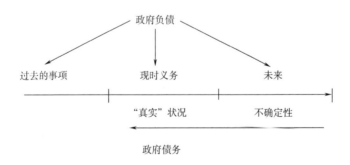

图6-1 政府负债与公共债务（或政府债务）的关系

由图6-1可知，政府负债主要是应用于会计领域的概念，而政府债务是公共财政领域的概念，两个概念适用的领域不同；从会计学的角度来看，其确认、

计量、记录和报告的对象都是客观事实，且是政府过去或现在已经发生的，以此认定的负债都是"事后的"，都是一种"历史债务"或称"客观债务"①。但从公共主体这个角度来观察，政府未来的支出责任才是确认公共债务的唯一依据。也就是说，政府在未来一个时期要清偿多少债务，仅仅凭"现在"是说不清的，只有从"未来"着眼，才可能真正把握。这其中蕴涵着一个思维方式的转换：不是从过去、现在来推断未来状况，而是相反，从未来的不确定性分析来判断现在的"真实"状况②。

二、负债定义的国际比较及负债的特征

资金就像人体中的血液，人要生存没有血液不行，不论是企业还是政府及其相关组织，要生存、改革和发展，没有资金也不行。负债作为一种经济现象不仅存在于营利组织，也一直客观存在于政府单位的财务活动之中。政府及其相关组织发展所需要的资金，主要从两个方面取得：一是政府取得的税收、非税收入等各种收入；二是从国内外举借债务，即负债。

与资产相比，关于负债概念的争议要少得多。不过从历史来考查，负债的定义也经历了与资产概念相似的演进过程，如表 6 – 1 所示。

表 6 – 1　负债概念的演进过程

代表人物或组织	内　　涵	来　　源
坎宁 （J. B. Canning）	负债是其价值可用货币计量的一种服务，及其承负者依据法定（或公平）义务应向第二者（或其他集团）进行支付的责任③	《会计中的经济学》
美国财务会计准则委员会	负债是指特定主体由于过去的交易或事项而承担的在将来向其他主体交付资产或提供劳务的现实义务，履行该义务很可能导致未来经济利益的流出④	《论财务会计概念》第六辑

---

① 刘尚希. 公共债务的分析与计量［J］. 财政与发展，2005（12）.
② 刘尚希. 公共债务的分析与计量［J］. 财政与发展，2005（12）.
③ 坎宁. 会计中的经济学［M］. 上海：立信会计出版社，2014.
④ 基索，韦安特，沃菲尔德. 中级会计学［M］. 北京：中国人民大学出版社，2007：35.

续表

代表人物或组织	内　　涵	来　　源
国际会计准则理事会	负债是指主体由于过去事项而承担的现实义务，该义务的履行预期会导致含有经济利益的资源流出主体	《编报财务报表的框架》

由表 6-1 可见，在企业会计领域，负债表现为一些基本特征：一是由过去的交易或事项产生的现时存在的责任，即过去的交易或其他事项已经产生了对第三者的一种"义务或责任"，这种义务或责任对第三者还没有解除；二是负债对于报告主体来说会产生不利的财务影响，即为了解除责任，负债要求报告主体向另外一个或更多的主体发生新的负债，或者处置现金或其他资产。

从经济学角度看，政府所面临的负债可以从狭义和广义两个方面来进行定义。狭义上的政府负债就是指各级政府机关为了融通财政资金，而以政府的名义发行的政府债券和各种政府举借的债务。广义上的政府负债是指各级政府机关以财政收入为主要还款来源，向国内外或境内外承借或担保的，负有直接或间接偿还责任的债务，也就是政府因法律、合同和道义所确认的支出责任①。

政府会计领域，关于负债具有代表意义的定义如表 6-2 所示。

表 6-2　负债的定义

组织或个人	来　　源	负债内涵
美国的联邦政府会计准则咨询委员会（FASAB）	2006 年发布的联邦政府负债的会计核算（SFFAS5）准则公告	负债，是指政府由于过去发生的交易或事项所导致的很可能在未来产生的资源流出或其他牺牲
国际公共部门会计准则	《国际公共部门会计准则第 1 号——财务报表的列报》	负债，是指主体过去的事项形成的现时义务，履行该义务预期会导致含有经济利益或服务潜能的资源流出主体
国际会计师联合会（IFAC）的公共部门委员会（PSC）	1995 年 8 月发布的研究报告第 6 号《负债的会计与报告》	负债具有两个基本特征：一是存在由于过去事项所导致的现时义务；二是会对报告主体产生不利的财务后果②

---

① 王飞洋. 浅析政府负债问题及其风险控制［J］. 商业经济，2011（3）.
② 刘积斌. 西方政府与非盈利组织会计摘译［M］. 北京：中国财政经济出版社，1997.

由于西方政府会计采用完全或修正的权责发生制，关于政府会计负债的定义与企业会计一致。

政府负债具备负债的一般特征，例如：负债与过去相联系，"负债中所包括的必须是现实存在的义务，即它必须是因过去的经济业务而产生的"[①]；负债是现实义务或责任，"负债蕴含着对一个或几个其他个体承担的现实义务或责任，就是在特定或可确定的日期，可能要转交或动用资产予以清偿"[②]；负债会导致经济利益减少，负债不论是过去形成还是目前确立的，履行该义务预期会导致经济利益流出；负债必须能够用货币量度进行准确的计算和估计，一般而言，债务责任产生于合同，其金额和支付时间均已由合同所规定，在某些特殊情况下，债务责任可能要取决于未来的经营活动，但其金额必须能够合理判断和估计。

无论是营利组织还是政府会计主体，所承担的负债一般均具有以下特征：

第一，负债与过去相联系。"负债中所包括的必须是现实存在的义务，即它必须是因过去的经济业务而产生的。"[③] 任何会计主体履行职责、承担一定债务责任在所难免，但形成负债的交易或事项必须是已经发生的经济活动，会计主体正在筹划的未来业务活动可能产生的经济义务，不能确认负债。

第二，负债是现实义务或责任。"负债蕴含着对一个或几个其他个体承担的现实义务或责任，就是在特定或可确定的日期，可能要转交或动用资产予以清偿。"[④] 其中，《基本准则》指出："现时义务是指政府会计主体在现行条件下已承担的义务。"在决定一项义务是否是现时义务时，首先看是否存在一个与过去相关的事项，其次看主体是否几乎不能或完全没有替代方案避免该义务。但需要说明的是，该现时义务可能是一项法定的约束义务，也可能是非法定的约束义务。

第三，负债会导致经济利益减少。负债不论是过去形成的还是目前确立的，履行该义务预期会导致经济利益流出。负债要在未来某个特定时间通过交付资产或提供劳务来清偿，也可以通过承诺新的负债或将负债转化为净资产来了结一项现有负债。总之，清偿负债必然导致经济利益流出。

---

① 亨德里克森. 会计理论［M］. 上海：立信会计图书用品社，1987：317.
② 美国财务会计准则委员会. 论财务会计概念［M］. 北京：中国财政经济出版社，1992：131.
③ 亨德里克森. 会计理论［M］. 上海：立信会计图书用品社，1987：317.
④ 美国财务会计准则委员会. 论财务会计概念［M］. 北京：中国财政经济出版社，1992：131.

第四，负债必须能够用货币量度和进行准确的计算与估计。一般而言，债务责任产生于合同，其金额和支付时间均已由合同规定。在某些特殊情况下，债务责任可能要取决于未来的经营活动，但其金额必须是能够合理判断和估计的。

由于负债的发生通常与资产或劳务的取得、费用或损失的发生有关，因此，负债的确认、计量和报告，对正确评价会计主体的财务状况和运营成果具有举足轻重的作用。

三、我国政府会计负债定义演变与比较

（一）负债定义的演变

1. 1950 年政府会计标准与负债

1950 年 12 月财政部印发的《各级人民政府暂行总预算会计制度》《各级人民政府暂行单位预算会计制度》被誉为新中国预算会计体系和方法的奠基石①。两个制度第二章均为会计科目，《各级人民政府暂行总预算会计制度》设置了岁入、岁出、资产、负债、资产负债共同类五类会计科目，《各级人民政府暂行单位预算会计制度》设置了收入、支出、资产、负债、资产负债共同类五类会计科目。"负债"一词首次在政府会计标准中出现。但对于何谓负债，这两个制度均未做说明。

2. 1997 年政府会计标准与负债

在我国政府会计标准中，首次对负债定义进行界定的，当属 1997 年《财政总预算会计制度》、《行政单位会计制度》和《事业单位会计准则（试行）》三个会计标准。它们分别对负债的定义、确认、计量和报告等相关内容进行了规范。至此，在我国非企业会计标准中出现了负债概念，如表 6-3 所示。

表 6-3　1997 年预算会计标准中的负债定义一览表

《财政总预算会计制度》	《行政单位会计制度》	《事业单位会计准则（试行）》
负债是一级财政所承担的能以货币计量，需以资产偿付的债务	负债是行政单位承担的能以货币计量，需要以资产偿付的债务	负债是指事业单位所承担的能以货币计量，需要以资产或劳务偿付的债务

---

① 项怀诚. 新中国会计 50 年 [M]. 北京：中国财政经济出版社，1999：234.

3. 2012—2015 年政府会计标准与负债定义

2012—2015 年，财政部陆续修订或新出台了一系列与政府会计相关的会计准则和会计制度，如《事业单位会计准则（2012）》《事业单位会计制度》《行政单位会计制度（2013）》《财政总预算会计制度（2015）》，分别对负债要素进行了规范，如表 6 - 4 所示。

表 6 - 4　2012—2015 年政府会计标准关于负债定义一览表

《事业单位会计准则（2012）》	《行政单位会计制度（2013）》	《财政总预算会计制度（2015）》
负债是指事业单位所承担的能以货币计量，需要以资产或者劳务偿还的债务	负债是指行政单位所承担的能以货币计量，需要以资产等偿还的债务	负债是指政府财政承担的能以货币计量，需以资产偿付的债务

4.《基本准则》与负债定义

《基本准则》第三十条指出："负债是指政府会计主体过去的经济业务或者事项形成的，预期会导致经济资源流出政府会计主体的现时义务。"

《基本准则》中关于负债的定义较之前政府会计标准中负债定义的表述，在以下方面有了改进：首先，走与公共部门会计准则趋同的路径，借鉴了国际公共部门负债定义的合理内核，取得了实质性进展；其次，充分借鉴了我国企业会计准则建设的成果，使非企业会计规范向企业会计规范靠拢，并与全国会计标准基本一致；最后，负债定义更为严谨与科学，它将过去、现在和未来有机地结合起来，即债务责任形成的时间为过去，是现在承担的现时义务，未来需要清偿，负债清偿结果会导致会计主体经济资源流出。

（二）负债定义的比较

1. 与企业会计比较

2006 年公布、2014 年重新修订的《企业会计准则——基本准则》对负债的表述为：负债是指企业过去的交易或者事项形成的、预期会导致经济利益流出企业的现时义务。

从经济学角度看，企业负债与政府负债在性质上区别不大，都是今天消耗了明天的资源，当前消耗了未来的资源，都预示着明天或未来的可用资源短缺，面临着经济发展不可持续性的威胁和危机①。但《基本准则》与企业会计准则的差异主要表现在对负债本质的认识或表述上。企业会计准则强调负债本质是经济利益的流出，而《基本准则》则强调是经济资源的流出，两者的差异性在资产部分已有说明。

2. 负债定义的国际比较

《国际公共部门会计准则第 1 号——财务报表的列报》将负债定义为："主体因过去事项而承担的现时义务，该义务的履行预计将导致含有经济利益或服务潜能的资源流出主体。"《国际公共部门会计准则——公共部门主体通用目的财务报告概念框架》将负债定义为："过去的事项导致主体资源流出的现时义务。"

美国《联邦财务会计准则第 5 号公告——联邦政府负债的会计核算》对负债做了如下定义："负债是由于过去交易或事项所导致的很可能的资源未来流出或其他牺牲。"

澳大利亚会计准则委员会将负债定义为："指因过去事项形成，预期会导致单位经济利益流出的单位的现时义务。"②

可见，我国政府会计负债要素与国际政府会计负债要素内涵是一致的。表现在：一是负债的本质是经济利益流出，但美国更为强调未来流出的时间，同时也指出流出的概率为"很可能"；二是将现时义务作为负债突出特征或基本因素，否则不能称之为负债。

四、负债分类与内容

政府会计主体的负债按照流动性，分为流动负债和非流动负债。

流动负债是指预计在 1 年内（含 1 年）偿还的负债，包括应付及预收款项、应付职工薪酬、应缴款项等。

非流动负债是指流动负债以外的负债，包括长期应付款、应付政府债券和政府依法担保形成的债务等。

（《政府会计准则——基本准则》第三十四条）

---

① 孙哲. 个人负债与政府负债的比较分析［J］. 经济与管理，2008（11）.

② 刘力云. 澳大利亚联邦预算管理、政府会计和决算（财务报表）审计［M］. 北京：中国时代经济出版社，2015：110.

（一）负债的分类

会计是"进行分类以便浓缩信息"[1]。像资产一样，对负债也必须进行有意义的分类。尽管分类并不能改变资产和负债的性质，但如果每个企业在财务报表的形式和内容方面都各行其是，报表使用者就可能感到为难和不便[2]。政府会计更是如此。在会计实践中，人们已经形成了关于负债的分类和揭示的方法，其目的表现在两个方面：一是旨在提供更为有用的信息；二是有助于财务报表的使用者理解财务报表。可见，"对资产和负债应如何汇总和分类，是会计理论的重要组成部分之一"[3]。

上官敬芝（2003）将负债按照不同标志进行了分类，例如：负债按其偿还的手段，可以分为"以现金资产清偿的负债"和"以非现金资产清偿的负债"；负债按是否人为筹集，可以分为自然负债和人为负债，前者是已经计提但尚未以货币支付的各项目，后者则是指通过签订契约或合同将债权人和债务人的权利和责任规定下来的负债；负债按账龄与偿还期的关系，可以分为良性负债、临界负债和恶性负债；负债按预期导致经济利益流出企业的概率，可以分为现有负债、或有负债和预计负债[4]。

但随着经济（金融）活动的资本化和全球化，会计学先是受到了经济学的普遍影响，后来又广泛渗入了金融学的理论和知识。经济越发展，会计越复杂，负债的分类也更复杂。原有资产负债表的负债分类原则不能反映负债项目的计量基础和核算规律，因此，需要引入第二种分类方法。这里，基于计量属性提出"负债的三分类法"，也就是将负债分为交易性金融负债、其他金融负债和非金融负债三个类别，在计量属性上依次对应于市值计量、摊余成本和实际成本，在资金运动上依次对应于企业的投（融）资活动、融资性活动以及经营性活动，如图 6 - 2 所示[5]。

政府负债通常有多种分类方法，"固有的分类政府负债最好的方法是不存在的。关键是按照使用者做出决策最为有用的方式来列示负债的信息"[6]。也就是

---

① 利特尔顿. 会计理论结构 [M]. 北京：中国商业出版社，1989：43.

② 钱逢胜. 论流动资产和流动负债分类的不足 [J]. 上海会计，1996（9）.

③ 钱逢胜. 论流动资产和流动负债分类的不足 [J]. 上海会计，1996（9）.

④ 上官敬芝. 探析负债分类的作用 [J]. 财会研究，2003（2）.

⑤ 何洲娥，曾雪云. 负债计量概念内涵与应用分类 [J]. 财会通讯，2011（28）.

⑥ 刘积斌. 西方政府与非盈利组织会计摘译 [M]. 北京：中国财政经济出版社，1997：271.

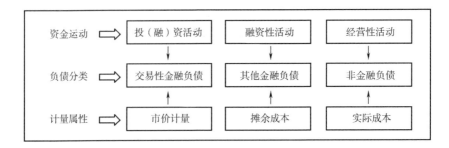

图6-2 基于计量属性的负债三分类法

说，如何分类均根据各国政府信息使用者的使用要求而定。

世界银行和国际货币基金组织研究财政风险问题的专家，汉娜·波拉克娃·布雷克斯（Hana Polackova Brixi）运用财政风险矩阵债务的分类方法将政府负债分为四种类型，即直接显性负债、直接隐性负债、或有显性负债、或有隐性负债①，如表6-5所示。

表6-5 直接显性负债、直接隐性负债、或有显性负债、或有隐性负债

负　　债	直接的（任何情况下都会产生的责任）	或有的（基于某一特定事件的发生而产生的责任）
显性的 （由特定法律或合同确认的政府负债）	·对内和对外的主权借款（签订合同的政府借款和政府发行的债券） ·预算法规定的支出 ·具有法律约束力的长期预算支出（公务员工资，公务员养老金）	·政府为非主权借款、地方政府以及公共部门和私人部门实体（开发银行）债务提供的担保 ·政府为抵押贷款、学生和小企业提供的贷款担保 ·政府为贸易、汇率、外国政府借款和私人投资提供的担保 ·国家保险计划（对存款、私人养老基金最低收益、农作物、洪水和战争风险提供的保险）

---

① 布雷克斯，马俊. 财政风险管理：新理念与国际经验［M］. 北京：中国财政经济出版社，2003：47.

负　债	直接的（任何情况下都会产生的责任）	或有的（基于某一特定事件的发生而产生的责任）
隐性的 政府"道义"上的责任，主要反映公众预期以及利益集团的压力	·公共投资项目的未来经常性费用 ·法律没有规定的未来公共养老金 ·没有法定责任的社会保障计划 ·没有法定责任的医疗保险	·地方政府、公共或私人实体对未担保的负债以及其他负债违约 ·银行破产（超出国家保险范围） ·未担保的养老基金、失业保险基金和其他社会保障基金（针对小投资者的社会保护）的投资失败 ·中央银行未能履行其责任（外汇合约、本国货币保护和国际收支稳定） ·抵抗私人资本外逃的紧急财政救助 ·环境的破坏、自然灾害、军事行动等

　　我国学者对政府负债的分类标准大多直接采用表6－5所列的方法。但我国官方未采用上述分类标准，而是依据《国务院办公厅关于做好地方政府性债务审计工作的通知》（国办发明电〔2011〕6号）的规定，将政府负债分为政府负有偿还责任的负债、政府负有担保责任的债务和其他相关债务三类。可见，已有的对政府负债分类标准的研究大多基于政府财政风险评估或政府债务风险控制角度展开，几乎没有从政府负债信息披露角度探讨政府负债的分类标准。

　　构建适合政府负债信息披露的政府负债分类标准是十分必要的。《国际公共部门会计准则第1号——财务报表的列报》指出，"在财务状况表表内将流动和非流动资产、流动和非流动负债作为单独的类别列报"。

　　《基本准则》第三十四条指出，政府会计主体的负债按照流动性，分为流动负债和非流动负债。流动负债是指预计在1年内（含1年）偿还的负债，包括应付及预收款项、应付职工薪酬、应缴款项等。非流动负债是指流动负债以外的负债，包括长期应付款、应付政府债券和政府依法担保形成的债务等。

　　纵观政府会计负债分类的发展趋势，流动负债和非流动负债是主要的分类方法或标准。"确定流动资产和流动负债的目的，是便于近似计量主体的流动性，即主体开展日常活动不会遇到财务困难的能力。"① 进一步分析可有如下认识，即负债划分结果产生了流动资产和流动负债的概念，两者之间的相对比例，可以反映政府会计主体的短期偿债能力；从绝对量看，对可用于支付的流动资产与相应近期需清偿的流动负债进行比例分析，可以为短期债权人提供有价值的信息。

（二）负债的内容

《国民账户体系（2008）》将政府负债分为：应付的税金、红利、工资薪酬、社会缴费等。《国际公共部门会计准则第1号——财务报表的列报》财务状况表部分指出，财务状况表内应列报的信息（负债部分）包括：应付税款和应付转移款；交换交易的应付账款；准备；金融负债（不包括上述负债）。国际货币基金组织《政府财政统计手册（2001）》将政府负债分为：货币和存款、非货币证券、贷款、股票和其他权益（仅包括公共公司）、保险技术准备金（政府财政统计）、金融衍生工具、其他应付账款。美国政府会计委员会认为"政府会计系统应当以基金为基础来组织和运营"②。所谓"基金会计"模式，即政府会计采用其负债分为政府基金类负债、权益基金负债和信托基金负债的方式。

在我国，中央政府由于筹集资金形成的债务主要包括三个方面：①接受外国政府或国际金融组织的贷款所形成的债务；②政府发行债券形成的债务，政府在国外或国内发行债券，在债券兑付之前形成政府对债券持有人的债务；③向国家银行借款形成的债务③。

《基本准则》将政府负债归纳为以下内容：

（1）应付及预收款项。这是指政府承担的各种应付及预收款项，包括应缴税费、应付票据、应付账款、应付利息、预收账款、其他应付款等。

（2）应付职工薪酬。这是指政府按照有关规定应付给职工的各种薪酬，包括应付的基本工资、绩效工资、国家统一规定的津贴补贴、社会保险费、住房公积金等。

（3）应缴款项。这是指政府会计主体取得的应缴未缴的各种款项，包括应

---

① 刘积斌. 西方政府与非盈利组织会计摘译［M］. 北京：中国财政经济出版社，1997：270.

② 美国政府会计委员会. 美国州和地方政府会计与财务报告准则汇编［M］. 北京：人民出版社，2004：10.

③ 王彦. 改进政府债权债务核算的意见［J］. 预算管理与会计，2005（8）.

当上缴国库或者财政专户的款项、应缴税费以及其他按照国家规定应当上缴的款项。

（4）长期应付款。这是指政府承担的偿还期限超过 1 年的应付款项，如跨年度分期付款购入固定资产的未付价款等。长期应付款除具有长期负债的一般特点外，还具有分期付款性质。

（5）应付政府债券。这是指政府承担的偿还期限超过 1 年的长期政府债券的本金余额及到期一次还本付息的长期政府债券的应付利息。

（6）政府依法担保形成的债务等。

五、负债确认与计量的基本理论

（一）政府为什么要确认负债：一个理论解释

为了满足人们对负债信息的需求，会计研究仅仅停留在给予负债概念还是不够的，必须说明政府确认负债的原因或依据。这是因为，提供相关的负债信息，无论对于明确政府会计主体的受托责任，还是制定各类经济决策来说都是很重要的。一个简单的事实是，如果负债不予以确认，政府会计主体在做决策时就不能把它考虑进去，该主体也就不能对负债行使相应的管理权。

众所周知，无论是营利组织还是政府会计主体，它们所持有的任何一项负债都有一个共同点——用现金等资源偿还，并且在具有法律强制力的合同中明确规定了偿还的金额和时间。这就意味着政府会计主体在解除未来债务责任前，不仅需要提供相关服务并发生成本，当它们到期时，政府还必须予以偿还。因此，与政府债务相关的信息，如债务总量、结构、渠道以及与此相关的偿债能力是会计信息使用者关注的主要内容。

对负债确认标准、计量方法做出明确规定或解释是十分必要的，这将有助于辨别负债以及在资产负债表中列示。

（二）负债的确认标准

关于负债的确认标准或规则，陈今池教授在《现代会计理论概论》一书中总结了四个方面：一是依据法律概念；二是依据稳健性原则；三是依据一项经济业务的经济实质；四是依据负债金额的可计量性①。

首先，一项个体负债可分为法定债务、公平债务或推定债务。法定债务是指通过正式签订合同所产生的债务，因而需要依据法律强制执行；公平债务或推定债务则仅是债权人和债务人双方所同意的债务，并不需要依据法律强制执行。由于依据法定性来确认负债，使得负债的确认结果更具客观性和可靠性，因而依据法律概念是会计确认负债的一项重要标准。

其次，传统的会计理论研究负债，一般是围绕着负债与费用、收入配比之间的相互关系来展开的。稳健性原则是对营运过程中所面临的固有风险或不确定性因素所做出的审慎反应，也就是在会计核算中应当对企业可能发生的损失和费用做出合理预计②。依据稳健性原则确认费用的同时，也就意味着确认了负债。

再次，实质重于形式是提供负债信息应遵循的信息质量要求。

最后，依据负债金额的可计量性，如果不能确定负债的金额，则不应确认负债。

虽然政府与企业性质不同，但负债作为一种经济责任或义务在政府与企业中是相同的。为此，《基本准则》第三十五条指出："符合本准则第三十三条规定的负债定义的义务，在同时满足以下条件时，确认为负债：（一）履行该义务很可能导致含有服务潜力或者经济利益的经济资源流出政府会计主体；（二）该义务的金额能够可靠地计量。"具体分析如下。

1. 与该义务相关的经济资源很可能流出政府会计主体

从负债的定义来看，负债预期会导致经济利益流出政府会计主体，但是履行义务所需流出的经济资源带有不确定性。因此，负债的确认应当与经济资源流出的不确定性程度的判断结合起来。如果有确凿证据表明，与现时义务有关的经济资源很可能流出政府会计主体，就应当将其作为负债予以确认；反之，如果政府会计主体承担了现时义务，但是若导致经济资源流出政府会计主体的可能性已不复存在，就不符合负债的确认条件，不应将其作为负债予以确认。

2. 未来流出的经济资源的金额能够可靠地计量

财务会计系统是一个确认、计量和报告的系统，其中，可计量性是所有会计要素确认的重要前提，负债的确认也是如此。只有当有关经济资源的成本或者价

① 陈今池. 现代会计理论概论［M］. 上海：立信会计出版社，1998：185.
② 财政部. 企业会计制度讲座［M］. 长沙：湖南科学技术出版社，1993：23.

值能够可靠地计量时，负债才可予以确认。政府会计主体履行的义务是法定或者非法定的，可能由交换性交易或非交换性交易产生。法定义务是可以通过法律强制执行的义务。可强制执行的义务金额可能由多种法律合约确定。交换性交易通常本质上是合约，因此其金额可以通过合同法或同等法律文件规定的金额予以确定。

需要说明的是，政府会计主体采用的会计基础不同，确认负债的性质和类型也有所不同。例如，纯粹的收付实现制不仅不考虑会计主体正常运行中产生的负债，也不考虑欠款和其他长期负债。而在修正的收付实现制下，在年末与本年取得公共产品或服务相关但在以后设定的期间内支付的款项，或者确认为应付款项，或者直接作为本年支出。但在修正的权责发生制或纯粹的权责发生制下，即使不是全部至少也对大多数负债予以确认。

（三）负债计价问题

负债的计量属性主要包括历史成本、现值和公允价值。

在历史成本计量下，负债按照因承担现时义务而实际收到的款项或者资产的金额，或者承担现时义务的合同金额，或者按照为偿还负债预期需要支付的现金计量。

在现值计量下，负债按照预计期限内需要偿还的未来净现金流出量的折现金额计量。

在公允价值计量下，负债按照市场参与者在计量日发生的有序交易中，转移负债所需支付的价格计量。

（《政府会计准则——基本准则》第三十六条）

政府会计主体在对负债进行计量时，一般应当采用历史成本。

采用现值、公允价值计量的，应当保证所确定的负债金额能够持续、可靠计量。

（《政府会计准则——基本准则》第三十七条）

符合负债定义和负债确认条件的项目，应当列入资产负债表。

（《政府会计准则——基本准则》第三十八条）

鉴于负债在多数情况下有明确的金额，并且一般具有法律效力凭证或证明，因此，如应付票据、应付账款、预收账款、银行借款、应交税费等，均为法定负债。这些法定负债都在法律上有明确支付义务，根据合同、契约或法律的规定具有确定的金额、债权人和偿还日期，对其资产负债表上金额不容介入主观判断。可以讲，各负债项目通常没有计价的必要性。

除法定负债外，公平债务或推定债务不是法律明确规定的负债。尽管会计主体将其列入资产负债表负债类项目，但法律上对此并无强制要求。而且，此类负债金额一般是由政府会计主体酌情自行确定的，它们不是政府会计主体固有的法定债务。只有这类负债才有"负债计价"问题。

《基本准则》指出，负债的计量属性主要包括历史成本、现值和公允价值。在历史成本计量下，负债按照因承担现时义务而实际收到的款项或者资产的金额，或者承担现时义务的合同金额，或者按照为偿还负债预期需要支付的现金计量；在现值计量下，负债按照预计期限内需要偿还的未来净现金流出量的折现金额计量；在公允价值计量下，负债按照市场参与者在计量日发生的有序交易中，转移负债所需支付的价格计量。

国际公共部门会计准则理事会（IPSASB）编制的《国际公共部门会计准则——国际公共部门主体通用目的财务报告概念框架》指出，计量属性可使用入账价值或者出账价值。入账价值指接收义务的交易或主体承担义务时的金额，可见，历史成本是入账价值。出账价值反映履行义务所需的金额或使该主体免除义务所需的金额，现值和公允价值为出账价值。采用现值、公允价值计量的，应当保证所确定的负债金额能够持续、可靠地计量。符合负债定义和负债确认条件的项目，应当列入资产负债表。

《国际公共部门会计准则——国际公共部门主体通用目的财务报告概念框架》指出，无论采用何种负债计量属性，其目的均是促使主体履行受托责任并有利于使用者做出决策，如实反映主体服务成本、运行能力和财务能力。

六、流动负债

（一）流动负债概述

《国际公共部门会计文告手册（2010）》指出，当某项负债符合以下标准之一时，应划分为流动负债：①预期能在主体正常经营周期内清偿；②主要为交易目的而持有；③在报告日后 12 个月内到期清偿；④主体不能无条件将负债的清偿延期到报告日后至少 12 个月。

《事业单位会计准则（2012）》第二十五条指出：流动负债是指预计在 1 年内偿还的负债。

《基本准则》指出：流动负债是指预计在 1 年内（含 1 年）偿还的负债，包括应付及预收款项、应付职工薪酬、应缴款项等。

由上述定义可见，流动负债除具备负债的一般特征外，还具有以下特点：①偿还期限短，流动负债是在债权人提出要求时，债务人即期偿付，或在 1 年内或在一个营业周期内履行偿债的义务；②履行偿债义务时，需要用单位的流动资产或举借新的流动负债进行清偿。

值得注意的是，有些流动负债如政府单位的应付账款、应付职工薪酬等，属于单位正常营业周期中使用的营运资金的一部分。尽管这些经营性项目有时在资产负债表日后超过 1 年才到期清偿，但是它们仍应划分为流动负债。

（二）应付短期政府债券

应付短期政府债券，是指政府尚未偿还的发行期限不超过 1 年（含 1 年）的政府债券本金。

作为一种债务与债权关系，国债，就是以国家财政（中央财政）为债务人，以国家财政（中央财政）承担还本付息为前提条件，通过借款或发行有价证券等方式向社会筹集资金的信用行为①。国债的发行是有其历史渊源的。第二次世界大战以后，世界上几乎所有的国家都利用国债为政府筹集资金或调控国民经济。尽管在各国由于各种原因出现过中止发行国债的情况，但是从其发展的历史来看，国债的发行始终是持续的和趋于增加的。

目前，我国的政府债券按照发行主体划分，一是中央政府债券，包括国内发行的国债和在国际上发行的主权债券。发行国债收入列入中央预算，由中央政府安排支出和使用，还本付息也由中央政府承担。二是由省、市地方政府发行的债券，又称"地方债券"。它分为由地方政府直接发行和债转贷两种方式。其中，债转贷是指中央政府增发一定数量的国债，通过财政部将

---

① 陈景耀. 政府债务对国民经济的作用与影响［J］. 经济科学，1999（1）.

国债资金转贷给省级政府用于地方的经济和社会发展建设项目。省级人民政府根据建设项目的特点，决定和落实还款资金的来源，在本省范围内统借、统筹、统还。省级财政部门作为省级政府的债权、债务人的代表，负责对财政部的还本付息工作。

《中华人民共和国预算法（2014年修正）》第三十五条规定，地方各级预算按照量入为出、收支平衡的原则编制，除本法另有规定外，不列赤字。经国务院批准的省、自治区、直辖市的预算中必需的建设投资的部分资金，可以在国务院确定的限额内，通过发行地方政府债券举借债务的方式筹措。

对于一个政府会计主体而言，发行短期债券是十分必要的：一是有利于解决政府资金匮乏这一瓶颈问题；二是可以完善金融市场的需要。长期金融市场（又称"资本市场"）和短期金融市场（也叫"货币市场"）构成了政府完整市场，且短期国债是短期金融市场的主要载体。此外，这还是完善宏观调控机制和平衡国家财政收支的需要。

政府会计主体发行债券筹集资金，按照到期应付的短期政府债券本金金额计价入账，确认应付短期政府债券。期末，政府会计主体确认短期政府债券的应付利息，确认应付短期政府债券。

（三）短期借款

短期借款，是指政府部门借入的期限在1年内（含1年）的各种借款。它是用于弥补政府会计主体因临时性运营周转或季节性等原因出现的资金不足，而向银行等金融机构借入的短期资金。政府会计主体借入的短期借款，无论用于哪个方面，只要借入这项资金，就构成一项负债。期末尚未归还的短期借款的本金，应反映在"资产负债表"的流动负债有关项目内。归还短期借款时，除了归还借入的本金外，还要按照货币的时间价值支付利息。

政府会计主体借入各种短期借款时，按照实际借入的金额计价入账，按照借款金额和借款利率计算应付利息。在实际工作中，如果短期借款利息是按期支付的，如按季度支付利息，或者利息是在借款到期时连同本金一起归还，并且其数额较大，政府会计主体应采用月末预提方式进行短期借款利息的核算。短期借款利息属于筹资费用，应当于发生时直接计入当期一般公共预算本级支出（财政总预算会计）或其他费用（政府单位会计），并确认短期负债增加；短期借款到期偿还本金时，在减少现金或银行存款的同时，减少短期借款。

（四）应付及预收款项

应付及预收款项，是指政府会计主体承担的各种应付及预收款项。这些业务活动构成政府会计主体应向其他单位或个人偿付款项的债务责任。这类债务责任，有些与政府会计主体的运营活动直接相关，如应付票据、应付账款等；有的则与其业务活动没有直接联系，如其他应付款等。

1. 应缴财政款

应缴财政款，是指政府会计主体依法取得的应当上缴财政的资金，包括罚没收入、行政事业性收费、政府性基金、国有资产处置和出租出借收入等。其来源有：一是依法取得的款项；二是其资金所有权不属于本单位，必须按规定上缴的款项。取得这些收入，未上缴前，构成政府会计主体与国家的债务关系。

政府单位取得按照规定应当上缴财政的款项时，确认应缴财政款的增加；上缴应缴财政的款项时，按照实际上缴的金额减少应缴财政款。

2. 应缴税费

应缴税费是指政府会计主体按照国家税法等有关规定应当缴纳的各种税费，包括增值税、城市维护建设税、教育费附加、房产税、车船税、城镇土地使用税、代缴的个人所得税等。政府单位实际发生税负时间与其缴纳税款时间不完全一致，因此，上述税金在未缴纳前，构成政府会计主体的一项流动负债。

鉴于增值税与其他相关税费的差异性，在应缴税费具体确认、计量、记录和报告方面存在不同的方法。

3. 应付票据

应付票据是指政府会计主体因购买材料、物资等开出、承兑的商业汇票。当政府会计主体采用商业承兑汇票结算货款并开出承兑商业汇票后即构成一项债务，所签发的汇票为应付票据。与一般应付款项相比，应付票据对政府会计主体具有更强的按时偿还债务的法律约束力。

商业汇票按其承兑人的不同，分为商业承兑汇票和银行承兑汇票。前者是由银行以外的付款人承兑的票据；后者则是由在承兑银行开立存款账户的存款人签发的，由银行承兑的票据。由银行承兑票据的目的是为收款方按期收回债权提供可靠的信用保证，对付款人或承兑申请人来说，不会由于银行承兑而使这项负债消失。因此，即使是由银行承兑的汇票，付款人（或承兑申请人）的现存义务依然存在，也应将银行承兑的汇票作为应付票据。

应付票据应按照实际发生额入账。政府会计主体开出、承兑商业汇票时，按照票面金额计入应付票据；以承兑商业汇票抵付应付账款时，按照应付金额计入应付票据；签发的商业汇票到期时，在收到银行支付到期票据的付款通知时，按票据面值减少应付票据。

4. 应付利息

政府会计主体有偿筹集一定的债务资金，在提供财政资金来源、弥补财政赤字、调节经济运行等方面发挥着重要作用的同时，也形成了政府应付利息债务责任。

应付利息是政府会计主体流动负债的一项重要内容，它与政府会计主体的应缴财政款、应缴税费等负债项目一样，需要作为一项重要的会计事项单独列示于财务报表。

确认应付利息，能够使财务报表的使用者了解政府会计主体的短期负债状况，也反映了政府会计主体的资信状况。债权人通过了解政府会计主体的应付未付利息，即政府会计主体对银行的资信状况，可以更全面地分析评价政府会计主体的偿债能力，概括来讲，就是使财务报表使用者能够直观判断政府会计主体应付未付利息情况。

5. 应付账款

应付账款是指政府会计主体因购买物资或服务、工程建设等应付的偿还期限在 1 年内（含 1 年）的款项。它是基于买卖双方在购销活动中，因取得物资或劳务与支付货款在时间上背离而产生的债务责任。由于应付账款一般在较短期限内支付，因此将应付账款列入资产负债表流动负债项目。应付账款与应付票据不同，虽然两者都是基于交易而引起的流动负债，但应付账款是尚未结清的债务，而应付票据是一种期票，是延期付款的证明。

基于重要性原则之考虑，应付账款的入账价值一般按照业务发生时的金额即未来应付的金额确定，不再单独计算延期付款期间的利息（利息已经隐含在业务发生时的金额之内）。

政府会计主体必须加强对应付账款的管理，对于应付其他单位的款项应及时筹措资金，按时偿还，以避免长期占用其他单位的资金，影响其他单位资金的正常周转。对于确实无法支付的应付款项，应按有关会计处理方法进行处理。

6. 预收账款

预收账款，是指政府会计主体按合同规定预收的款项。有时，政府会计主体根据合同预收客户部分货款，并承诺于收款后的一定日期向客户交付材料、物资或提供劳务。政府会计主体预收款项时即构成其流动负债，因为政府会计主体要根据合同、承诺于收款后一定日期发送材料、物资或提供劳务。如若无法履行合同，必须如数退还预收的款项。与应付账款不同，预收账款负债不是以货币清偿的，而是以货物偿付的。

政府会计主体取得预收款项时，按照实际预收的金额计入预收账款；确认有关收入时，转销预收账款。

7. 其他应付款

其他应付款，是指政府会计主体除应缴税费、应缴国库款、应缴财政专户款、应付职工薪酬、应付票据、应付账款、预收账款之外的其他各项偿还期限在1年内（含1年）的应付及暂收款项，如存入保证金等。

其他应付款具有以下特点：一是其他应付款是政府会计主体经常性服务活动之外所发生的应付款项，政府会计主体因经常性服务活动所发生的应付款项，分别作为应付账款、应付票据核算；二是其他应付款只反映政府会计主体因非事业活动而应付给其他单位或个人的零星款项。而政府会计主体经常发生的应上缴款项，分别作为应缴税费、应缴国库款和应缴财政专户款核算。

政府会计主体发生其他应付款应按实际发生额计价入账。

（五）应付职工薪酬

在政府领域，职工薪酬是政府会计主体为获得职工提供的服务而给予职工的各种形式的报酬以及其他相关支出。

应付职工薪酬是指政府会计主体按有关规定应付给职工及为职工支付的各种薪酬，包括基本工资、绩效工资、国家统一规定的津贴补贴、社会保险费、住房公积金等。其中：社会保险费，是指用人单位及其职工和个人参加社会保险并缴纳的社会保险费，包括基本养老保险费、基本医疗保险费、工伤保险费、失业保险费和生育保险费；住房公积金，是指国家机关、国有企业、城镇集体企业、外商投资企业、城镇私营企业及其他城镇企业、事业单位、民办非企业单位、社会团体及其在职职工缴存的长期住房储金。

政府单位应在职工为其提供服务的会计期间，根据职工提供服务的受益对象，将职工薪酬分别计入相关资产成本或当期损益，并确认应付职工薪酬。

（六）应付政府补贴款

应付政府补贴款是指政府部门按照有关规定应付的各种政府补贴款，如财政贴息、研究开发补贴、政策性补贴等。

（七）其他

其他，如1年内到期的非流动负债，是指政府部门承担的1年内（含1年）到期的非流动负债。

七、非流动负债

（一）非流动负债概述

1. 非流动负债的概念

非流动负债曾经有"长期负债"（long – term liability）或"固定负债"（fixed liability）的提法。它是与流动负债相对立的概念。《基本准则》指出："非流动负债是指流动负债以外的负债，包括长期应付款、应付政府债券和政府依法担保形成的债务。"

政府会计领域，截至《事业单位会计准则（2012）》出台前，我国预算会计制度、事业单位会计准则或制度中，均未曾使用过"非流动负债"一词，这是政府会计标准引入的一个全新概念。

2. 非流动负债内容的演变

1997年《事业单位会计准则（试行）》未对负债进行流动性和非流动性划分，仅规定了事业单位负债包括借入款项、应付账款、预收账款、其他应付款、各种应缴款项等。《事业单位会计准则（2012）》指出，事业单位的非流动负债包括长期借款、长期应付款等。《行政单位会计制度（2013）》指出，行政单位的非流动负债包括长期应付款。《财政总预算会计制度（2014）》指出，非流动负债包括应付长期政府债券、借入款项、应付地方政府债券转贷款、应付主权外债转贷款和其他负债等。《基本准则》将非流动负债分为长期应付款、应付政府债券和政府依法担保形成的债务等。

3. 非流动负债的内容

根据《基本准则》，结合《政府综合财务报告编制操作指南（试行）》《政府部门财务报告编制操作指南（试行）》列报要求，可将政府非流动负债内容归纳如下。

（1）长期借款。它是指政府会计主体借入的期限在 1 年以上（不含 1 年，下同）的各种借款，包括国内长期借款和境外长期借款。

（2）长期应付款。它是指政府会计主体发生的偿还期限在 1 年以上（不含 1 年）的应付款项，如以融资租赁租入固定资产的租赁费、跨年度分期付款购入固定资产的价款等。

（3）应付长期政府债券。它是指政府财政部门以政府名义发行的期限超过 1 年的国债和地方政府债券的应付本金和利息。

（4）应付转贷款。一般意义的转贷款，是指某一机构或组织既作为债务人，对外签订贷款协议，取得债务（借入）资金，又作为债权人，将此资金转贷给另一机构或组织的借入并贷出资金的活动。

应付转贷款是指地方政府财政从上级政府财政借入的转贷款的本金和利息。

（5）其他负债。

4. 非流动负债的特点

（1）与流动负债相比。非流动负债除具有负债的共同特点外，与流动负债相比还具有以下特点：

第一，举借非流动债务的目的是购置大型设备、增建和扩建事业用房等，因此，非流动负债的偿还期限较长，一般超过 1 年或者超过 1 个营业周期以上，并且非流动负债的金额一般都比较大，其利息费用成为政府会计主体长期的固定性支出，加大了单位的财务风险。而流动负债的举借目的是满足日常运营活动周转的需要，其时间短于 1 年或者超过 1 年但在其营业周期内，流动负债数额一般不大，财务风险尚不凸显。

第二，因非流动负债的期限长、金额大，所以在会计处理上必须考虑利息因素。相比之下，流动负债的利息在会计处理上比较简单，有的甚至忽略不计。

第三，非流动负债在取得、付息、归还等方面都要做比较周密的安排；而流动负债的管理则相对较简单，在负债发生时，一般无须对如何归还债务早做安排。

与流动负债相比，举借非流动负债的目的主要是购置长期资产，举债的数额大、利息支出多；偿还期限一般超过 1 年或者超过 1 个营业周期；偿还方式多样。非流动负债可以分期偿还，或者分期偿还利息，定期偿还本金，或者确定债务期满时一次偿还本息。

第四，利息的会计处理有别于流动负债。

（2）与营利组织相比。基于政府组织运营活动的特点，与营利组织相比，其非流动负债特点表现在以下方面：

第一，营利组织举借非流动债务的目的是购置大型设备、增建和扩建事业用房等，促进营利组织创造价值，增加财富。而政府会计主体非流动负债的结果，有些是形成非流动资产，但更多表现为履行一定公共义务。

第二，营利组织非流动负债的内容也有别于政府会计。营利组织非流动负债包括长期借款、应付债券、长期应付款、专项应付款、预计负债、递延收益、递延所得税负债、其他非流动负债。

第三，缘于理论上对借款费用的认识有所不同，所以关键在于借款费用的发生是满足企业投资活动的需要还是满足企业筹资活动的需要，将其与购建资产成本相联系是否合理。非流动负债借款资本化利息核算方法复杂。

5. 非流动负债确认和计量

非流动负债的计价受多种因素的影响，主要有负债到期日应支付的本金、各计息期应支付的利息等。有时，还涉及非流动负债的计价范围和利息支付方式等。根据《基本准则》的规定，非流动负债应当按照其实际发生额入账。非流动负债形成的方式不同，其计价内容也不相同。

（二）长期应付款

长期应付款有广义和狭义之分。广义来讲，它是偿还期限超过 1 年的非流动负债；狭义来讲，它是指政府全部非流动负债除应付长期政府债券、政府依法担保债务以外的负债。《基本准则》中的长期应付款是指狭义的长期应付款，包括长期借款、融资租赁租入固定资产的租赁费、跨年度分期付款购入固定资产的价款等。

1. 长期借款

众所周知，政府会计主体维持正常运转以及扩充公共服务能力都需要大量资金给予支持。除政府预算资金外，借款也成为政府会计主体长期资金的重要来源。

《企业会计准则——应用指南》指出，在营利组织会计中，长期借款是指企业向银行或其他金融机构借入的期限在 1 年以上（不含 1 年）的各项借款。可见，银行或其他金融机构是营利组织长期借款的主要来源。但在政府会计领域，其长期借款的内涵更为宽泛：一是指政府单位（如事业单位）借入的期限超过 1 年（不含 1 年）的各种借款；二是指政府财政部门以政府名义向外国政府和国际金融组织等借入的款项，以及经国务院批准的其他方式借入的款项。《财政总预算会计制度》将此类长期借款称为借入款项。

借入款项包括两方面的内容：一是向外国政府和国际金融组织等借入的款项，即外债。《外债管理暂行办法》（国家发展计划委员会、财政部、国家外汇管理局令第 28 号）规定："按照债务类型划分，外债分为外国政府贷款、国际金融组织贷款和国际商业贷款。（一）外国政府贷款，是指中国政府向外国政府举借的官方信贷；（二）国际金融组织贷款，是指中国政府向世界银行、亚洲开发银行、联合国农业发展基金会和其他国际性、地区性金融机构举借的非商业性信贷；（三）国际商业贷款，是指境内机构向非居民举借的商业性信贷。包括：1. 向境外银行和其他金融机构借款；2. 向境外企业、其他机构和自然人借款；3. 境外发行中长期债券（含可转换债券）和短期债券（含商业票据、大额可转让存单等）；4. 买方信贷、延期付款和其他形式的贸易融资；5. 国际融资租赁；6. 非居民外币存款；7. 补偿贸易中用现汇偿还的债务；8. 其他种类国际商业贷款。"二是其他方式借入的款项，如各级政府财政根据国家法律或国务院特别规定向国家银行的借款等。

除借款期限不同外，长期借款与短期借款的不同点还体现在对借款利息费用的处理上。短期借款科目只核算借款的本金，不包括利息费用，而长期借款科目不仅核算借款的本金，还包括借款利息等费用。长期借款的利息费用，在符合资本化条件的情况下应当按期计入所购建固定资产的成本（即予以资本化）；反之，则应当直接计入当期费用。

2. 应付融资租赁租入固定资产的租赁费

融资租赁是指在实质上转移了与资产所有权有关的全部风险和报酬的一种租

赁形式。在这种形式下，承租单位实质上获得了租赁资产所提供的主要经济利益，同时承担与资产有关的风险。它具有以下三个特点：一是承租人不仅可以通过租用设备获得设备的使用权，而且可以在租赁期满后获得该项设备的所有权，但在持有期间要视同自有资产核算；二是租赁付款总额包括租赁设备的租金、租赁利息、租赁保险费和手续费等；三是承租人在租赁期内可以对租入的设备计提折旧费用。

应付融资租赁款是指企业融资租入固定资产而形成的非流动负债。政府融资租入的固定资产，在租赁有效期限内，其所有权仍归出租方，但承租方获得了租赁资产的实质控制权，享有资产在有效使用期限内带来的各种经济利益，同时，作为取得这项权利的代价，需要支付大致等于该项资产公允价值的金额，这些款项在支付前，构成应付融资租赁款。

可见，此类长期应付款除具有非流动负债的一般特点外，还具有分期付款的性质，也就是在将该资产租赁费确认为长期应付款的同时，需要在整个租赁期内逐期偿还租赁费。

长期应付款的确认与计量是其核算的起点及核心环节。根据《基本准则》的规定，符合负债定义的债务，应当在确定承担偿债责任并且能够可靠地进行货币计量时确认。具体来说，行政单位因购买物资、服务等发生的长期应付款，应当在收到所购物资或服务时确认；因其他原因发生的长期应付款，应当在承担付款义务时确认。其金额按照合同金额或实际发生额计量并进行日常核算。

由于融资租赁业务涉及取得租入设备使用权、支付租金、支付租赁利息和手续费、计提折旧、取得设备所有权等各个方面，因此其核算过程较为复杂。其主要内容有：一是发生长期应付款时，借记固定资产、在建工程等科目，贷记长期应付款、非流动资产基金等科目。二是支付长期应付款时，借记事业支出、经营支出等科目，贷记银行存款等科目；同时，借记长期应付款科目，贷记非流动资产基金科目。三是无法偿付或债权人豁免偿还的长期应付款，借记长期应付款科目，贷记其他收入科目。

政府单位发生跨年度分期付款购入固定资产的价款等的核算，同应付融资租赁租入固定资产的租赁费的核算。

3. 长期应付款的列报

行政与事业单位的资产负债表均单独设置了长期应付款项目，通过该项目列报行政与事业单位发生的偿还期限超过 1 年（不含 1 年）的各种应付款项的金额。流动性与非流动性负债的性质不同，对单位财务状况及运营结果的影响以及对债权人利益的保障程度也不同，根据行政与事业单位会计制度的规定，一旦长期应付款性质发生变化，与此相关项目的填列方法也应随之改变。如资产负债表日，长期应付款中的 1 年内到期的非流动负债，已不具备非流动性特征，此种情况下，长期应付款项目就应当根据长期应付款科目的期末余额减去其中将于 1 年内（含 1 年）到期的长期应付款余额后的金额填列。而那些已经不符合非流动负债性质的长期应付款项，应确认为流动负债，并将其期末余额部分填列在资产负债表中 1 年内到期的非流动负债（行政单位）项目中或资产负债表的其他流动负债（事业单位）项目中。

例如：2014 年 12 月 31 日，某行政单位"长期应付款"科目的期末余额为 750 000 元，将于 1 年内偿还的数额为 408 000 元。

2014 年 12 月 31 日，该单位资产负债表中的"长期应付款"项目填列的金额为 342 000 元（750 000 – 408 000），将于 1 年到期的长期应付款 408 000 元，应当填列在流动负债下"1 年内到期的非流动负债"项目中。

（三）应付长期政府债券

1. 公债和长期政府债券

公债是指政府为了实现其职能，平衡财政收支，增强政府的经济建设能力，按照有借有还的信用原则，从国内或国外筹集资金的一种方式①。公债是一个古老的财政范畴，从历史上看，最早把发行公债作为筹集财政资金的一种形式的国家是英国。

公债包括中央政府发行的国家公债和地方政府发行的地方公债。其中：国家公债又称"国债"，专指中央财政代表中央政府发行的国家公债，既包括在境内发行的内债，也包括在境外发行的外债。债务收入和本息偿还在中央财政预算中列明，由中央财政掌握使用和安排；地方公债又称"地方债券"，是指地方政府为组织财政收入而发行的债券，其债务收入和偿还支出在地方财政预算中列明，由地方政府安排调度。

---

① 项怀诚. 中国财政管理［M］. 北京：中国财政经济出版社，2001：299.

无论是国家公债还是地方公债，都是各级政府以其信用为基础发行的债券，政府按照债券的一般原则，通过发行债券的方式向社会筹集资金，并与购买者形成一定的债权债务关系。在政府会计中，将各级政府通过发行债券筹集的资金确认为该级政府负债的一部分，并通过设置相应的会计科目和财务报表项目予以确认、计量、记录和报告。

公债有定期公债和不定期公债之分。定期公债按还债期长短又可分为短期公债、中期公债和长期公债。其中，发行期限在 1 年以内的公债为短期公债；发行期限在 1 年以上、10 年以下的公债为中期公债；发行期限在 10 年以上（含 10年）的公债为长期公债。从政府会计对负债的分类标准看，公债分为具有流动负债性质的短期政府债券和具有非流动负债性质的长期政府债券。

长期政府债券与应付长期债券是一组有联系但不完全相同的概念。在政府会计中，应付长期政府债券作为一项非流动负债，是指政府承担的偿还期限超过 1年的长期政府债券的本金及到期一次还本付息的长期政府债券的应付利息。

2. 应付长期政府债券的确认与计量

从性质上看，政府债券的发行是一种协议行为。这种行为具体包括政府债券的认购、付款、交付债券凭证或记账等几个环节。何时确认、确认多少，均直接关系到应付债券信息的质量。

《基本准则》第三十五条规定了政府负债确认的一般标准，即"符合本准则第三十三条规定的负债定义的义务，在同时满足以下条件时，确认为负债：（一）履行该义务很可能导致含有服务潜力或者经济利益的经济资源流出政府会计主体；（二）该义务的金额能够可靠地计量"。同时，《基本准则》第三十六条规定，"负债的计量属性主要包括历史成本、现值和公允价值"。

政府财政部门通过设置应付长期政府债券账户核算应付长期政府债券的增减变动情况。

政府会计主体发行应付长期政府债券，按照到期应付的长期政府债券本金金额，计入应付长期政府债券；期末政府会计主体确认长期政府债券的应付利息时，根据债务管理部门计算出的本期应付未付利息金额，计入应付长期政府债券；政府会计主体偿还本级政府财政承担的债务，转销应付长期政府债券。

3. 应付长期政府债券的列报

在资产负债表中，"应付长期政府债券"作为非流动负债项目，其位置排列在非流动负债项目的首位。

需要说明的是，非流动负债中 1 年内即将到期的部分，应作为"1 年内到期的非流动负债"，单独列入流动负债类项目。

第二节　净资产

净资产是指政府会计主体资产扣除负债后的净额。

（《政府会计准则——基本准则》第三十九条）

净资产金额取决于资产和负债的计量。

（《政府会计准则——基本准则》第四十条）

净资产项目应当列入资产负债表。

（《政府会计准则——基本准则》第四十一条）

一、净资产概述

（一）净资产的内涵

净资产首次提出的时间无从查考，但使用类似净资产概念的会计学者还是有据可查的。《新版会计学大辞典》在解释"净值"时指出，净值又称资本净值或资产净额，是指企业在一定时点的资产总额减去负债总额后的余额；它是自有资本或业主产权的同义语。同时，该辞典指出"净值"是德国会计学家赫格里与沙尔按照物的二重账户系统理论首先提出的一个概念。他们依据这种理论，把构成"正资产"的各个因素叫作"资产"，把构成"负资产"的各个因素叫作"负债"，而将资产总额与负债总额的差额称为"净值"。可据此推论，这是净资产称谓的前身。

净资产，是指资产扣除负债后的余额。它表明政府资产总额在抵偿了一切现存义务以后的差额部分，是政府实实在在的财产和财富的综合反映。用公式可表示为：

$$资产 - 负债 = 净资产$$

从资产、负债和净资产三个要素之间的数量关系分析看，净资产具有差量和变量两方面的含义。一方面，所谓"差量"，是指净资产是资产与负债之间的差额，这种"差量"体现了政府会计主体在一定时期所拥有、占有或可控制的具有未来经济利益资源的净额，反映了政府会计主体在持续发展过程中所具有的经济实力和物质基础。另一方面，所谓"变量"，是指净资产因政府会计主体运营状况的好坏而发生的量的变化。通常情况下，净资产会随着政府会计主体收入扣除支出的正差额而增加，也会随着收入扣除支出的负差额而减少。

需要说明的是，净资产仅是资产与负债之间的差额，体现的是一种勾稽计算关系。但其内涵是什么？《基本准则》未做出规范性界定。但与之相比，《企业会计准则——基本准则》对资产与负债之间的差额的性质做出了规定，指出"所有者权益是指企业资产扣除负债后由所有者享有的剩余权益"。可见，该准则关于"所有者权益"概念的表述是质与量的统一，不仅反映了资产与负债之间的数量关系，也揭示了该差额所隐含的出资者、债权人等对其所拥有的各种权益。

（二）净资产的内容

　1. 按净资产的性质划分

净资产的内容如表6-6所示。按照《事业单位会计准则（2012）》《行政单位会计制度（2013）》《财政总预算会计制度（2015）》的规定，目前我国政府会计净资产主要包括两大类：一是基金；二是结余。

表6-6　净资产的内容

	政府总会计	政府单位会计	
		行政单位	事业单位
基金	预算稳定调节基金 资产基金	资产基金	事业基金 非流动资产基金 专用基金
结余	一般公共预算结转结余 政府性基金预算结转结余 国有资本经营预算结转结余 财政专户管理资金结余 专用基金结余	财政拨款结转结余 其他资金结转结余	财政补助结转结余 非财政补助结转结余
其他	预算周转金 待偿债净资产	待偿债净资产	

2. 按是否限定用途划分

按是否限定用途，净资产可分为限定性净资产和非限定性净资产。

由于政府会计主体的资金主要来源于税收和各种形式的捐赠，而有的捐赠常附有限定条件，所以，政府会计主体净资产按照其用途是否受到限制，可以分为限定性净资产和非限定性净资产。

限定性净资产，是指国家法规、制度或出资者、拨款单位对资产或者资产的经济利益（如资产的投资收益和利息等）的使用和处置提出附加条件限制而形成的净资产。限制分为时间限制和用途限制。前者是指资产提供者或者国家有关法律、行政法规要求政府会计主体在收到资产后的特定时期之内或特定日期之后使用该项资产；后者则是指资产提供者或者国家有关法律、行政法规要求政府会计主体将收到的资产用于某一特定的用途。

非限定性净资产，是指国家法规、制度或出资者、拨款单位对所提供资产或者资产的经济利益的使用和处置未提出任何限制条件而形成的净资产。也就是说，由政府会计主体自行决定使用的净资产为非限定性净资产，如事业基金。

（三）净资产的特征

政府会计净资产具有以下特征。

（1）根据"净资产＝资产－负债"的计算过程看，净资产不像资产、负债要素那样在发生时可按规定的方法单独计量，净资产的确认是在资产和负债计量之后计算确定。因此，净资产的确认与计量最终取决于资产和负债的确认与计量标准。净资产最大的特点在其计量上，它不能与特定的计量属性相对应。在所有者权益中存在一些难以计量或不可计量的因素，如外币报表折算差额，所以会计上对它的计量只能按一定的程序和方法，分别根据对特定资产和负债计价形成的结果求得计价结果，并以此作为净资产的计价结果。

（2）净资产的变动主要来源于收入减支出的余额。一般来说，引起净资产增减变动的主要有两种情况：一是由于含有经济利益或服务潜力的资源流入单位，使单位的资产增加，或者负债减少，从而导致净资产增加，即政府会计主体获得了收入而导致净资产增加；二是由于含有经济利益或服务潜力的资源流出单位，使得单位的资产减少，或负债增加，从而导致净资产减少，即单位发生了支出而导致净资产减少。也就是说，政府会计主体的净资产变动主要来自收入减去支出后的余额。

（3）政府会计主体享有其净资产的拥有权和使用权。政府会计主体净资产归单位拥有和支配。单位可以使用净资产购买设备和物资，也可以用来安排其他开支。对于固定基金、专用基金、财政补助结转（余）等具有限定用途的净资产，单位应当按照有关规定和限定用途予以使用。

（四）净资产与其他会计要素的关系

1. 净资产与负债的关系

净资产与负债同为政府会计主体会计要素，是政府会计主体的资金来源，但净资产与负债相比具有以下特点：①存续时间不同。净资产是政府会计主体持有的资产净值，它表明该会计主体拥有经济资源的规模和经济实力。净资产主要来源于社会捐赠、会费收入、政府补助、组织运转结余等不需要偿还的资金；而负债表示政府会计主体对债权人的经济责任，不论其期限多长，负债最终是要清偿的。②体现的经济关系不同。净资产体现了政府会计主体作为受托人与资产提供者作为委托人之间的受托与委托关系；而负债则体现了政府会计主体作为债务人与债权人之间的债务债权关系。③各自计量属性不同。净资产无法单独计量，它是根据一定方法对资产和负债计量以后形成的结果；而负债在其发生时可以按照规定的方法单独予以计量。

2. 净资产与其他会计要素的关系

净资产同其他四大要素都有着密切的联系。首先，净资产是资源提供者出资形成的政府会计主体赖以进行业务活动的最为基础的启动资产。其次，无论政府会计主体是为了扩大业务活动规模，还是为了支付有关支出，抑或是为了举债运营，其所做出的经济决策都要根据净资产的状况及业务活动的需要由董事会讨论决定。另外，政府会计主体费用的发生、收入的取得无不同净资产的情况相联系。净资产的增加反映了政府会计主体流入的资金（收入）大于流出的资金（支出或费用）；反之，则反映流入的资金（收入）小于流出的资金（支出或费用）。

3. 净资产与预算结余要素的关系

在《基本准则》中，净资产和预算结余均为单独会计要素，同时体现一定要素的数量差额，如预算结余的金额取决于预算收入和预算支出，净资产是资产扣除负债的差额。两者差异如表6-7所示。

表6-7 净资产与预算结余要素的区别

	净资产	预算结余
采用的会计基础	权责发生制	收付实现制
范围	预算资金和非预算资金	预算资金
计算方法	资产-负债	预算收入-预算支出
结转方法	收入和费用结转至净资产	预算收入和预算支出结转至预算结余

二、净资产定义的演变和比较

（一）净资产定义的演变

1. 净资产的过去（1997年及之前）

1951年开始实施的《各级人民政府暂行总预算会计制度》（以下简称《总预算会计制度》）、《各级人民政府暂行单位预算会计制度》（以下简称《单位预算会计制度》），堪称新中国预算会计体系和会计方法的奠基石[1]。两项会计制度分别规定了会计科目的分类方法，如：《总预算会计制度》第五条规定，本制度之会计科目分为岁入、岁出、资产、负债和资产负债共同类五类；《单位预算会计制度》第十二条规定，本制度之会计科目分为收入、支出、资产、负债和资产负债共同类五类。

资产负债共同类的内容，实际是净资产概念内涵的一种表现形式，也是"净资产"概念的雏形。这是因为，根据目前的净资产概念及其关系式（净资产=资产-负债），一个会计主体资产、负债的增减变动都会引起"资产负债共同类"的增减变动；此外，取得收入增加资产、发生支出减少资产，可见，收入和支出也对资产负债共同类（净资产）产生影响。

政府会计标准中，首次引入净资产概念是在1997年财政部颁布的《财政总预算会计制度》、《行政单位会计制度》和《事业单位会计准则（试行）》中。三项会计标准关于净资产内容的规定如表6-8所示。

---

[1] 项怀诚. 新中国会计50年［M］. 北京：中国财政经济出版社，1999：234.

表6-8　净资产内容的比较

《财政总预算会计制度》	《行政单位会计制度》	《事业单位会计准则（试行）》
净资产是指资产减去负债的差额，包括各项结余、预算周转金及财政周转基金等	净资产是指行政单位资产减负债和收入减支出的差额，包括固定基金、结余等	事业单位的净资产是指资产减去负债的差额，包括事业基金、固定基金、专用基金、结余等

由表6-8可见，1997年财政部颁布的三项会计标准中，关于净资产的内容主要包括两个方面：一是结余；二是基金。

（1）结余。收入减支出的差额为结余，该差额可能为正数也可能为负数。从另一个角度看，也是资金流入与资金流出的差额。三类会计主体即使同为非企业单位，但彼此之间、每个会计主体内部的资金来源、资金用途也不尽相同。结余的性质、数量的多少存在一定的差异，如财政总预算会计的结余可分为预算结余、基金预算结余、专用基金结余等。在净资产中，结余的作用表现在以下两个方面：

第一，它是政府会计主体资产、负债要素各自以及彼此之间增减变动结果的晴雨表。

第二，它是衡量政府会计主体政策可持续的程度，因为结余反映了政府当期运营活动中获得或支出（消耗）的资源。

（2）基金。根据《现代汉语辞典》解释，基金是指"为兴办、维持或发展某种事业而储备的资金或专门拨款"。在当今经济社会环境中，基金已经成为一个包含范围相当广泛的经济术语，人们在不同场合、出于不同目的使用基金这个概念，如用于职工福利的福利基金、与积累购买住房有关的住房基金、作为一种投资工具的投资基金。虽然人们对基金的表述不尽相同，但从形式中认识了基金内在的规定性。

基金具有以下明显的特征：一是目的性，即任何基金都必须依特定的目的或活动设立。二是限制性，即任何基金的设立，基金财务资源筹集和运用都必须按国家法律、行政令、资源提供者的限定予以限制。基金从其收入、支出是否具有对应性看，又可分为完全基金和不完全基金。完全基金，指收、支两方面都具有限定性，且收、支对应关系明确的资金，即用特定的收入来满足特定的支出需要。不完全基金，通常对收入没有专门的限定，对支出的用途却做了专门规定。

三是广泛的受托责任，即基金筹集与运用对立法机构、资源提供者、公共服务的对象以及社会公众负有政治的、经济的、法律的和社会的广泛责任。四是非实体性。与政府会计主体组织相比，基金不是一个经济实体，没有相应的组织机构和人员，其本身只是一个有着特定来源和用途的财务个体。为此，在对其进行会计核算时，需要采用特定程序和方法。

需要说明的是，在所有者权益理论中，一般有所有权理论、企业主体理论、基金理论等。各种权益理论都有助于对会计理论的解释和理解，也有助于为会计理论的拓展奠定基础。其中，基金理论摆脱了所有权理论中的个人关系和企业主体理论中将企业作为一个经济和法定单位的人格化，而以经营或侧重活动的单位作为会计核算的基础。这一方面的权利称为基金，包括一组资产和代表特定经济职能或活动的有关义务和限制。这些理论，为建立政府基金会计奠定了坚实的基础。

会计学中关于基金的定义亦有不同。例如，美国政府财务会计准则委员会认为，"基金被定义为财务会计主体。它具有一套自行平衡账户，用以记录现金及其他财务资源，以及所有有关的负债和剩余权益或余额及其变动，基金是根据制度和约束或者限制，按照执行特定活动的用途或为了实现一定的目的而分别设立的"。

基金会计就是围绕基金的确认、计量、记录和报告所进行的一系列活动。例如：财政总预算会计以"财政周转基金"为核算主体，设置账户并进行记录和报告；行政和事业单位分别以事业基金、固定基金、专用基金为核算主体，设置账户并进行记录和报告。

2. 净资产的现在（2012—2016 年）

2012 年年末、2013 年年末、2015 年 10 月，财政部分别颁布了修订后的《事业单位会计制度》、《行政单位会计制度》和《财政总预算会计制度》。三项制度关于净资产的概念没有发生变化，但其内容有了明显的变化，如表 6 - 9 所示。

表 6 - 9　净资产内容的变化

	《事业单位会计准则（2012）》	《行政单位会计制度（2013）》	《财政总预算会计制度（2015）》
修订前	事业基金、固定基金、专用基金、结余等	固定基金、结余	预算结余、基金预算结余、专用基金结余、预算周转金、财政周转基金

续表

	《事业单位会计准则 （2012）》	《行政单位会计制度 （2013）》	《财政总预算会计制度 （2015）》
修订后	事业基金、非流动资产基金、专用基金、财政补助结转结余、非财政补助结转结余等	财政拨款结转、财政拨款结余、其他资金结转结余、资产基金、待偿债净资产	一般公共预算结转结余、政府性基金预算结转结余、国有资本经营预算结转结余、财政专户管理资金结余、专用基金结余、预算稳定调节基金、预算周转金、资产基金、待偿债净资产等

根据表 6-9，可将三项会计制度关于净资产变化的特点总结为：

第一，关于事业单位会计制度，2012 年 2 月，财政部发布了新修订的《财务规则》，并自 2012 年 4 月 1 日起施行。新规则将原规则第五章"结余管理"修改为"结转和结余管理"，并对结转和结余的概念分别做了规定。为了落实新的财务管理要求，《事业单位会计准则（2012）》将净资产有关结余具体划分为财政补助结转结余和非财政补助结转结余；将资产基金由原准则固定基金改为流动资产基金，扩大了基金的核算范围，并在非流动资产项目下增加在建工程、固定资产、无形资产、长期投资等二级核算科目，分别核算事业单位非流动资产占用资金的具体情况。

第二，行政单位会计制度的变化可概括为"一拆分、一扩展、一增加"，将原制度的结余拆分为财政拨款结转、财政拨款结余、其他资金结转结余，将原制度固定基金扩展为资产基金，增加了待偿债净资产。

第三，关于财政总预算会计制度的净资产内容的变化，可概括为"一调整、二增加"，将原有结余内容根据新修订的预算法做了调整。新的预算法在众多方面有重大创新，其中，将我国预算分为一般公共预算、政府性基金预算、国有资本经营预算、社会保险基金预算，并从横向明确了四位一体的公共预算，分别对其概念、范围和编制原则、相互之间的衔接关系做出规范，可谓可圈可点。适应预算法的变化，新制度将原结余内容调整为一般公共预算结转结余、政府性基金预算结转结余、国有资本经营预算结转结余；增加了资产基金和待偿债净资产两项内容，分别反映因资产、负债的增减变动对净资产产生的影响。

第四，《基本准则》与净资产。2015 年 10 月财政部颁布的《基本准则》在政府财务会计要素一章中单独设置了净资产一节，规定了净资产的概念、计量方法及其在资产负债表中的列示要求。鉴于《基本准则》在会计准则体系中为"顶层设计"，其重点在于明确基本原则和方法，构建会计语言的框架体系，因此，其关于净资产的内容不可能事无巨细、面面俱到。

3. 净资产的未来

根据政府会计改革的发展趋势，财政总预算会计净资产内容一般不会发生明显的变化，而政府单位会计净资产的变化可能是很大的。这从《政府会计制度——行政事业单位会计科目和会计报表（征求意见稿）》中可见一斑。

在《政府会计制度——行政事业单位会计科目和会计报表（征求意见稿）》中，关于净资产的会计科目分为限定性净资产、其他净资产、权益法调整等。其中：

（1）限定性净资产，是指政府单位期末拥有的具有限定用途的资金，如财政拨款结转、财政拨款结余、非财政拨款结转、专用基金等。

（2）其他净资产，主要是指限定性净资产、权益法调整以外的净资产，如非限定性净资产等。

（3）权益法调整，是指政府单位按照权益法对长期股权投资的账面余额进行调整的金额。

（二）净资产定义的比较

1. 与企业会计比较

资产扣除负债后的余额，在企业会计中称为"所有者权益"，而在政府会计中称为"净资产"。《企业会计准则——基本准则（2014）》第二十六条指出："所有者权益是指企业资产扣除负债后由所有者享有的剩余权益。"可见，企业会计准则关于净资产的定义体现了"质"与"量"相统一的哲学思想。但净资产在"质"的方面有别于所有者权益。

从量的方面看，所有者权益也是资产扣除负债后的净额，与净资产计算过程一致。

从质的方面看，基于企业与政府目标的差异性，所有者权益和净资产有所不同。所有者权益体现的是所有者享有的剩余权益，接受投资者出资和提供产品或服务收入是其财务资源的来源，追逐利润的增加、财富的膨胀是控制企业的措施；净资产是以合法、适当行为取得和使用财务资源，不谋求资本的增长或保持①，强调以法定的基金和预算控制代替以供求和利润控制企业的措施，受法规约束的影响胜过所有者权益。

2. 净资产定义的国际比较

《国际公共部门会计准则第 1 号——财务报表的列报》指出："净资产/权益，指主体的资产扣除所有负债后的剩余权益。"

美国联邦财务会计概念公告第 5 号将应计制政府财务报表收入要素定义为："净资产是主体的资产负债表的总资产与总负债的数字差异，可以为正，也可以为负。"②

可见，国际公共部门会计准则关于净资产的定义类似《企业会计准则——基本准则》，而美国政府会计的净资产定义则体现的是资产扣除负债后的净额。

三、净资产内容的完善

目前，《基本准则》关于净资产规范内容仅局限于什么是净资产，即净资产是指政府会计主体资产扣除负债后的净额，以及净资产金额确定的依据，即净资产金额取决于资产和负债的计量等两方面内容，而净资产具体包括哪些内容则并未涉及。根据政府会计面临环境的变化、会计国际趋同的发展，《基本准则》净资产部分增加净资产内容以及净资产确认计量标准是十分必要的。其理由如下：

第一，《基本准则》关于净资产部分内容仅停留在概念层面，未做具体类别划分。基本准则作为我国政府会计的"概念框架"，主要起统驭政府会计具体准则和政府会计制度的作用，并为政府会计实务问题提供处理原则③。

关于概念框架，美国财务会计准则委员会（FASB）1980 年发布的第 2 号财务会计概念公告（SFAC No. 2）指出，财务会计概念框架是由目标和相互关联的基本概念组成的连贯的理论体系。从为实务问题提供处理原则分析，《基本准则》也就是总的或大体上为解决实务问题提供法则或标准。正如葛家澍教授所指

---

① 弗罗曼，肖尔德斯. 政府及非营利组织会计：理论与实践［M］. 上海：上海财经大学出版社，2004：8.

② 傅雨萍. 政府会计要素国际比较［J］. 财会通讯，2014（28）.

③ 刘昆. 充分发挥政府会计准则委员会作用　合力推进政府会计改革［J］. 财务与会计，2016（2）.

出的那样，《基本准则》就是整个准则体系中的基本法，既是理论，又是准则①。它通过假设、目标、要素、确认、计量、披露等基本概念和一般原则，指导具体准则、应用指南的制定和实施，评估已制定的会计准则。对于在没有具体准则的领域中所发生的一些交易和事项，可据以进行恰当的会计处理。它不是直接解决财务会计和报告中的各项问题，而是用概念作为解决问题的工具②。可见，《基本准则》的任务，主要是用来指导具体准则、应用指南的制定，而不是用来直接规范会计核算工作。

但是从另一个角度看，《基本准则》第四条指出，政府会计具体准则及其应用指南、政府会计制度等，应当由财政部遵循本准则制定。可见，《基本准则》对具体会计准则、应用指南的制定起着指南的作用，这种作用是强制性的，而不是参考性的，换句话说，具体会计准则和应用指南的制定必须严格反映《基本准则》的要求，这是由后者本身的权威性所决定的。这是因为，《基本准则》不仅仅是对一些基本理论问题的规范，更为重要的是它在会计法规中的地位，它所具有的法规性质赋予了它这种强制性，不允许被它所统驭的会计制度和具体准则与其发生背离或矛盾。强调《基本准则》的这种严肃性、强制性作用，也必须考虑其指导性、方向性特征。《基本准则》过于概括、简化有可能带来具体准则、应用指南的多样化、随意性。

第二，立足国情、借鉴国际是《基本准则》建设的一大亮点。具体表现为：在充分考虑我国政府财政财务管理特点的基础上，吸收了我国企业会计准则的改革经验，借鉴了国外有关政府会计改革的最新理论成果③。借鉴、吸收是一个动态、不断完善的过程，《基本准则》净资产部分借鉴国际公共部门会计准则、《国际财务报告准则》以及我国《企业会计准则——基本准则》的合理内核是必要的。

需要说明的是，《基本准则》作为政府会计的"概念框架"，统驭政府会计具体准则和政府会计制度的制定，并为政府会计实务问题提供处理原则，为编制

---

① 葛家澍. 基本会计准则与财务会计概念框架：关于进一步修改完善 1992 年《企业会计准则》的个人看法 [J]. 会计研究，1997（10）.

② 孙铮，朱国泓. 财务会计概念框架的形式转换：冲突及其缓解——兼论《基本准则》的修订及其支撑系统的建构 [J]. 财经研究，2005（11）.

③ 建立健全政府会计标准体系，夯实政府财务报告编制基础：财政部有关负责人就制定《政府会计准则——基本准则》有关问题答记者问 [EB/OL]. [2015 – 11 – 02]. 财政部网站。

政府财务报告提供基础标准①。如果单纯只是为了评价现有的和制定未来的具体会计准则或应用指南，那所注重的只是它的科学性；如果还要兼顾对政府会计实务问题提供处理原则，那就必然要考虑到准则的可操作性和政策性。注重了理论性，就可能削弱其可操作性和政策性；反之，若注重了可操作性和政策性，便很难保全其理论性②。

我国《企业会计准则——基本准则》第二十七条指出，所有者权益的来源包括所有者投入的资本、直接计入所有者权益的利得和损失、留存收益等。

国际公共部门会计准则指出，如果主体没有股本，则应在财务状况表表内或附注中以单独列示下列内容的方式披露其净资产/权益：①投入资本，以报告日所有者累计已投入的金额减去向所有者分配的金额后的净额反映；②累计盈余或赤字；③公积，包括对净资产/权益中的每项公积的性质和目的的说明；④少数权益。

这些会计准则中有关净资产规范的内容，为进一步完善《基本准则》中的净资产要素提供了范本。

第三，净资产，甚至营利组织中的"所有者权益"是否需要单独制定确认和计量标准或条件是具有争议的问题。目前已有的国际会计准则和我国制定的会计标准，都未对其单独制定确认和计量标准。其原因在于"所有者权益的确认、计量主要取决于资产、负债、收入、费用等其他会计要素的确认和计量。所有者权益即为企业的净资产，是企业资产总额中扣除债权人权益后的净额，反映所有者（股东）财富的净增加额。通常企业收入增加时，会导致资产增加，相应地会增加所有者权益；企业发生费用时，会导致负债增加，相应地会减少所有者权益。因此，企业日常经营的好坏和资产负债的质量直接决定着企业所有者权益的增减变化和资本的保值增值"③。这种解释是苍白的，我们知道在复式簿记系统的机制下，会计要素项目与会计要素项目之间存在着相互关系。这意味着一个项目符合某会计要素的确认条件，比如说符合资产的确认条件，就会自动要求确认另一个会计要素项目，比如收入项目或负债项目。

---

① 建立健全政府会计标准体系，夯实政府财务报告编制基础：财政部有关负责人就制定《政府会计准则——基本准则》有关问题答记者问［EB/OL］.［2015－11－02］.财政部网站。

② 孙铮，朱国泓.财务会计概念框架的形式转换：冲突及其缓解——兼论《基本准则》的修订及其支撑系统的建构［J］.财经研究，2005（11）.

③ 财政部会计司编写组.企业会计准则讲解（2010）［M］.北京：人民出版社，2010：12.

政府会计净资产以外的会计要素均有可能与净资产要素发生一定的相互关系。采用一定标准确认资产，就应同时采用一定标准确认净资产，同样，只有净资产满足一定的确认条件，资产等会计要素方可作为影响净资产的要素加以确认。如果按照净资产仅是资产、负债要素确认并抵减后的结果单独设置"净资产"要素，就会失去其存在的价值。

第七章

政府财务会计要素：收入与费用

第一节 收 入

收入是指报告期内导致政府会计主体净资产增加的、含有服务潜力或者经济利益的经济资源的流入。

（《政府会计准则——基本准则》第四十二条）

一、收入概述

（一）收入：理论上两种观点解释

众所周知，政府不仅是政治实体，而且是社会经济实体。作为经济实体，政府所获取的有限稀缺的资源，表现为该会计主体的收入。市场经济环境中，政府作为经济主体之一，是市场的参与者，也是宏观政策的制定者和执行者。政府的收支会改变市场供需均衡点，政府的行为会影响其他经济主体的判断与决策。

在营利组织中，收入历来是会计领域重点关注的内容之一。特别是对上市公司来说，在其财务报告中，收益是投资人最为关注的一个表内信息，因为它不仅关系到可分派的股利，而且关系到公司的股价。即使政府不像上市公司那样有众多的投资人、债权人关注收入的状况，政府收入也是保障其持续发展、履行职责、完成受托责任的物质基础。正像国际公共部门会计准则所说，包括纳税人、立法机关、债权人、供应商、媒体和雇员在内，都关注政府的持续性的成功业绩，而衡量政府成功业绩的重要标准就是提供的成本与收入的事实。因此，收入是营利组织、政府财务报表中很重要的项目。在利润表中，首要的报表项目是营业收入，同时，政府会计主体的收入费用表的首项也是各类收入。

按照美国会计学家亨德里克森所言：收入（revenue）的概念是很难予以明确解释的，因为它一般都与特定的会计程序、一定类型的价值变动以及确定收入应于何时陈报的规则（明文的或暗含的）有关①。概念是我们研究问题的起点或开端，认识一个事物必须从其相关的概念开始，政府会计研究也不例外。

收入（revenue）一词，起源于法语 revenir，其含义是返回或归还之意，意

---

① 亨德里克森. 会计理论［M］. 上海：立信会计出版社，2013：119.

即企业将资源投入经营，终将收回它的投资，并期望有利可获。不过，在学术界，对于什么是收入却有不同的理解。

1. 流转过程观

流转过程观（flow approach）将收入视为一种流转过程，强调收入是一种特定过程的结果。佩顿和利特尔顿在《公司会计准则导论（1940）》中就指出："收入在整个经营过程中通过全部的企业努力而赚取；收入通过将产品转换为现金或其他有效资产而实现。""收入是企业经营产出的财务表述，因此，应根据经济活动过程中的决定性决定或步骤来计量。"① 其视收入为一种流转过程，即企业在某一特定期间进行物品和劳务创造的过程。企业经营过程中的产品，应通过资产的流出才能转化为收入②。

按流转过程收入理论观点，收入必须以企业在特定期间进行物品或服务创造的过程为基础，是企业通过资产的流出而产生的一种必然结果。流转过程观注重收入产生的过程。

2. 流入量观

流入量观（inflow appwach）主要强调收入应当是一种流入结果，而流入过程则是次要的。此观点认为，收入是企业在经营过程中所产生的现金（或其他资产）流入量，它应通过销售物品和提供服务而实现，而且通过流入的资产来计量③。

可见，按照流入量理论认识收入，关键在于企业的生产经营过程是否产生流入，以流入结果确定收入，而不注重收入的形成过程。

流转过程观和流入量观因各自强调的重点不同，导致所确定收入的内容存在差别。流转过程观着眼于经营活动中资产的转化或流出，因而侧重认可销售产品或商品的收入和提供服务的收入，而排除了利得。流入量观则将收入内容扩大到利息、捐赠等其他现金或资产的流入，不仅包括企业正常经营的收入，也包括利得④。

---

① 佩顿，利特尔顿. 公司会计准则导论［M］. 厦门大学会计系翻译组，译. 北京：中国财政经济出版社，2004：59.

② 沃尔克，多德，罗佐基，等. 会计理论［M］. 7版. 大连：东北财经大学出版社，2010：268.

③ 沃尔克，多德，罗佐基，等. 会计理论［M］. 7版. 大连：东北财经大学出版社，2010：268.

④ 唐国平. 财务会计对象要素研究［M］. 大连：东北财经大学出版社，2003：173.

（二）收入的概念和分类

1. 收入的概念

《政府财政统计手册（2001）》指出，"收入是由交易造成的净值增加"。《国际公共部门会计准则第1号——财务报表的列报》指出，收入指报告期内导致净资产/权益增加（除了与所有者投入有关的增加）的经济利益或服务潜能的总和。美国政府财务官员协会认为："收入是政府基金中净流动资产的增加，但这种增加不是从支出退还和剩余权益转让中取得的。"《基本准则》指出："收入是指报告期内导致政府净资产增加的服务潜能或经济利益的流入金额。"美国联邦政府财务会计准则第7号指出："收入是政府所需要、所赚取，或通过捐赠所收到的资源的流入。"

纵观上述收入的概念，可对收入有以下认识：

第一，收入被认为会计期间经济利益的增加，其形式表现为因资源流入、资产增加或负债减少而引起的权益增加，不包括权益参与者的出资。

第二，政府财务会计中的收入概念，体现了流入量观的内涵，强调收入是服务潜能或经济利益的流入结果，表现为政府净资产的增加，没有强调流入方式、过程等。

第三，从"资产＝负债＋净资产＋（收入－费用）"会计等式，分析运营活动引起会计等式内容变化的特征，再通过这种变化现象揭示收入的实质。可见，收入实质上还是导致了资产、净资产的增加和负债的减少，即收入将引起资产增加或者负债减少（或者两者兼而有之），并最终将导致政府会计主体经济利益或服务潜力增加。这里的经济利益是指现金或者最终能转化为现金的非现金资产；服务潜力是指从事宗旨或章程所规定的活动，向公众、会员或其他受益人、委托人提供所需产品或服务的能力。收入将导致本期净资产的增加，政府会计主体取得收入一定会增加本期净资产。需要说明的是，这里所指的仅是收入本身对净资产的影响。收入扣除相关成本费用后的净额可能会引起净资产的增加，也可能会引起净资产的减少。收入必须同时满足上述两个特征，否则不能作为收入核算。

第四，收入是非偿还性资金。政府取得的各项收入，是不需要偿还的，可以安排用于开展业务活动及其他活动。政府取得的需要偿还的资金，一般不应确认为收入，应当作为负债处理。

2. 收入的分类

政府收入可从多个角度、按不同标准进行分类，不同的分类将对其确认与计量产生一定的影响。例如：根据交易的性质，可将政府收入分为交换收入和非交换收入；根据流入资源是否附带条件，可将其分为限制性收入和非限制性收入；根据政府取得收入的形态，可将其分为货币性收入和非货币性收入。

（1）交换交易收入和非交换交易收入。《国际公共部门会计准则第9号——交换交易收入》指出："交换交易，指主体通过交换直接给付另一主体几乎相同的价值（主要以现金、货物、服务或使用资产的形式）而获得资产或服务，或消除债务的交易；非交换交易，指交换交易以外的交易。在非交换交易中，主体在交换中没有直接给出几乎相同的价值而从另一主体收到价值，或没有直接收到几乎相同的价值而给另一主体价值。"两种交易活动分别形成了交换交易收入和非交换交易收入。

交换性收入来源于政府以某一价格向社会公众或其他政府部门提供货物和劳务收到的款项；非交换性收入主要来源于政府凭借其行政权力要求社会、公众支付的款项，如税收、关税、罚金和罚款等，另外也包括政府接受的捐赠。

（2）限制性收入和非限制性收入。非限制性收入，是指资金使用不受资金提供者所附条件限制和制约而取得的收入；限制性收入，是指资金使用受到资金提供者所附条件的限制而取得的收入。资金提供者附加的限制包括时间限制、用途限制以及时间限制和用途限制两者兼具等情形。

此外，根据《政府综合财务报告编制操作指南》，政府"收入类项目"一般可分为以下类别：①税收收入，它是指政府本期取得的税收收入。②非税收入。它是指政府本期取得的非税收入。③事业收入。它是指政府本期因开展专业业务活动及其辅助活动取得的收入。④经营收入。它是指政府本期开展经营活动取得的收入。⑤投资收益。它是指政府本期因持有各类股权债权投资取得的收益（或承担的损失）。⑥政府间转移性收入。它是指政府本期取得的来自非同级政府和不同地区同级政府的款项。⑦其他收入。它是指政府本期取得的除上述收入之外的其他收入。

按照政府会计不同组成部分分类，政府会计收入可分为财政总预算会计收入和政府单位会计收入，如表7-1所示。

表 7 - 1　收入按照政府会计不同组成部分分类

政府或政府单位	财政总预算会计	政府单位会计	
		行政单位	事业单位
收入内容	一般公共预算本级收入 政府性基金预算本级收入 国有资本经营预算本级收入 财政专户管理资金收入 专用基金收入 转移性收入 债务收入 债务转贷收入	财政拨款收入 其他收入	财政补助收入 事业收入 上级补助收入 附属单位上缴收入 经营收入 其他收入
依据	《财政总预算会计（2015）》	《行政单位会计制度（2013）》	《事业单位会计准则（2012）》

需要说明的是，鉴于《基本准则》的性质，该准则未对收入如表 7 - 1 那样进行详细的分类。

二、收入定义的演变与比较

（一）收入定义的演变

1950 年 12 月，财政部印发的《各级人民政府暂行总预算会计制度》，没有对收入进行定义，但设置"岁入科目"（即收入），第十四条指出"岁入类科目，根据批准之岁入总预算所列'款'之名称设置之"。同年，财政部印发的《各级人民政府暂行单位预算会计制度》关于收入的处理原则，同《各级人民政府暂行总预算会计制度》。

1983 年 10 月，财政部印发的《财政机关总预算会计制度》未对收入进行定义，但设置了"预算收入"、"上级补助收入"和"下级上缴收入"三个收入科目。

1988 年 9 月，财政部修订并颁布了新的《事业行政单位预算会计制度（试行）》，从 1989 年起施行。该制度关于各类收入概念的界定如表 7 - 2 所示。

表7－2　各类收入比较表

单位性质	收入的概念
全额预算管理单位	拨入经费①，是指财政机关或上级单位采用"划拨资金"或"限额拨款"拨给全额单位的预算经费
差额预算管理单位	业务收入，是指差额单位为了保证正常业务活动的需要，按照国家规定的收费标准向社会服务对象收取的服务费用，以补偿服务过程中一部分材料和物资的消耗
差额预算管理单位	其他收入，是指差额的非专业业务的零星杂项收入
差额预算管理单位	拨入差额补助费，是指财政机关或上级单位对差额单位的预算拨款
差额预算管理单位	下级上缴收入，是指基层差额单位，按上级核定的年度预算计划，上缴给上级单位的收入
差额预算管理单位	调剂收入，是指差额单位收到上级部门用集中的收入拨来的资金
自收自支单位	事业收入，是指实行自收自支的政府单位，在完成事业计划的同时，为社会提供一定数量的物质产品或者进行流通和服务等活动，按照等价交换的原则和国家规定取得的经营收入和业务收入
自收自支单位	其他收入，是指自收自支单位除事业收入以外的零星杂项收入
自收自支单位	专用基金收入、拨入专项资金、下级上缴收入、调剂收入。与全额预算管理单位预算外收入相关内容相同

　　1997年财政部印发《政府单位会计准则（试行）》、《政府单位会计制度》、《行政单位会计制度》以及《财政总预算会计制度》，于1998年1月1日开始实施。在《政府单位会计准则（试行）》中明确提了会计要素概念，并按照"资产＝负债＋净资产"的会计恒等式，将预算会计要素划分为资产、负债、基金（净资产）、收入和支出五类，并对各会计要素进行确认、计量、记录和报告时应当遵循的基本要求做了规定。其中：《财政总预算会计制度》第三十六条指出："收入是指政府单位为开展业务活动，依法取得的非偿还性资金，包括财政补助收入、上级补助收入、事业收入、经营收入、附属单位缴款、其他收入和基

---

　　① 实行全额预算管理的事业行政单位，其经费来源主要是财政预算拨款。该类单位"拨入经费"项目或概念，体现了全额预算管理单位收入的内涵。

本建设拨款收入等。"《行政单位会计制度》第三十四条指出："收入是指行政单位为开展业务活动，依法取得的非偿还性资金，包括拨入经费、预算外资金收入、其他收入等。"《事业单位会计准则（试行）》第三十六条指出："收入是指政府单位为开展业务活动，依法取得的非偿还性资金，包括财政补助收入、上级补助收入、事业收入、经营收入、附属单位缴款、其他收入和基本建设拨款收入等。"

财政部颁布的《事业单位会计准则（2012）》第三十二条指出："收入是指政府单位开展业务活动及其他活动依法取得的非偿还性资金。"该准则第三十三条指出："事业单位的收入包括财政补助收入、事业收入、上级补助收入、附属单位上缴收入、经营收入和其他收入等。"

财政部颁布的《行政单位会计制度（2013）》第三十一条指出："收入是指行政单位依法取得的非偿还性资金。"该制度第三十二条指出："行政单位的收入包括财政拨款收入和其他收入。"

2015 年财政部颁布的《基本准则》第四十二条指出："收入是指报告期内导致政府会计主体净资产增加的、含有服务潜力或者经济利益的经济资源的流入。"可见，与政府会计其他标准相比，《基本准则》关于"收入"给出了一个全新的定义。

从我国政府会计收入定义的演变，可得出如下认识：①政府单位收入概念演变是沿着从特殊到一般、从具体到抽象这样一个认识规律；②企业会计改革，为政府单位收入等会计要素建设提供可资借鉴的经验；③注重借鉴国际政府会计准则的经验。

（二）政府会计收入定义的国际比较

《国际公共部门会计准则——公共部门主体通用目的财务报告概念框架》将收入定义为："除所有者出资增加以外的导致实体净财务状况的增加。"

《国际公共部门会计准则第 1 号——财务报表的列报》指出："收入，指报告期内导致净资产/权益增加（除了与所有者投入有关的增加）的经济利益或服务潜能的总流入。"

美国联邦财务会计概念公告第 5 号（SFFAC5）将应计制政府财务报表收入要素定义为："收入是指报告期内提供物品或服务、征税或行使其他权力、接受捐赠或者执行其他活动（不包括借款）而导致资产的增加或负债的减少或兼而有之。"

三、收入确认的条件

收入确认有关的问题是会计准则制定者和会计人员面对的最为重要，或许也是最为困难的问题之一。

对经济业务采用"确认"方式，是会计从实务向理论发展的一个重要标志。20世纪二三十年代，已有少数会计学者开始在文献中提到"确认"，如佩顿在《会计纲要》一书中使用了"收入确认"一词，并提出在账户中确认收入与费用的恰当时机问题①。在佩顿与利特尔顿合作的传世名著《公司会计准则导论》第四章收入中指出：根据订单或具有约束力的合同进行生产时，尤其是在长期工程的情况下，按生产进程"确认"收入并非没有根据。从理论上讲，即使不以营利为目的的政府单位，获取一定的收入也是其发展的物质基础。收入何时入账、选择确认收入的时点等问题，也是该组织自然而然需要关注的问题之一。

《基本准则》指出：收入的确认应当同时满足以下条件：①与收入相关的含有服务潜力或者经济利益的经济资源很可能流入政府会计主体；②含有服务潜力或者经济利益的经济资源流入会导致政府会计主体资产增加或者负债减少；③流入金额能够可靠地计量。

但在认识收入确认条件时，首先强调的是该条件必须是在符合"收入的定义"这一假设基础之上。否则，收入的确认也就无从谈起。

（一）经济资源很可能流入政府会计主体

经济资源能否流入政府会计主体是收入确认的重要标准。其中，服务潜力是指政府会计主体利用资产提供公共产品和服务以履行政府职能的潜在能力；经济利益表现为现金及现金等价物的流入，或者现金及现金等价物流出的减少。服务潜力或经济利益流入政府会计主体，可能表现为政府会计主体资产的增加，如增加银行存款、应收账款等；也可能表现为政府会计主体负债的减少，如以商品或服务抵偿债务等；或者两者兼而有之。根据等式"资产 = 负债 + 净资产"，如果

---

① 葛家澍. 市场经济下会计基本理论与方法研究［M］. 北京：中国财政经济出版社，1996：100.

服务潜力或经济利益流入政府会计主体而导致其净资产增加，意味着政府会计主体已经取得收入，该收入应该在收入费用表内确认。需要说明的是《基本准则》在将经济利益流入作为收入判断标准的同时，也将服务潜能的流入置于同等地位。两者流入政府会计主体的数量、时间等诸多因素很难精确确定，通常按照一定的概率区间加以判断，如这里的"很可能"指发生的可能性为"大于50%但小于或等于95%"。这种判断反映了经济资源流入政府会计主体的可能性已超过50%但尚未达到基本确定的程度。

（二）经济资源流入政府会计主体会导致其资产增加或者负债减少

与收入相关的经济利益的流入应当会导致其资产的增加，不会导致资产增加的经济利益的流入不符合收入的定义，不应确认为收入。例如，政府会计主体向国内、国际金融机构借入款项，尽管也导致了其经济利益的流入，但该流入并不导致所有者权益的增加，而使企业承担了一项现时义务。因此，不应将其确认为收入，而应当确认为一项负债。

四、政府收入确认的具体方法

政府收入主要来自两个方面：一是提供公共产品或公共服务获得的收入；二是依法征收款项取得的收入，如税收、各种基金等。政府除了内部管理之外，所有对外发生效力的行为都是向社会提供公共产品。关于政府提供的公共服务内容，《国民账户体系（2008）》指出："公共服务主要包括安全和国防、法律和秩序的维护、立法和制定规章条例、公共卫生的维护、环境保护等。"[①] 而政府收入形成于政府提供的上述各种公共服务活动之中。政府收入确认的具体方法就是在某一特定背景下确认收入，具体有确定性论、关键事项论和货款收到论之分[②]。其中：确定性论是指影响未来现金流入的不确定因素已减少到一个能够接受的程度时确认收入；关键事项论是指获得收入过程中的某一最为关键的任务已经发生和完成时确认收入。

从理论上说，收入的取得，要经过政府提供公共服务运营活动的各个阶段。

---

① 联合国，欧盟委员会，经济合作与发展组织，等. 国民账户体系（2008）［M］. 北京：中国统计出版社，2012：219.

② 查英男. 营业收入实现和确认问题的探讨［J］. 会计研究，1992（6）.

由于政府收入与费用或支出不一定存在配比关系，所以也就不一定要在确认费用或支出时确认收入。为此，政府确认收入要依靠实现原则来挑选在循环中的"关键事项"作为收入确认的时间选择。所谓"关键事项"是指合理记录资产与负债变动的那一特定时刻。收入实际上就是选择运营活动中的某一关键时间来加以确认的。具体情况分为以下几种。

（一）按照"预算收入日报表"等凭证确认收入

我们知道，政府财政收支实行国库单一账户制度。该制度主要包括三个方面的内容：一是建立国库单一账户体系，将所有财政性资金都纳入国库单一账户体系管理；二是所有财政收入直接缴入国库或财政专户；三是财政性资金统一通过国库单一账户体系支付到商品和劳务供应者或用款单位。

国库是负责办理国家财政收支的机构。政府的全部预算收入都由国库收纳入库，一切预算支出都由国库拨付。目前，世界各国对财政出纳机构的设置主要有两种类型：一种是独立国库制，即由政府财政机关设置专门机构办理财政收支出纳业务和进行财政库款管理；一种是委托国库制，即由政府财政机关委托国家银行办理财政收支出纳业务和进行财政库款管理。我国传统意义上的国库是委托国库制，即财政部门委托中国人民银行总行及分行、支行代理国库。

无论采用何种缴库方式，中国人民银行国库在收到公共财政预算收入后，都应按照财政管理体制的要求，将公共财政预算收入在中央财政与地方财政之间，以及在地方各级财政之间进行划分。

公共财政预算收入在缴库和划分之后，国库需要对预算收入进行报解。其中："报"，即国库通过编制"预算收入日报表"（如表7-3所示），每日向各级政府财政部门报告预算收入情况，各级财政对预算收入汇总编制旬报、月报、年报，掌握预算收入执行情况，并进行相应的会计处理；"解"，是指国库通过编制"分成收入计算日报表"（如表7-4所示），进行各级预算收入划分与分成，将财政库款解缴到各级财政的国库存款账户。

财政总预算会计收到中国人民银行国库报来公共财政预算收入日报表时，根据所列预算收入数额，借记国库存款科目，贷记一般公共预算本级收入、政府性基金预算本级收入、国有资本经营预算本级收入等科目。

表 7 – 3　预算收入日报表

级次　　　　　　　　　　　　　　　　　　年　　月　　日

预算科目	本日收入											预算科目	本日收入										
	亿	千	百	十	万	千	百	十	元	角	分		亿	千	百	十	万	千	百	十	元	角	分

国库（盖章）　　　　　　　　　　　　复核　　　　　　　　　　　　　制表

表 7 – 4　分成收入计算日报表

级次　　　　　　　　　　　　　　　　　　年　　月　　日

分成项目	本日收入	本年累计
收入总额		
60% 地（市）级分成		
40% 县级分成		

国库（盖章）　　　　　　　　　　　　复核　　　　　　　　　　　　　制表

（二）按照实际收到款项确认收入

该种方法是以"货款收到"为标准。此方法的特点在于即使公共产品或公共服务已经提供，但在货款还没收到前不能确认为收入。以"收到货款"作为收入确认时点，除此之外，别无其他选择。政府会计主体收到从财政专户返还的事业收入、出售或到期收回短期债券、接受捐赠的货币资金等，通常采用收到款项确认收入的方法。政府会计主体提供公共产品或公共服务时要收取部分服务费，但这些产品或服务的性质不同，有时即使运营活动已经结束或完成，收到货款前仍需继续提供服务，甚至随时可能发生退货，因此收现成为最主要的标志。

（三）按照合同完成进度确认收入

政府会计主体提供公共产品或公共服务时间较长，甚至要经历几个会计期间，如道路、水坝、科研项目和办公大厦的建筑等。政府会计主体按照合同完成进度确认收入。

（四）按照应收到金额确认收入

按照应收到金额确认收入的情况包括确认上级补助收入、确认附属单位上缴收入、期末确认银行存款利息收入等。

此外，有些政府会计主体是从事经营活动的单位，这些单位利用自身优势开展了一些经营活动或兴办了一些经济实体，通过创收来弥补事业经费不足，如高等学校将闲置的设备、场地、房屋等向社会出租出借，这类活动为经营活动；作为事业单位的剧院附设的商品部的销售活动，为经营活动。按照一般商法理论，经营活动是指以营利为目的的持续性业务活动。经营活动体现了保本获利原则，其收入只能来自商品或服务接受方。政府单位从事经营活动所取得的收入，即经营收入。

政府单位经营收入应当在提供服务或发出存货，同时收讫价款或者取得索取价款的凭据时，按照实际收到或应收的金额确认收入。

第二节　费　用

费用是指报告期内导致政府会计主体净资产减少的、含有服务潜力或者经济利益的经济资源的流出。

（《政府会计准则——基本准则》第四十五条）

一、费用概述

（一）费用的概念和特征

《基本准则》指出：费用是指报告期内导致政府会计主体净资产减少的、含有服务潜力或者经济利益的经济资源的流出。关于费用概念所产生的会计问题与对收入所提出的问题相类似，分别是：①费用应包括哪些内容？即确认问题。②费用应该如何计量？③为了实现会计目的，如何认定费用发生的时间以及对它们如何列报？

纵观上述费用概念，可对费用特征总结如下：

第一，费用的发生可能导致政府会计主体资产的减少，也可能导致其负债的增加，或者两者兼而有之。政府单位发生支出或者费用会引起其资产的减少（如以货币资金购买商品、材料、清偿债务），但资产减少，有些是资产数量的减少，如业务活动中材料的领用、各种款项的支付等；有些是资产价值的减少，如房屋、机器或设备计提的折旧等。支出的发生有时也会引起负债的增加，如政府单位确认的应付职工薪酬等；有些情况下，费用在引起资产减少的同时，还会导致负债增加，如采购材料的运费，部分以银行存款支付，部分尚未支付就是一例。但并非所有的资产减少都是支出，代付款项、预拨款项、归还借款等就不是支出。

第二，费用将导致本期净资产的减少。这里所指的本期是指支出发生的当期，即支出的确认时点。也就是说，只有在导致某一会计期间净资产减少时，才能确认一项支出。支出最终将减少政府单位的资产，根据"资产 = 负债 + 净资产"的会计等式，引起资产总额减少的情况有：负债的减少或者净资产的减少。值得注意的是，其中只有同时引起净资产减少的经济利益或者服务潜力流出才是支出。例如，偿还借款时资产减少，但同时负债也减少，这种情况下，资产和负债减少了相同的金额，并没有影响净资产，因此，此项资产流出不构成支出。

（二）费用定义的演变和比较

1. 费用定义的演变

政府会计主体设置哪些会计要素受会计目标的影响，也与采用的会计基础直接相关。多年来，我国在政府会计领域实行的是以收付实现制为核算基础的预算会计标准体系。与此相适应，主要设置了预算会计要素。未设置适用权责发生制的费用要素。

《事业单位会计准则（2012）》第九条指出："事业单位会计核算一般采用收付实现制；部分经济业务或者事项采用权责发生制核算的，由财政部在会计制度中具体规定。"可见，该准则引入"费用"一词是与政府会计采用的会计基础直接相关的。《事业单位会计准则（2012）》第三十五条指出："支出或者费用是指事业单位开展业务及其他活动发生的资金耗费和损失。"该准则一改在政府会计标准中将单位在业务活动过程中发生的各种资金耗费和损失，统一通过支出要素确认、计量和报告的做法，将单位资金耗费和损失，根据采用的会计基础不同，分别在支出或费用要素中确认、计量和报告。至此，企业会计"费用"一词正式引入政府会计标准。

一般事业单位发生的各种资金耗费和损失主要为预算资金，其资金耗费和损失结果表现为预算支出，因此，这些单位将资金耗费和损失确认为支出。但随着公共事业的不断扩大，有些事业单位（如医院、高校等）资金来源呈现多样化和社会化，其业务活动资金耗费、损失不再局限于预算支出，为此，需要设置费用要素，反映这些单位的各类资金耗费和损失。

2. 费用定义的比较

（1）与《企业会计准则——基本准则》的比较。《企业会计准则——基本准则（2014）》第三十三条指出："费用是指企业在日常活动中发生的、会导致所有者权益减少的、与向所有者分配利润无关的经济利益的总流出。"根据费用的定义，费用具有以下特征：一是费用是企业在日常活动中形成的。《基本准则》未对此做出要求，因为企业日常活动所产生的费用通常包括销售成本（营业成本）、管理费用等。将费用界定为日常活动所形成的，目的是将其与损失相区分，企业非日常活动所形成的经济利益的流出不能确认为费用，而应当计入损失。二是费用会导致所有者权益减少。但由于政府会计主体不存在所有者权益，因此，在费用定义中未包括此特性。三是费用会导致经济利益总流出。这点与《基本准则》一致，也就是说，无论是企业还是政府会计主体，一旦发生费用，必然要导致经济利益流出。其表现形式包括现金或者现金等价物的流出，存货、固定资产和无形资产等的流出或者消耗等。

（2）费用定义的国际比较。

2010年9月国际会计准则理事会发布的《财务报告概念框架》指出："费用是指会计期间内经济利益的减少，其形式表现为因资产流出、资产消耗或是发生负债而引起的权益减少，但不包括与对权益参与者分配有关的权益减少。"

《国际公共部门会计准则——公共部门主体通用目的财务报告概念框架》指出："费用，是除所有者分配减少以外的导致实体净财务状况的减少。"

《国际公共部门会计准则第1号——财务报表的列报》指出："费用，指在报告期间经济利益或服务潜能的减少，表现为导致净资产/权益减少的资产流出或耗费或负债的增加，不包括与所有者分配相关的权益减少。"

上述定义不尽相同，但基本包含以下内容：一是费用是会计期间内或报告期间发生的；二是费用的形式为资产流出、耗费或负债的增加；三是费用的经济后果是净资产减少。

（三）相关概念的辨析

企业会计中，费用、成本、支出和损失等相关概念曾在其理论、实务中经常出现，但它们之间关系如何一直是困扰人们的一个话题，有必要对其之间关系进行梳理。

1. 费用与支出

在日常用语中，费用与支出这两个词几乎是同义词。但在会计中，费用是指会计期内资源的使用，而支出是指同期内购买的商品和服务的价值①。可见，两个概念所表达的含义存在明显的差异。在政府会计领域，费用与支出概念的区别主要是两者适用的会计基础不同。作为政府会计要素，支出适用于收付实现制的政府会计主体，而费用则适用于权责发生制政府会计主体。完全应计会计确认的是"费用"而非"支出"。虽然在一般意义上，这两个术语几乎是相同的，然而在会计意义上它们具有非常不同的含义。

支出，《现代汉语词典》的解释为：一是"付出去；支付"；二是"支付的款项"。支出关注资金的流出、结算。与此含义相对应，政府单位采用收付实现制会计基础时，以支出作为其会计要素是恰当的。

采用权责发生制基础的会计主体，其承担义务所发生的耗费构成其费用内容，除支付的款项可能构成费用外，还包括那些属于某一期间但尚未支出的款项。

2. 费用与损失

按照《现代汉语词典》的解释，"损失"即"消耗或失去"。失去也就是没有补偿，可见，损失则是丧失资产而得不到或无望得到相应的补偿。政府单位的费用范围十分广泛，如预算支出、专用基金支出、补助支出、事业支出、经营支出等。其共同特点是经济资源的流出具有补偿性。其补偿可能来自税收收入、非

---

① 斯基亚沃—坎波，丹尼尔·托马西. 公共支出管理［M］. 张通，译. 北京：中国财政经济出版社，2001：217.

税收入、上级补助、附属单位上缴、事业收入、经营收入等。而损失一般是得不到补偿的。

费用与损失的关系可以表述为，有时，损失可能会发出支出，如交通事故引起的损失一般会发生赔偿支出，但并不一定会发生支出，它可能表现为现有资产的减少。

3. 费用与成本

采用权责发生制会计基础的政府单位，支出与成本的区别较为明显。支出的范围更广，它包括为了取得本期收入或者为了清偿债务甚至发生损失等原因发生的资产的减少。而成本一般指生产科研产品、提供医疗服务、购买或者建造资产等引起的支出。支出一般是在某一期间发生的，虽然此期间发生的支出可以作为费用，也可以作为资产；与支出不同，成本并不是针对期间而言的，而是针对具体对象而言的，如医院科室成本、科研服务项目成本、影视制作成本等。因此，成本并不一定全部是在某一个期间发生的。

（四）费用的分类

国际货币基金组织在《政府财政统计手册（2001）》一书中未使用"费用"一词，而是使用了"开支"的概念，指出政府开支包括雇员报酬、商品和服务的使用、固定资本消耗、利息、补贴、赠与、社会福利、其他开支。

《国际公共部门会计准则第 1 号——财务报表的列报》指出，主体应当基于费用的性质或其在主体中的功能（视何者能够提供可靠且更相关的信息而定）对费用进行的分类做出分析，并在财务业绩表表内或附注中予以列报。可见，国际公共部门会计准则对费用分类是基于其性质或功能的。前者称为费用性质法，将费用按其性质（如折旧、原材料采购成本、运输费用、雇员福利和广告费）在财务业绩表表内汇总反映。后者为费用功能分类法，它将费用按项目或其用途进行分类，将政府费用分为一般公共服务、国防、公共秩序和安全、教育、医疗卫生、社会保障、住房和社区设施、娱乐、文化和宗教、经济事务、环境保护、其他费用、融资成本。这种方法能向使用者提供比按性质进行费用分类更相关的信息，但将成本归类至各种功能可能具有随意性并涉及相当多的判断。

赵建勇（2002）认为，政府的费用主要可以分成如下类型：①人员费用；

②销货成本；③提供服务成本；④实物资产使用费用（如折旧费用、服务潜力损失）；⑤租金和租赁成本；⑥维持和日常运行费用；⑦利息费用；⑧与金融资产相关的费用；⑨政府转账费用；⑩其他损失①。可见，这种分类是基于费用的经济内容来划分的。

《政府会计制度——行政事业单位会计科目和会计科目表（征求意见稿）》将费用划分为业务活动费用、单位管理费用、经营费用、所得税费用、资产损失和其他费用。

《政府部门财务报告编制操作指南（试行)》《政府综合财务报告编制操作指南（试行)》分别对政府会计主体费用的内容进行了分类。两个指南的费用分类结果如表7-5所示。

表7-5　会计主体费用分类

序号	费用项目	内　　　容
1	工资福利费用	政府本期应支付给在职职工和编制外长期聘用人员的各类劳动报酬，以及为上述人员缴纳的各项社会保险费等
2	商品和服务费用	政府本期购买商品和服务发生的各类费用，包括办公费、差旅费、劳务费等
3	对个人和家庭的补助	政府本期用于对个人和家庭的补助，包括离休费、退休费、医疗费、住房公积金等
4	对企事业单位的补贴	政府本期对未进入部门决算编报范围的企业、政府单位及民间非营利组织的各类补贴
5	政府间转移性支出	政府本期提供给非同级政府和不同地区同级政府的款项
6	折旧费用	政府本期对固定资产、公共基础设施资产提取的折旧费用
7	摊销费用	政府本期对无形资产提取的摊销费用
8	财务费用	政府本期有偿使用相关资金而发生的不应资本化费用
9	经营费用	政府本期开展经营活动发生的费用
10	其他费用	政府本期发生的除上述费用以外的其他费用

---

① 赵建勇. 政府财务报告问题研究［M］. 上海：上海财经大学出版社，2002：144.

二、费用确认、计量和列报

（一）费用确认标准和一般方法

在政府会计中，将净资产减少或经济资源的流出确认为费用，除符合费用定义外，还需要具备一定的标准。《基本准则》第四十六条指出："费用的确认应当同时满足以下条件：（一）与费用相关的含有服务潜力或者经济利益的经济资源很可能流出政府会计主体；（二）含有服务潜力或者经济利益的经济资源流出会导致政府会计主体资产减少或者负债增加；（三）流出金额能够可靠地计量。"

符合确认标准的费用，在报告期内可采用的列支方式有直接列支、预提应付、已付待摊和转账摊销四种方式。

（1）直接列支，是指费用在支付时直接列入报告期内的费用中，多数费用采取这种方式。

（2）预提应付，是指将属于报告期的费用按规定预先列支但尚未支付。其特点是受益在前、支付在后，如计提的银行借款利息费用就是采用的这种方式。

（3）已付待摊，是指在报告期内支付由本期和以后各期分别负担的各项费用。其特点是支付在前，受益、摊销在后，如预付财产保险费、预付经营租赁固定资产租金、预付报刊订阅费等。

（4）转账摊销，是指报告期承担的费用不需要通过货币结算，而是采用转账形式列支。提取固定资产折旧、库存物品的摊销等就是采用这种方式。

（二）工资福利费用

1. 工资福利费用的内容

工资福利费用，又称"职工薪酬"，是指政府部门本期应支付给在职职工和编制外长期聘用人员的各类劳动报酬，以及为上述人员缴纳的各项社会保险费等。也就是说，凡是政府部门本期为获得职工提供的服务给予或付出的各种形式的对价，均构成工资福利费用，主要由劳动报酬、社会保险、福利、教育、劳动保护、住房和其他人工费用等组成。具体包括以下内容：

（1）基本工资。它是指单位为了保证职工的基本生活需要，让职工在组织中可以定期拿到的、数额固定的劳动报酬。它由用人单位按照规定的工资标准支付，较之工资额的其他组成部分具有相对稳定性。

（2）绩效工资。它是指以对员工绩效的有效考核为基础，将工资与考核结果相挂钩的工资制度，它的理论基础就是"以绩取酬"。它的基本特征是将员工的薪酬收入与个人业绩挂钩。

（3）国家统一规定的津贴补贴。它是指为了补偿职工特殊或额外的劳动消耗和因其他特殊原因支付给职工的津贴，以及为了保证职工工资水平不受物价影响，国家按照统一标准支付的物价补贴。

（4）社会保险费。它是指企业按照国家规定的基准和比例计算，向社会保险经办机构缴纳的医疗保险费、养老保险费、失业保险费、工伤保险费和生育保险费，即通常所讲的"五险"。

2. 职工薪酬结算与分配

无论职工薪酬内容如何，工资福利费用的核算一般包括结算与分配两个方面的内容。

职工薪酬的结算，就是政府单位将应付给每位职工的薪酬计算并发给职工的活动。它反映了政府单位与职工之间有关薪酬的结算情况。政府单位与职工之间因职工提供服务形成的关系，大多数构成政府单位的现时义务，将导致政府单位未来经济资源的流出，从而形成其一项负债。

职工薪酬的分配，是指将单位的职工薪酬作为一种费用或支出，按照其用途分配计入本期相关费用、支出或由规定的资金来源列支。政府单位每月发生的全部职工薪酬，不论是否在当月支付，都应按照职工薪酬的用途分别进行分配。

为了总括反映职工薪酬的结算与分配情况，政府单位应设置"应付职工薪酬"账户，还应当根据国家有关规定按照工资（离退休费）、地方（部门）津贴补贴、其他个人收入、社会保险费、住房公积金等进行明细核算。

按照当期计算出的应付职工薪酬，在确认应付职工薪酬的同时，按其用途进行如下分配：各单位从事专业及其辅助活动人员的职工薪酬，计入业务活动费用或单位管理费用、在建工程、加工物品等；各单位从事专业及其辅助活动之外的经营活动人员的职工薪酬，计入经营费用；因辞退职工而给予的补偿，计入单位管理费用。

向职工支付工资、津贴补贴等薪酬时，按照实际支付的金额转销应付职工薪酬。

按税法规定代扣个人所得税，从应付职工薪酬中代扣为职工垫付的水电费、房租等费用，从应付职工薪酬中代扣社会保险费（如职工基本养老保险费、失业保险费、基本医疗保险费）和住房公积金，按照国家有关规定缴纳职工社会保险费和住房公积金，以及从应付职工薪酬中支付其他款项时，转销应付职工薪酬。

（三）商品和服务费用

1. 商品和服务费用的内容

商品和服务费用，是指政府部门本期购买商品和服务发生的费用金额，但不包括用于购置固定资产等的支出。商品和服务费用具体包括办公费、印刷费、咨询费、手续费、水费、电费、邮电费、取暖费、物业管理费、差旅费、因公出国（境）费、维修（护）费、租赁费、会议费、培训费、公务招待费、专用材料费、劳务费、委托业务费、工会经费、福利费、公务用车运行维护费、其他交通费用、其他商品和服务支出。

商品和服务费用是政府部门或单位为完成其职能、取得所需商品和劳务开展多种活动而发生的财政资金的支付。就其本质而言，它反映了政府的政策选择，是政府职能活动或行为的成本。

2. 商品和服务费用的计价

《事业单位会计准则》指出："采用权责发生制确认的支出或者费用，应当在其发生时予以确认，并按照实际发生额进行计量。"

实际发生额代表政府会计主体经济活动的实际资金耗费，并有客观原始凭证为依据，是真实可信，也可以检验的。

三、对个人和家庭的补助

对个人和家庭的补助，是指政府部门本期用于对个人和家庭的补助金额，主要包括离休费、退休费、医疗费、住房公积金等。

（1）离休费、退休费，是指根据国家有关规定，离休干部或职工因年老或因工、因病致残，完全丧失劳动能力（或部分丧失劳动能力）退出工作岗位而给予的离、退休费用。

（2）医疗费，是指政府部门职工因遭受人身伤害接受医学上的检查、治疗与康复训练所必须支出的费用。

（3）住房公积金，是指政府部门按照国家规定的基准和比例计算，向住房公积金管理机构缴存的住房公积金，即通常所说的"一金"。

离休费、退休费以及住房公积金等是政府有规定计提基础和计提比例的补助项目，政府会计主体根据规定的计提基础和计提比例计算确定相应的职工薪酬金额，按照受益对象计入当期费用或相关资产成本，并确认相关负债。

对于政府部门职工发生的医疗费等，应根据实际支付金额进行计量，确认相关费用。

四、对企事业单位的补贴

对企事业单位的补贴，它是指政府本期对未进入部门决算编报范围的企业、事业单位及民间非营利组织的各类补贴。

一般来说，政府补贴是政府直接或间接向微观经济主体提供的无偿资金转移，它是财政支出的一个重要组成部分。这里所讲的"补贴对象"局限于未进入部门决算编报范围的微观经济主体，可能是企业，也可能是事业单位或民间非营利组织。

五、政府间转移性支出

（一）政府间转移性支出的性质及其内容

政府间转移性支出，是指政府本期提供给非同级政府和不同地区同级政府的款项。转移支付，原义为资金的转移或转让。

一个国家内部的政府转移支付既包括政府向家庭所进行的转移支付，如养老金、住房补贴等，也包括政府向国有企业提供的各种形式的补贴，还包括各级政府间的财政资金转移支付。广义上讲，凡是在政府、企业、其他经济主体、居民等国民经济主体之间的一切非购买性无偿支出，均可称之为"转移支付"。

转移支付包括一般性转移支付和专项转移支付。其中，一般性转移支付是指为弥补财政实力薄弱地区的财力缺口，均衡地区间财力差距，实现地区间基本公共服务能力的均等化，中央财政安排给地方财政的补助支出，由地方统筹安排。

目前，一般性转移支付包括均衡性转移支付、民族地区转移支付等。专项转移支付是指中央财政为实现特定的宏观政策及事业发展战略目标，以及对委托地方政府代理的一些事务或中央与地方共同承担事务进行补偿而设立的补助资金，需按规定用途使用。专项转移支付重点用于教育、医疗卫生、社会保障、支农等公共服务领域。

根据资金转让和受让方不同，转移性支付分为转移性收入和转移性支出。其中，关于转移性支出需要说明以下三点：一是转移性支出是与转移性收入相对应的，一方取得转移性收入，对于另一方则为转移性支出。两者都是根据财政管理体制规定在各级财政间进行资金转移以及在本级财政各项资金间进行资金调剂所形成的收入或支出。二是转移性支出除包括一般公共预算的转移性支出、政府性基金预算的转移性支出外，与转移性收入相比，社会保险基金预算的处理原则未变，但增加了国有资本经营预算的转移性支出。三是按照《政府收支分类科目》，转移性支出是与一般公共服务支出、外交支出、国防支出、公共安全支出、教育支出等功能支出相并列的一个支出种类，属于类级科目。

（二）政府间转移性支出的确认、计量

转移性支出主要由社会保障支出和财政补贴构成。社会保障支出分为补助支出、捐赠支出和债务利息支出三类，它体现的是政府的非市场型再分配活动。在财政支出总额中，转移性支出所占的比重越大，财政活动对收入分配的直接影响就越大。同时，转移性支出也体现了公共财政的效率、公平和稳定三大职能。

1. 社会保障支出

社会保障支出是指政府通过财政向由于各种原因而导致暂时或永久性丧失劳动能力、失去工作机会或生活面临困难的社会成员提供基本生活保障的支出。

2. 补助支出

政府财政发生补助支出或从相关科目转入时，将补助资金计入补助支出；专项转移支付资金实行特设专户管理的，本级政府财政应当根据本级政府财政下达的预算文件确认补助支出，计入补助支出；有主权外债业务的财政部门，贷款资金由下级政府财政同级部门（单位）使用且贷款最终还款责任由本级政府财政承担的，本级政府财政部门按支付的贷款资金计入补助支出。

六、折旧、摊销费用

（一）折旧费用

1. 折旧费用的性质

多少年来，固定资产项目受环境影响的程度日益增大，对其应如何反映一直是会计上的一个棘手问题。此外，因固定资产项目在使用过程中实物形态保持不变，其价值究竟是通过何种方式转移的，更是众说纷纭。美国著名的会计学家西德蒙·戴维森在《现代会计手册》中对折旧性质进行论述时曾指出："折旧是所有会计名词中讨论得最多而又最有争议的一个。"

关于折旧的性质，中外会计学家的论述不尽相同，主要表现为以下几种观点：

（1）计量观。固定资产具有实物形态不变、价值随着使用递减的特点，因此，计量观认为，"折旧是对固定资产服务潜能的降低的计量。这种服务潜能的降低可能来自资产的物理损耗和使用消耗，或是由于过分陈旧或需求变动而导致的经济损失"。

（2）分配观。美国执业会计师协会的专门用语委员会试图解决这一问题，曾在1953年对折旧会计下了一个定义："折旧会计是系统地、合理地将有形固定资产的成本或其他基本价值，减去残值（如果有残值的话）后的净额，分配到资产项目（也可能是一组资产）估计有用年限中去的会计处理办法，它是一个分配的过程而不是计价的过程。"

（3）补偿观。补偿观认为，折旧是"资本的维护"，"计算折旧的目的是维护原始投的资本，只有在原始资本得到补偿的基础上，所获得的收益才是真正的收益"[①]。英国会计学家麦克·哈卫等认为，"折旧是为了重置资产"，"折旧的目的是为了积累资产耗尽时需要更新的资金"[②]。

对于政府固定资产之所以计提折旧，有些持"计量观"，如行政事业单位与企业的固定资产虽然使用目的不同，但在折旧问题上并无本质差别，即都是反映

---

① 陈今池. 现代会计理论概论［M］. 上海：立信会计出版社，1993：169.

② 哈卫，克尔. 财务会计理论与准则［M］. 北京：航空工业出版社，1992：85.

固定资产价值的减少①。人们基本还是认同"分配观"，事实上，也是如此。

2. 折旧的计算方法

广义上讲，折旧方法可分为两类：一类是直线法；另一类是加速折旧法。

直线法假定折旧是由于时间的推移，而与使用无关，认为服务潜力降低的决定因素是时间推移所引起的陈旧或损坏，而不是使用所引起的有形损坏。因而，假定无论各期使用资产程度如何，资产的服务潜力在各个会计时间是等量降低的，并且各个会计期间所使用的服务总成本是相同的。

对于房屋及建筑物等使用年限较久，无形损耗较少，在使用年限内平等分摊其价值转移的固定资产，可以使用直线法。专用设备中耐用的固定资产（更新换代速度比较快的固定资产除外），如医疗器械、样本模型、家具、体育专用器材等，科技含量较低或磨损度较低，在使用期限内平均分摊其价值转移，或提供的效用和功能与使用年限没有明显关系，建议采用直线法。

《政府会计准则第3号——固定资产》规定，政府会计主体一般应当采用年限平均法或工作量法计提固定资产折旧，即采用直线法计提折旧。

（二）摊销费用

"摊销"（amortization）一词，有广义和狭义之分。广义摊销，是指对除固定资产之外，其他非流动性资产按照其使用年限每年分摊购置成本的会计处理办法；狭义摊销，一般是指分配无形资产成本的方法。如果按照狭义概念理解"摊销"，其含义与固定资产折旧类似，所不同的是，折旧是指分配有形资产的成本，而摊销是指分配无形资产的成本。

《政府会计准则第4号——无形资产》规定，政府会计主体应采用年限平均法对无形资产成本进行摊销。使用年限有限的无形资产，其残值应当视为零。未规定采用其他摊销方法，如加速摊销法等。政府无形资产一般包括专利权、商标权、著作权、土地使用权、非专利技术以及其他财产权利等。众所周知，这些资产中有些价值是相对稳定的，如土地使用权、商标权、版权、著作权，而有些资产如专利权、实用新型和外观设计、非专有技术等，时刻面临着被新技术、新发明替代的可能，非专有技术还存在被泄密的危险，外购商誉未来所产生的经济效

---

① 深圳市财政委员会. 政府固定资产核算报告编制相关问题的研究：上 ［J］. 预算管理与会计，2013（5）.

益难以确定。

但政府取得无形资产所支付的财务资源是无偿取得的，不存在收支配比要求，也没有补偿所耗资金的压力，强调资产为政府履行公共服务的宗旨，因而没有必要将那些技术更新较快且时刻面临着被新技术和新发明替代的专利权、实用新型和外观设计以及会因技术泄密而丧失其价值的专有技术等无形资产采用加速摊销方法。需要说明的是，虽然具体准则规定无形资产采用年限平均法进行摊销，但并不意味着这种方法是最合理的。

七、财务费用和经营费用

（一）财务费用

财务费用，它是指政府本期有偿使用相关资金而发生的不应资本化费用。一般来说，政府之间、政府财政与政府单位之间资金划拨及其使用是无偿的。但当政府发生有偿使用资金问题时，相应地，借款费用核算问题也就凸现出来。

借款费用，是指政府因筹资而发生的利息及其相关成本，也就是因有偿使用相关资金所发生的费用。国际上，借款费用通行的会计处理原则有两种：一是借款费用资本化，即将借款费用计入有关资产的成本中，在政府的财务报表中作为取得某些资产的一部分历史成本；二是借款费用费用化，即将借款费用计入费用发生当期的损益。采取两种不同的借款费用会计处理原则，主要缘于理论上对借款费用的认识不同，其焦点在于借款费用的发生是基于投资活动的需要还是基于筹资活动的需要，将其与购建资产成本相联系是否合理。

资本化费用与费用化费用是一组相对应的概念，并且各级政府财政、政府部门或单位因有偿使用相关资金所发生的费用的处理不尽相同。

在财政总预算会计中，将因发行政府债券、借入款项等而有偿使用相关资金所发生的费用作为预算支出。

政府部门或单位有偿使用相关资金所发生的费用可能费用化也可能资本化。例如，《事业单位会计制度》规定，短期借款利息计入其他支出，即费用化的利息费用。为购建固定资产支付的专门借款利息，属于工程项目建设期间支付的，计入工程成本，该利息费用为资本化费用，属于工程项目完工交付使用后支付的，计入当期支出但不计入工程成本，按照支付的利息，计入其他支出，该费用为费用化利息费用。其他长期借款利息，按照支付的利息金额，计入其他支出。

（二）经营费用

　　经营费用，是指政府本期开展经营活动发生的费用。在政府会计领域所说的"经营活动"是指专业业务活动及其辅助活动之外的活动。所谓专业业务活动，是指事业单位根据本单位专业特点所从事或开展的主要业务活动，通俗地讲，也可以叫作"主营业务"，如文化事业单位的演出活动、教育事业单位的教学活动、科学事业单位的科研活动、卫生事业单位的医疗保健活动等。辅助活动是指与专业业务活动相关、直接为专业业务活动服务的单位行政管理活动、后勤服务活动及其他有关活动。政府单位在上述活动以外开展的各类活动发生的费用为经营费用。

　　由于经营活动体现了保本获利原则，其相关费用或支出一般从商品或服务接受方获得补偿。而经营活动以外的活动发生的费用或支出，体现了事业活动的公益性原则，可能从商品或服务的接受方得到补偿，也可能从财政取得补偿。其特点表现为：一是费用或支出需要由经营活动收入补偿；二是经营费用应当与经营收入相互配比，也就是在确定一个时期的经营收入时，还必须确认与该期收入相关的费用，并将收入和相关的费用相互配比，权衡投入和产出，确定运营活动的成果。

　　在政府单位中，有的单位经常从事某些经营类性质业务，如科研事业单位有偿提供科研成果，高等学校为学生提供公寓、招待所、餐厅等。此类业务虽是事业单位全部业务活动的组成部分，但显然不同于其基本业务，尽管此类单位采取的是有偿服务，但收费一般很低，仅能补助其业务支出的一部分，此类业务即经营业务，该业务发生的支出为经营支出。

第八章
政府决算报告和财务报告

第一节　政府决算报告

政府决算报告是综合反映政府会计主体年度预算收支执行结果的文件。

政府决算报告应当包括决算报表和其他应当在决算报告中反映的相关信息和资料。

政府决算报告的具体内容及编制要求等，由财政部另行规定。

（《政府会计准则——基本准则》第四十八条）

一、政府决算报告概述

（一）政府决算内涵

什么是政府决算？为什么要编制政府决算？政府预算与决算的关系怎样？如何编好政府决算？认识这些问题，对于实现政府会计目标很有现实意义。政府决算是一项政策性极强的管理工作，决算编制必须遵循国家法律法规，这是毫无疑义的。但如果我们对与决算相关的基本理论方面的认识能有所提升，一定会有助于提高政府决算的质量①。

政府决算，是政府决算报告的简称，且有广义和狭义之分。从狭义看，政府决算是指以总预算会计年报为主要载体、反映各级政府年度预算收支最终结果的具有法律效力的文件。从广义看，政府决算既包括财政部门编制的政府决算，也包括部门或单位编制的本部门、本单位决算②。

鉴于政府预算所具有的法律特征，从理论上讲，它的执行结果（政府决算）应与政府预算保持一致，但事实并非如此。因为预算作为政府的收支计划，其收支规模是基于对未来年度的预测的结果。在任何情况下，由于经济多变而理论贫乏，预测未来的能力极端有限③，所以编制的政府预算与其实际执行情况会存在一定差距。政府决算一方面反映预算期各项收支计划执行的情况，另一方面为分析政府预算偏离实际执行结果的原因提供极为重要的参考依据。

---

① 邹平．解读部门决算［J］．新理财：政府理财，2013（4）．
② 杨乐，龙小燕，刘西友．预算法修订背景下开展政府决算审计的思考［J］．财政研究，2015（4）．
③ 威尔达夫斯基．预算与管理［M］．上海：上海财经大学出版社，2010：8.

政府决算与政府预算体系构成一样，都是按照国家的政权结构和行政区域来划分的。根据我国宪法和国家预算管理体系的具体规定，一级政权建立一级预算，凡是编制预算的地区、部门和单位都要编制决算。行政单位决算由执行单位预算的国家机关编制；政府会计主体决算由执行单位预算的政府会计主体编制。参加组合组织预算、经办预算资金收纳和拨款的机构，如国库、税务部门、国有企业利润监缴机关等也要编制年报和决算。

需要说明的是，政府决算编成后，报送国务院审查，提请全国人民代表大会审查批准。尚未经法定程序批准的政府决算，称"决算草案"。决算草案由各级政府、各部门、各单位在每一预算年度终了后按照国务院规定的时间编制。

政府决算报告是综合反映政府会计主体年度预算收支执行结果的文件。实质上，它是经法定程序批准的年度国家预算执行结果的一种会计报告，是经立法审批的年度预算执行结果的总结。众所周知，预算编制的主要步骤可分为：制定——起草预算；授权——立法机关正式批准；执行——预算实施；评估——预算执行得如何。可见，决算属于预算周期的末端，是政府整个预算工作程序的总结和终结，是政府政策导向和支出范围的集中表现。

（二）政府决算报告的作用

财政总决算是年度预算执行情况的综合数据反映，是编制下一年度财政预算和实施科学收支管理的主要依据和信息基础，也是政府研究调整有关政策、做好财政管理以及调控经济的重要参考依据。具体作用表现在以下几个方面。

1. 体现了1年来政府活动的范围和方向

通过决算中的收入状况反映政府资金的积累水平，通过支出状况反映政府各项事业的发展规模、速度进程和取得的成果。编制政府决算报告有利于各级政府掌握预算执行的结果，总结预算管理经验，改进财政管理，也有利于积累政府预算统计资料，为政府施政政策提供依据。

2. 反映了预算执行的状况

精心编制的预算如果得到有效执行，其执行结果必然与预算保持一致。但是受客观情况或者突发事件的影响，决算情况不可能与预算情况一致。政府预算执行情况究竟如何、是否完成收支任务、收支是否平衡，这些只有通过编制政府决算报告才能准确反映出来。因此，政府决算报告是各级政府在一定阶段依法行政、依法使用财政资金的最终结果。政府决算报告在集中反映预算期内党和政府的大政方针落实情况、政府预算执行结果、政府财政资金活动范围和方向、制定宏观经济决策、实现政府预算的法制化监督和民主监督等方面发挥了不可替代的作用。

3. 为编制下一年政府预算提供科学的依据

预算是决算的依据，决算是对预算的实施结果。按照预算理论，预算编制、预算执行与财政决算是一个有机的整体，彼此之间相辅相成、密不可分。财政决算是财政工作的一项重要内容，与预算编制、预算执行一起构成"预算编制—预算执行—财政决算"三位一体的有机体，预算编制、预算执行、财政决算是财政预算管理的三个重要环节，三者相通对接，构成闭合循环的"三角链"。财政决算是对年度预算执行情况的全面反映，是分析预测社会事业发展的重要依据。

（三）政府财政决算的组成

政府财政决算是各级政府、各部门和单位所有决算形式的总称。按行政层级划分，它包括中央政府财政决算和地方各级政府财政决算；按组织形式划分，它包括财政总决算、部门决算和单位决算。政府各部门所属的行政、事业、企业单位，按其主管部门部署编制本单位决算。其组成如图8-1所示。

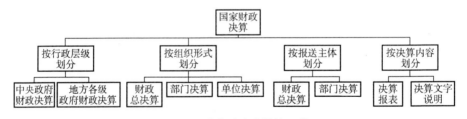

图8-1　政府财政决算的组成

各部门在审核汇总所属各单位决算的基础上，结合部门本身的决算收支数字，汇编成本部门决算，并报送本级财政部门。县级以上各级财政部门编制本级政府财政总决算。部门决算是单位决算的汇总，也是财政总决算的重要依据和补充，它在各级政府决算中既起到承上启下的作用，又在一定意义上与财政总决算处于并列的地位。

决算由决算报表和文字说明两部分构成，它通常按照我国统一的决算体系逐级汇编而成。一级政权建立一级预算，凡是编制预算的地区、部门和单位都要编制决算。决算的构成和收支项目同预算是一致的。中央决算由中央各部门（含直属单位）决算组成，并包括地方向中央上解的收入数额和中央对地方返还或者给予补助的数额；地方决算由各省、自治区、直辖市总决算组成；地方各级总决算由本级政府决算和汇总的下一级总决算组成。

（四）政府决算报告编制的原则

按照预算法的规定，各级政府、各部门、各单位在每一预算年度后，应按国务院规定的时间编制决算，以便及时对预算执行情况进行总结。政府决算报告的编制原则具体如下：

（1）内容要真实。真实性表示应该以核实的会计数字为准，不得弄虚作假，各项财务数据也必须账账相符、账表相符、账实相符。

（2）数字要准确。准确的数字，对于掌握预算执行情况、研究预算执行过程中出现的新情况、对重大经济问题做出科学决策都具有十分重大的意义。这也是政府决算报告编制的最基本要求。数字一旦有误，决算报告的作用也就无从谈起。

（3）内容要清晰。为方便社会公众阅读理解，对一些专业性较强的名词尽量用通俗易懂的文字加以说明，数据与图表相互衔接、相互对照。

（4）内容要完整。决算与预算要互相衔接，政府全部收支的实际结果都必须反映在决算中。按照预算管理方式，政府决算报告分别从中央公共财政决算、中央政府性基金决算、中央国有资本经营决算三个方面，反映了中央决算的整体情况。

（5）报送要及时。决算应该及时编制，及时报送。上下级财政办理年终结算，财政部门要及时准确提供结算项目资料和数据，并充分运用现代化信息手段，提高决算编审质量和效率。

（6）重点要突出。政府决算报告应在全面反映当年财政决算情况的同时，专门阐述预算执行效果等情况。在总结财政工作取得成效的同时，应分析财政管理中存在的问题和不足，并有针对性地提出改进措施。

（7）内容要透明。政府决算透明的定义为：按照及时、详细、准确、可靠、容易理解、可比较的要求，最大限度地将政府决算信息向公众公开，以利于公众和金融市场准确估量政府活动的真实成本和收益，以及政府的财政地位。在此定义下，决算透明度的含义包括了会计透明度、制度透明度、指标与预测的透明度三个方面[①]。

二、政府决算报告编制的一般程序

（一）编制决算前的准备工作

编制政府决算是一项政策性强、涉及面广、工作量大、时间紧迫、复杂而又细致的工作，必须认真做好前期准备工作。

（1）拟定和下达政府收支决算的统一编报办法。每年由财政部制定并发布政府决算统一编报办法，作为编制年终决算的指导性文件，有利于保障各级政府决算和单位决算质量。

（2）做好年终清理工作。年终之前，各级财政部门和行政政府会计主体等都应对全年预算收支、会计账目、财产物资进行一次全面的清查核对和结算，包括核对本年预算收支数字、清理本年预算应收应支款项、清理各种往来款项、结清预算拨借款、清查财产物资、进行决算数字的对账工作。通过年终清理，划清预算年度，核实预算收支，保证决算及时编制。

（3）修订和颁发统一的决算表格。决算表格是编制决算的工具，政府收支决算的所有数字主要反映在决算表格上。财政部在颁发国家决算编报办法的同时还要制定和颁发决算表格。

（二）决算的编制

编制决算的时间为预算年度终了。其程序为从执行预算的基层单位开始，自下而上，逐级编制、审核和汇总，最终由财政部负责汇编政府总决算。各级政府决算表格须经政府主要领导签章后才能上报。

（三）决算的审查

数据的真实、准确是决算工作的"生命"，决算审核是保证决算数据真实、

准确的重要一环。财政部对中央级总决算和地方政府总决算都要进行认真审查。审查的内容有收入的审查、支出的审查和结余的审查；审查的方法主要有就地审查、书面审查和汇报审查；审查的形式主要有自审、联查互审、上级审查。

（四）决算的批准

经过逐级审核汇总编成的政府收支总决算，由财政部连同决算说明书报送国务院审查。经国务院全体会议讨论通过后，提请全国人民代表大会审查批准。

政府收支决算经全国人民代表大会批准后，国务院即批复各省、自治区、直辖市的总决算，并授权财政部批复中央各部门的单位决算。中央各部门根据已批准的决算，分别批复所属单位决算。地方各级政府总决算由地方财政部门报送同级人民政府讨论通过后，提请同级人民代表大会常务委员会审查批准。

三、部门决算

（一）部门决算概述

理解部门决算，首先应对部门有一个全面的认识。根据财政部《部门决算管理制度》的规定，部门决算，是指行政政府会计主体在年度终了，根据财政部门决算编审要求，在日常会计核算的基础上编制的、综合反映本单位预算执行结果和财务状况的总结性文件。可见，部门决算中的"部门"是指所有纳入部门预算编报范围的各级各类国家机关、政党组织、政府会计主体等。

部门决算信息可以全面、真实反映行政政府会计主体的财务状况和预算执行结果，满足国家财政财务会计监管、各项资金管理以及宏观经济决策的需要。目前，我国已形成一套比较完善的部门决算报表体系和一个比较科学、规范的部门决算编审工作流程，初步建立起部门决算与部门预算相互反映、相互促进的有效机制。部门决算在财政财务管理中正发挥越来越重要的作用。

（二）若干概念辨析

1. 部门决算与部门预算的关系

部门预算是纳入部门预算的部门依法编制的，具体来说，是由基层预算单位编制，逐级上报、审核、汇总，经财政部门审核后并提交立法机关依法批准的部门各项收支的综合财政计划；而部门决算则是部门预算执行情况的综合反映。部门预算和部门决算共同构成部门资金分配使用运行的全过程，是不可分割的两个方面，二者相辅相成、密不可分。预算是决算的前提，是政府实施宏观调控的重要手段；决算则是对预算的检验和评价，是政府未来科学合理地安排预算、实施有效宏观调控的依据。

2. 部门决算与财政总决算的关系

部门决算与财政总决算构成我国政府决算的有机组成部分。两者的关系如下。

（1）相互联系：①财政总决算报表相关项目数据资料来源于部门决算，部门决算是对财政总决算报表中相关预算项目执行结果所做的详细和具体的反映；②部门决算报表与财政总决算报表所涉及的相关指标口径是一致的，其相关数据也保持一致。

（2）相互区别：①编制主体不同。财政总决算的编制主体是各级财政部门，而部门决算的编制主体则是列入该年度部门预算编报范围的行政事业单位、企业和企业集团。②反映的情况不同。财政总决算反映各级政府财政收支状况和预算执行总体情况，而部门决算报表则是对各级政府财政资金的最终使用情况和支出效益情况的反映。③所依据的具体会计标准不同。财政总决算以总预算会计制度为编制依据，而部门决算编制的主要依据是行政事业单位会计制度。

四、部门决算编报体系

部门决算表不是孤立的，它由相互联系的若干报表组成，其构成情况如图 8 -2所示。

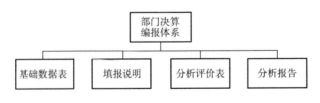

图 8 - 2　部门决算编报体系

（一）基础数据表

基础数据表反映部门收支预算执行结果、资产负债、人员机构、资产配置使用以及事业发展成效等信息。部门决算报表目录如表8－1所示。

表8－1 部门决算报表目录

	编 号	名 称	概 念
主表	财决01表	收入支出决算总表	反映单位本年度收入、支出、结转和结余及结余分配等情况的报表
	财决01－1表	财政拨款收入支出决算总表	反映单位本年度财政拨款预、决算收支及年末结转和结余情况的报表
	财决02表	收入支出决算表	反映单位本年度收入、支出、结转和结余及结余分配等情况的报表
	财决03表	收入决算表	反映单位本年度取得的全部收入情况的报表
	财决04表	支出决算表	反映单位本年度全部支出情况的报表
	财决05表	支出决算明细表	反映单位本年度基本支出和项目支出明细情况的报表
	财决05－1表	基本支出决算明细表	反映单位本年度基本支出明细情况的报表
	财决05－2表	项目支出决算明细表	反映单位本年度项目支出明细情况的报表
	财决06表	项目收入支出决算表	反映单位本年度项目资金收入、支出、结转和结余情况的报表
	财决06－1表	行政事业类项目收入支出决算表	反映单位本年度行政事业类项目收支余情况的报表
	财决06－2表	基本建设类项目收入支出决算表	反映单位本年度用非偿还性资金安排的基本建设类项目收支余情况的报表
	财决07表	公共预算财政拨款收入支出决算表	反映单位本年度从本级财政部门取得公共预算财政拨款的收入、支出、结转和结余等情况的报表
	财决08表	公共预算财政拨款支出决算明细表	反映单位从本级财政部门取得的公共预算财政拨款本年度列支的基本支出和项目支出的明细情况的报表
	财决08－1表	公共预算财政拨款基本支出决算明细表	反映单位从本级财政部门取得的公共预算财政拨款本年度列支的基本支出明细情况的报表
	财决08－2表	公共预算财政拨款项目支出决算明细表	反映单位从本级财政部门取得的公共预算财政拨款本年度列支的项目支出明细情况的报表

续表

	编　号	名　称	概　念
主表	财决 09 表	政府性基金预算财政拨款收入支出决算表	反映单位本年度从本级财政部门取得纳入预算管理的政府性基金拨款的收入、支出、结转和结余等情况的报表
	财决 10 表	政府性基金预算财政拨款支出决算明细表	反映单位从本级财政部门取得的政府性基金预算财政拨款本年度列支的基本支出和项目支出的明细情况的报表
	财决 10-1 表	政府性基金预算财政拨款基本支出决算明细表	反映单位从本级财政部门取得的政府性基金预算财政拨款本年度列支的基本支出明细情况的报表
	财决 10-2 表	政府性基金预算财政拨款项目支出决算明细表	反映单位从本级财政部门取得的政府性基金预算财政拨款本年度列支的项目支出明细情况的报表
	财决 11 表	财政专户管理资金收入支出决算表	反映单位本年度从本级财政部门取得的财政专户管理的教育收费等资金的收入、支出、结转和结余等情况的报表
	财决 12 表	资产负债简表	反映单位年初、年末资产负债等情况的报表
附表	财决附 01 表	资产情况表	反映单位各类资产价值、数量的增减变动、结存情况的报表
	财决附 02 表	国有资产收益情况表	反映单位国有资产有偿使用收入、国有资产处置收入的上缴情况以及单位国有资产收益的收支情况的报表
	财决附 03 表	基本数字表	反映单位年末机构、人员情况的报表
	财决附 04 表	机构人员情况表	反映单位年末机构设置和人员编制及实有情况的报表
	财决附 05 表	非税收入征缴情况表	反映单位非税收入征缴情况的报表
	财决附 06 表	"三公"经费公共预算财政拨款支出情况表	反映单位"三公"经费公共预算财政拨款支出情况的报表

表 8-1 中所列各主表之间的关系如图 8-3 所示。

表 8-1 中所列各附表之间的关系如图 8-4 所示。

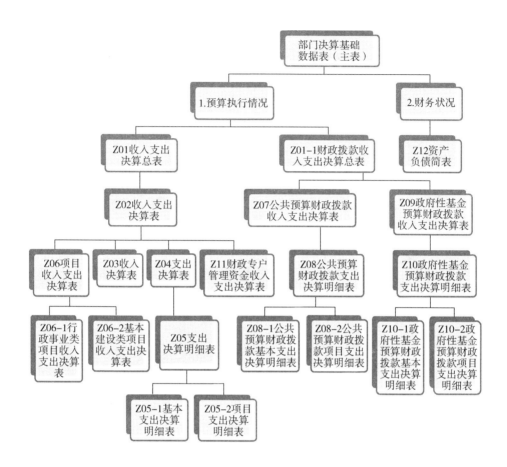

图 8 - 3　各主表之间的关系

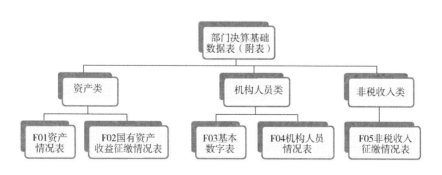

图 8 - 4　各附表之间的关系

（二）填报说明

对基础数据表编报相关情况的说明，包括部门基本情况、数据审核情况、年度主要收支指标增减变动情况以及重大事项或特殊事项影响决算数据的情况说明等。

（三）分析评价表

通过设定的表样和自动提数功能，对部门决算重要指标进行分析比较，揭示部门预算执行、会计核算和财务管理等方面的情况和问题。

（四）分析报告

根据分析评价表中反映的问题和收支增减变动情况进行分析，重点分析部门预算执行情况、资金使用情况、财务状况以及单位主要业务和财务工作开展情况等。

五、部门决算报表部分主表的格式及其编制

（一）收入支出决算总表

收入支出决算总表，是反映单位本年度收入、支出、结转和结余及结余分配等情况的报表。该表格式如表 8 - 2 所示。

收入支出决算表应根据收入支出总账、明细账的实际发生数，按支出功能分类科目分"类""款""项"分析填列。

（二）财政拨款收入支出决算总表

财政拨款收入支出决算总表，是反映单位本年度财政拨款预、决算收支及年末结转和结余情况的报表。该表格式如表 8 - 3 所示。

财政拨款收入支出决算总表，年初预算数由单位依据同级财政部门批复的年初预算数填列，不含年度中追加、追减等调整预算数；决算数可自动生成。

本年支出合计年初预算数包括使用本年收入及年初结转和结余安排的支出。

财决01表

金额单位:元

表8－2 收入支出决算总表

编制单位：

收入

项目	栏次	年初预算数 1	调整预算数 2	决算数 3
一、财政拨款收入	1			
其中:政府性基金预算财政拨款	2			
二、上级补助收入	3			
三、事业收入	4			
四、经营收入	5			
五、附属单位上级收入	6			
六、其他收入	7			
	8			
	9			
	10			
	11			

支出

项目(按功能分类)	栏次	年初预算数 4	调整预算数 5	决算数 6
一、一般公共服务支出	37			
二、外交支出	38			
三、国防支出	39			
四、公共安全支出	40			
五、教育支出	41			
六、科学技术支出	42			
七、文化体育与传媒支出	43			
八、社会保障和就业支出	44			
九、医疗卫生与计划生育支出	45			
十、节能环保支出	46			
十一、城乡社区支出	47			

支出

项目(按支出性质和经济分类)	栏次	年初预算数 7	调整预算数 8	决算数 9
一、基本支出	60			
人员经费	61			
日常公用经费	62			
二、项目支出	63			
基本建设类项目	64			
行政事业类项目	65			
三、上缴上级支出	66			
四、经营支出	67			
五、对附属单位补助支出	68			
	69			
支出经济分类	70	—	—	—

续表

收入					支出					支出				
项目	行次	年初预算数	调整预算数	决算数	项目（按功能分类）	行次	年初预算数	调整预算数	决算数	项目（按支出性质和经济分类）	行次	年初预算数	调整预算数	决算数
栏次		1	2	3	栏次		4	5	6	栏次		7	8	9
	12				十二、农林水支出	48				基本支出和项目支出合计	71	—	—	
	13				十三、交通运输支出	49				工资福利支出	72	—	—	
	14				十四、资源勘探信息等支出	50				商品和服务支出	73	—	—	
	15				十五、商业服务业等支出	51				对个人和家庭的补助	74	—	—	
	16				十六、金融支出	52				对事业单位的补贴	75	—	—	
	17				十七、援助其他地区支出	53				债务利息支出	76	—	—	
	18				十八、国土海洋气象等支出	54				基本建设支出	77	—	—	
	19				十九、住房保障支出	55				其他资本性支出	78	—	—	
	20				二十、粮油物资储备支出	56				其他支出	79	—	—	
	21				二十一、其他支出	57					80			
	22				二十二、债务还本支出	58					81			
	23				二十三、债务付息支出	59					82			
本年收入合计	24				本年支出合计						83			

续表

收入					支出									
项目	栏次 / 行次	年初预算数 1	调整预算数 2	决算数 3	项目（按功能分类）	栏次 / 行次	年初预算数 4	调整预算数 5	决算数 6	项目（按支出性质和经济分类）	栏次 / 行次	年初预算数 7	调整预算数 8	决算数 9
用事业基金弥补收支差额	25									结余分配	84	—	—	
年初结转和结余	26									交纳所得税	85	—	—	
基本支出结转	27	—	—							提取职工福利基金	86	—	—	
项目支出结转和结余	28	—	—							转入事业基金	87	—	—	
经营结余	29	—	—							其他	88	—	—	
	30									年末结转和结余	89			
	31									基本支出结转	90	—	—	
	32									项目支出结转和结余	91	—	—	
	33									经营结余	92			
	34										93			
	35										94			
	36									总计	95			

表8-3 财政拨款收入支出决算总表

编制单位：

财决01-1表
金额单位：元

收 入

项目	年初预算数	调整预算数	决算数
栏次	1	2	3
一、一般公共预算财政拨款			
二、政府性基金预算财政拨款			

支 出

项目（按功能分类）	行次	年初预算数			调整预算数			决算数		
		小计	一般公共预算财政拨款	政府性基金预算财政拨款	小计	一般公共预算财政拨款	政府性基金预算财政拨款	小计	一般公共预算财政拨款	政府性基金预算财政拨款
栏次		4	5	6	7	8	9	10	11	12
一、一般公共服务支出	31									
二、外交支出	32									
三、国防支出	33									
四、公共安全支出	34									
五、教育支出	35									
六、科学技术支出	36									
七、文化体育与传媒支出	37									
八、社会保障和就业支出	38									

项目（按支出性质及经济分类）	行次	年初预算数			调整预算数			决算数		
		小计	一般公共预算财政拨款	政府性基金预算财政拨款	小计	一般公共预算财政拨款	政府性基金预算财政拨款	小计	一般公共预算财政拨款	政府性基金预算财政拨款
栏次		13	14	15	16	17	18	19	20	21
一、基本支出	54									
人员经费	55									
日常公用经费	56									
二、项目支出	57									
基本建设类项目	58									
行政事业类项目	59									
	60									
	61									

续表

收入				支 出									支 出								
项目				项目（按功能分类）		年初预算数			调整预算数			决算数			项目（按支出性质及经济分类）		年初预算数			调整预算数			决算数		
						小计	一般公共预算财政拨款	政府性基金预算财政拨款	小计	一般公共预算财政拨款	政府性基金预算财政拨款	小计	一般公共预算财政拨款	政府性基金预算财政拨款			小计	一般公共预算财政拨款	政府性基金预算财政拨款	小计	一般公共预算财政拨款	政府性基金预算财政拨款	小计	一般公共预算财政拨款	政府性基金预算财政拨款
栏次	年初预算数	调整预算数	决算数	栏次	行次	4	5	6	7	8	9	10	11	12	栏次	行次	13	14	15	16	17	18	19	20	21
	1	2	3													62									
9				九、医疗卫生与计划生育支出	39										支出经济分类	63									
10				十、节能环保支出	40										工资福利支出	64	—	—					—	—	
11				十一、城乡社区支出	41										商品和服务支出	65	—	—					—	—	
12				十二、农林水支出	42										对个人和家庭的补助	66	—	—					—	—	
13				十三、交通运输支出	43										对企事业单位的补贴	67	—	—					—	—	
14				十四、资源勘探信息等支出	44										债务利息支出	68	—	—					—	—	
15				十五、商业服务业等支出	45										基本建设支出	69	—	—					—	—	
16				十六、金融支出	46										其他资本性支出	70	—	—					—	—	
17				十七、援助其他地区支出	47										其他支出	71	—	—					—	—	
18				十八、国土海洋气象等支出	48										其他支出	72	—	—					—	—	
19				十九、住房保障支出	49																				

续表

收入

项目	项次	年初预算数	调整预算数	决算数
栏次		1	2	3
	20			
	21			
	22			
	23			
本年收入合计	24			
	25			
年初财政拨款结转和结余	26			
一、一般公共预算财政拨款	27			
	28			
二、政府性基金预算财政拨款	29			
总计	30			

支出

项目（按功能分类）	行次	年初预算数 小计	一般公共预算财政拨款	政府性基金预算财政拨款	调整预算数 小计	一般公共预算财政拨款	政府性基金预算财政拨款	决算数 小计	一般公共预算财政拨款	政府性基金预算财政拨款
栏次		4	5	6	7	8	9	10	11	12
二十、粮油物资储备支出	50									
二十一、其他支出	51									
二十二、债务还本支出	52									
二十三、债务付息支出	53									
本年支出合计										
年末财政拨款结转和结余										
基本支出结转										
项目支出结转和结余										
总计										

项目（按支出性质及经济分类）	行次	年初预算数 小计	一般公共预算财政拨款	政府性基金预算财政拨款	调整预算数 小计	一般公共预算财政拨款	政府性基金预算财政拨款	决算数 小计	一般公共预算财政拨款	政府性基金预算财政拨款
栏次		13	14	15	16	17	18	19	20	21
	73									
	74									
	75									
	76									
	77									
	78									
	79									
	80									
	81									
	82									
	83									

（三）收入支出决算表

收入支出决算表是反映单位本年度收入、支出、结转和结余及结余分配等情况的报表。收入支出决算表应根据单位收入支出总账、明细账的发生数，按支出功能分类科目分"类""款""项"分析填列。该表格式如表8－4所示。

表8－4 收入支出决算表

财决02表

编制单位： 2016年度 金额单位：元

项目			年初结转和结余				本年收入	本年支出	收支结余				用事业基金弥补收支差额	结余分配					年末结转和结余		
支出功能分类科目编码	科目名称		合计	基本支出结转	项目支出结转和结余	经营结余			合计	基本支出结转	项目支出结转和结余	经营结余		合计	交纳所得税	提取职工福利基金	转入事业基金	其他	合计	基本支出结转	项目支出结转和结余	经营结余
类	款	项	1	2	3	4	5	6	7	8	9	10	11	12	13	14	15	16	17	18	19	20
		合计																				

（四）收入决算表

收入决算表是反映单位本年度取得的全部收入情况的报表。该表格式如表8－5所示。

表 8 – 5　收入决算表

编制单位：　　　　　　　　　　　　　　2016 年度　　　　　　　　　　金额单位：元

项目			本年收入合计	财政拨款收入	上级补助收入	事业收入	经营收入	附属单位上缴收入	其他收入
支出功能分类科目编码		科目名称							
类	款	项	栏次						
			1	2	3	4	5	6	7
			合计						

收入决算表根据单位收入总账、明细账的发生数，按支出功能分类科目分
"类""款""项"填列。

（五）支出决算表

支出决算表是反映单位本年度全部支出情况的报表。该表格式如表 8 – 6 所示。

表 8 – 6　支出决算表

财决 04 表

编制单位：　　　　　　　　　　　　　　2016 年度　　　　　　　　　　金额单位：元

项目			本年支出合计	基本支出	项目支出	上缴上级支出	经营支出	对附属单位补助支出
支出功能分类科目编码		科目名称						
类	款	项	栏次					
			1	2	3	4	5	6
			合计					

支出决算表应根据单位支出总账、明细账的实际发生数，按支出功能分类科
目分"类""款""项"分析填列。

基本支出：填列单位为保障机构正常运转、完成日常工作任务而发生的各项

支出。

项目支出：填列单位为完成特定的行政工作任务或事业发展目标，在基本支出之外发生的各项支出。

（六）支出决算明细表

支出决算明细表是反映单位本年度基本支出和项目支出明细情况的报表。其格式如表8-7和表8-8所示。

表8-7 支出决算明细表

财决05表

编制单位：

金额单位：元

项目			工资福利支出									商品和服务支出																										
支出功能分类科目编码	项目名称	合计	小计	基本工资	津贴补贴	奖金	社会保障缴费	伙食费	伙食补助费	绩效工资	其他工资福利支出	小计	办公费	印刷费	咨询费	手续费	水费	电费	邮电费	取暖费	物业管理费	因公出国（境）费用	差旅费	维修（护）费	租赁费	会议费	培训费	公务接待费	专用材料费	服装购置费	专用燃料费	委托业务费	劳务费	工会经费	公务用车运行维护费	其他交通费用	福利费	税金及附加费用	其他商品和服务支出
类 款 项 栏次		1	2	3	4	5	6	7	8	9	10	11	12	13	14	15	16	17	18	19	20	21	22	23	24	25	26	27	28	29	30	31	32	33	34	35	36	37	38
合计																																							

注：本表为自动生成表。

325

表8-8 支出决算明细表（续）

财决05表

编制单位：　　　　　　　　　　　　　　　　　　　　　　　　　　金额单位：元

项目			其他资本性支出									对企事业单位的补贴					债务利息支出			其他支出			
支出功能分类科目编码			科目名称	物资储备	土地补偿	安置补助	地上附着物和青苗补偿	拆迁补偿	公务用车购置	其他交通工具购置	产权参股	其他资本性支出	小计	企业政策性补贴	事业单位补贴	财政补贴	其他对企事业单位的补贴	小计	国内债务付息	国外债务付息	小计	赠与	贷款转贷	其他支出
类	款	项	栏次	72	73	74	75	76	77	78	79	80	81	82	83	84	85	86	87	88	89	90	91	
			合计																					

（七）基本支出决算明细表

基本支出决算明细表，是反映单位本年度基本支出明细情况的报表。其格式如表8-9和表8-10所示。

表8-9 基本支出决算明细表

财决05-1表

编制单位：　　　　　　　　　　　　　　　　　　　　　　　　　　金额单位：元

项目			工资福利支出									商品和服务支出																										
支出功能分类科目编码			项目名称	合计	小计	基本工资	津贴补贴	奖金	社会保障缴费	伙食补助费	绩效工资	其他工资福利支出	小计	办公费	印刷费	咨询费	手续费	水费	电费	邮电费	取暖费	物业管理费	差旅费	因公出国（境）费用	维修（护）费	租赁费	会议费	培训费	公务接待费	专用材料费	专用燃料费	劳务费	委托业务费	工会经费	福利费	公务用车运行维护费	其他交通费用	税金及附加费用	其他商品和服务支出
类	款	项	栏次	1	2	3	4	5	6	7	8	9	10	11	12	13	14	15	16	17	18	19	20	21	22	23	24	25	26	27	28	29	30	31	32	33	34	35	36	37	38
			合计																																				

续表

项目				工资福利支出									商品和服务支出																										
支出功能分类科目编码			项目名称	合计	小计	基本工资	津贴补贴	奖金	社会保障缴费	伙食补助费	伙食补贴	绩效工资	其他工资福利支出	小计	办公费	印刷费	咨询费	手续费	水费	电费	邮电费	取暖费	物业管理费	差旅费	因公出国（境）费用	维修（护）费	租赁费	会议费	培训费	公务接待费	专用材料费	服装购置费	专用燃料费	委托业务费	工会经费	福利费	劳务费	公务用车运行维护费	其他交通费用	税金及附加费用	其他商品和服务支出
类	款	项	栏次	1	2	3	4	5	6	7	8	9	10	11	12	13	14	15	16	17	18	19	20	21	22	23	24	25	26	27	28	29	30	31	32	33	34	35	36	37	38
			合计																																						

表 8－10　基本支出决算明细表（续）

财决 05－1 表

编制单位：　　　　　　　　　　　　　　　　　　　　　　　　金额单位：元

项目				其他资本性支出									对企事业单位的补贴					债务利息支出			其他支出			
支出功能分类科目编码			科目名称	物资储备	土地补偿	安置补助	地上附着物和青苗补偿	拆迁补偿	公务用车购置	其他交通工具购置	产权参股	其他资本性支出	小计	企业政策性补贴	事业单位补贴	财政补贴	其他对企事业单位的补贴	小计	国内债务付息	国外债务付息	小计	赠与	贷款转贷	其他支出
类	款	项	栏次	72	73	74	75	76	77	78	79	80	81	82	83	84	85	86	87	88	89	90	91	
			合计																					

327

根据单位基本支出明细账的实际发生数，按支出功能分类科目分"类""款""项"填列。

六、部门决算报表附表的格式及其编制

（一）资产情况表

资产情况表是反映单位各类资产价值、数量的增减变动、结存情况的报表。本表根据单位有关明细账和实物台账分析填列。

（二）国有资产收益情况表

国有资产收益情况表反映的是单位国有资产有偿使用收入、国有资产处置收入的上缴情况以及单位国有资产收益的收支情况。根据单位国有资产收益的实际收缴情况及有关明细账分析填列。

（三）基本数字表

基本数字表反映的是单位年末的机构、人员情况，按支出功能分类科目分"类""款""项"进行填列。

（四）机构人员情况表

机构人员情况表反映的是单位年末机构设置和人员编制及实有情况。

（五）非税收入征缴情况表

非税收入征缴情况表反映的是单位非税收入的征缴情况。单位应按照收入分类科目中"非税收入"类下的"款""项""目"级科目逐一填列。

七、财政总决算

（一）财政总决算的内涵

财政总决算，是指经法定程序批准的年度政府预算执行结果的会计报告，是预算年度内预算收入和预算执行的最终结果，也是国家经济活动在财政上的集中

表现。

财政决算由财政总决算和部门决算两部分组成：财政总决算是年末财政部门做的一种决算表，反映的是本级及财政系统的资金来源和资金使用情况，是各级人大和政府采用的重要资料的来源之一；部门决算是各部门年度预算执行情况的全面总结，是各部门年度资金活动情况的集中反映，但是其使用价值不高。

（二）财政总决算的组成

《中华人民共和国预算法》规定：国家实行一级政府一级预算，设立中央，省、自治区、直辖市，设区的市、自治州，县、自治县、不设区的市、市辖区，乡、民族乡、镇五级预算。全国预算由中央预算和地方预算组成。地方预算由各省、自治区、直辖市总预算组成。地方各级总预算由本级预算和汇总的下一级总预算组成。下一级只有本级预算的，下一级总预算即指下一级的本级预算；没有下一级预算的，总预算即指本级预算。

概括地讲，财政总决算由中央决算、地方总决算组成，一般包括决算报表和文字说明（分析报告和总结）两部分。各级总决算由本级决算和所属下级总决算汇编而成，本级决算由财政总预算会计账簿数据、同级主管部门汇总的行政事业单位决算和基本建设财务决算等汇总组成。

第二节 政府财务报告

政府财务报告是反映政府会计主体某一特定日期的财务状况和某一会计期间的运行情况和现金流量等信息的文件。

政府财务报告应当包括财务报表和其他应当在财务报告中披露的相关信息和资料。

（《政府会计准则——基本准则》第四十九条）

政府财务报告包括政府综合财务报告和政府部门财务报告。政府综合财务报告是指由政府财政部门编制的，反映各级政府整体财务状况、运行情况和财政中长期可持续性的报告。

政府部门财务报告是指政府各部门、各单位按规定编制的财务报告。

（《政府会计准则——基本准则》第五十条）

财务报表是对政府会计主体财务状况、运行情况和现金流量等信息的结构性表述。

财务报表包括会计报表和附注。会计报表至少应当包括资产负债表、收入费用表和现金流量表。

政府会计主体应当根据相关规定编制合并财务报表。

（《政府会计准则——基本准则》第五十一条）

一、政府财务报告概述

"复式簿记会计虽然已有 500 多年的历史，但它却仍然是财务报表结构的主体框架。"① 企业会计如此，政府会计也是如此。在会计确认、计量、记录、报告等行为中，财务报告与其他活动有着密切的关系，几乎任何一个会计理论的变化都会对财务报告产生影响，财务报告理论的任何一点变化都会涉及相关理论。财务报告（表）在会计体系中的重要性由此可见一斑。

20 世纪 80 年代以来，在新公共管理运动（NPM）的冲击下，世界各国掀起一股政府会计改革浪潮，其中最引人注目的是：政府报告的重要性随着政治民主的发展而日益突出。当一个专制国家走向一个立法当局占重要地位的民主国家时，对政府的受托责任、决策的透明度以及法治的要求也随之加强，这就需要有良好的报告系统来说明政府是如何满足这些要求的②。

在我国的政府会计领域，目前实行的是预决算报告制度，主要通过政府预决算形式向立法机关、公众等披露政府当年收支计划和执行情况。从报告的主体看，不是以一级政权的政府作为报告主体，而仅以政府财政部门、行政事业单位作为报告主体；从报告的数字基础看，主要依据以收付实现制为基础、采用历史成本计量的预算会计核算资料；从报告的编制技术看，主要采用自下而上的汇总方法编制而非合并的方法；从报告的使用者看，主要面向政府管理当局、上级政府、主管部门及审计监察等部门；从报告的内容看，主要是报告预算活动情况、预算收支情况及预算活动引起的短期资金往来情况，缺乏能够全面、完整反映政府公共部门财务活动情况、财务状况、公共资金使用情况及政府履行财务受托责

---

① 比弗.财务呈报：会计革命 [M].大连：东北财经大学出版社，1999：1.
② 普雷姆詹德.有效的政府会计 [M].北京：中国金融出版社，1996：133.

任情况的综合财务报告①。

从现代经济学理论的角度来看政府与市场的关系：政府从市场获取资源，应当接受市场的约束，就应当向市场相关各方尤其是纳税人披露信息，反映受托责任履行情况。《政府会计准则——基本准则》适应公共财务管理要求，需要将目前反映预算收支情况及结果的预算会计报表或财政收支决算报告进行改革，建立政府财务报告制度。逐步建立以权责发生制政府会计核算为基础，以编制和报告政府资产负债表、收入费用表等报表为核心的政府综合财务报告制度，以全面反映政府的财务状况和运营情况等相关信息，促进政府财务管理水平提高和财政经济可持续发展。

（一）财务报告的内涵

任何会计主体的财务报告均是其运营（经营）、融资和投资等一系列活动过程的综合反映。它既是财务会计工作的终端产品，反映受托责任履行情况的手段，也是财务报告使用者做出决策的重要依据。"为此，财务报告无论是对提供者还是对使用者来说，都是相当重要的书面文件。"②

何谓政府财务报告？

美国联邦财务会计概念公告第1号"联邦财务报告的目标"将财务报告定义为：以货币形式对一个主体的交易和事项及其经济后果进行报告和解释的书面文件。

《基本准则》指出："政府财务报告是反映政府会计主体某一特定日期的财务状况和某一会计期间的运行情况和现金流量等信息的文件。"

李建发（1999）认为："政府财务报告是政府会计的'产成品'，它是按照政府会计与财务报告目标的要求，在完成财务报表要素确认、计量和记录等一系列程序后编制而成的书面文件，是反映和报告政府的业绩和受托责任完成情况的载体，也是立法机关、社会公众审核并批准解除其受托责任的依据。"③

赵建勇（2002）将财务报告定义为："为满足信息使用者需求而编制的以财

---

① 张通．中国公共支出管理与改革［M］．北京：经济科学出版社，2010：212；李建发，肖华．公共财务管理与政府财务报告改革［J］．会计研究，2004（9）．

② 赵建勇．政府财务报告问题研究［M］．上海：上海财经大学出版社，2002：1．

③ 李建发．政府会计论［M］．厦门：厦门大学出版社，1999：223．

务信息为主要内容、以财务报表为主要形式、全面系统地反映政府财务受托责任的综合报告。该综合报告是信息使用者进行经济和社会决策的依据，也是政府解除财务受托责任的有效凭证。"①

纵观上述财务报告的概念，可对财务报告有如下认识：一是财务报告应当是对外报告，其服务对象主要是各级人民代表大会常务委员会、债权人、各级政府及其有关部门、政府会计主体自身和其他利益相关者，专门满足政府会计主体内部管理需要的报告不属于财务报告的范畴；二是财务报告应当综合反映政府会计主体运营状况，包括某一时点的财务状况和某一时期的运行情况、财务业绩与现金流量等信息，以勾画出政府会计主体的整体和全貌；三是财务报告必须形成一个系统的文件，不应提供零星的或者不完整的信息。

（二）与财务报告相关概念的辨析

在财务报告发展过程中，曾经采用众多概念来界定会计主体对外提供财务信息的文件或资料的性质，如财务会计报告、财务会计报表、会计报表、财务报告、会计报告等称谓，并且彼此不做区分，名词混用，相关法律对这些名词的使用情况也不尽一致。

1. 会计报告（accounting reports）与财务报告（financial report）

在会计学界，对于会计确认、计量和记录结果的报告有不同的提法。有的从会计的角度称之为"会计报告"，有的则从财务的角度称之为"财务报告"。"会计报告"一词也常出现在一些学术性文献中。例如：荆新教授在《非营利组织会计准则理论框架》一书中提到"会计报告"一词，并指出"编制会计报告是提供会计信息的基本工具"；赵建勇教授在《政府财务报告问题研究》一书中提到财务报告时说"财务报告或称会计报告或财务会计报告是财务会计工作的最终产品"。

关于会计报告与财务报告之间的关系，李建发教授在《政府会计论》一书中做了精辟的论述：从内容上看，会计报告与财务报告是相同的，但名称不同，所要表达的意思并不一样。"会计报告"要表达的应该是对会计这项活动的报告，会计只不过是对各单位的财务活动进行系统化和程序化的反映而已，会计报

---

① 赵建勇．政府财务报告问题研究［M］．上海：上海财经大学出版社，2002：22.

告实际上就是要反映这种经会计系统化和程序化处理的财务活动结果，而不是会计活动本身。"财务报告"所要表达的正是报告所反映的内容——各单位的财务活动①，即从价值的角度来核算和反映各单位的财务活动。会计按其服务对象不同，可分为财务会计和管理会计，与其相适应，会计报告可分为财务会计报告和管理会计报告。可见，会计报告与财务报告的区别还是较为明显的。

2. 会计报表与财务报表

会计报表是对会计工作最终产品的一般认识和表述，并且在我国"会计报表"一词使用了很长一段时期。该词对社会所起的作用是巨大的，产生的影响也是深远的。

1949年中华人民共和国成立后，为了适应迅速发展恢复生产、进行经济建设的需要，国家规定在统一全国财政经济工作中建立统一的会计制度。1950年12月财政部制定颁发了《各级人民政府暂行总预算会计制度》《各级人民政府暂行单位预算会计制度》，这两个制度均分为八章，其中一章为"会计报表"。从那时起，我国会计报表的称谓一直未改变，直至《事业单位会计准则（2012）》制定并实施，开始将会计报表改为"财务报表"。

20世纪60年代到90年代初，在我国会计领域极具影响力的《会计原理》一书曾经对会计报表做如下定义："会计报表是统一用货币计量单位总括反映企业、事业、机关等单位在一定时期内经济活动和财务收支情况的报告文件。"②会计报表是根据会计账簿记录和有关资料，按照规定的报表格式，总括反映一定期间的经济活动和财务收支情况及其结果的一种报告文件③。会计报表根据服务对象不同，分为对外提供的会计报表和对内提供的会计报表。后者是指单位根据管理需要编制的仅供内部管理使用的会计报表。

《事业单位会计准则（2012）》指出：财务报表是对事业单位财务状况、事业成果、预算执行情况等的结构性表述。《行政单位会计制度（2013）》指出：财务报表是反映行政单位财务状况和预算执行结果等的书面文件。《基本准则》第五十一条指出："财务报表是对政府会计主体财务状况、运行情况和现金流量

---

① 李建发. 政府会计论［M］. 厦门：厦门大学出版社，1999：223.
② 杨纪琬，娄尔行，葛家澍，等. 会计原理［M］. 北京：中国财政经济出版社，1987：228.
③ 冯淑萍，赵晓光，何永坚. 全国会计人员继续教育系列教材（之三）［M］. 北京：经济科学出版社，1999：90.

等信息的结构性表述。"

3. 财务报告（financial reports）与财务会计报告

在以什么词汇来表示会计主体对外提供财务信息的那些文件方面，可以说，财务报告是一个最流行、被接受程度最高的词①。在政府会计领域的会计规范中，也广泛地使用"财务报告"一词，如美国财务会计准则委员会第四辑《非营利组织编制财务报告的目的》、《美国联邦政府财务会计概念与准则公告》等。目前，我国《行政单位财务规则》《事业单位财务规则》《基本准则》以及其他政府会计标准均使用了财务报告一词。

财务会计报告一词在 1999 年 10 月全国人民代表大会常务委员会修订通过的《中华人民共和国会计法》中正式出现；《事业单位会计准则（2012）》指出：财务会计报告是反映事业单位某一特定日期的财务状况和某一会计期间的事业成果、预算执行等会计信息的文件。

从国际范围来看，财务报告是一个比较通用的术语，但是在我国现行有关法律、行政法规中使用的是"财务会计报告"这一术语，为了保持法规体系的一致性，《基本准则》仍然沿用了"财务会计报告"的提法，但同时又引入了"财务报告"的通用概念，并指出"财务会计报告"又称"财务报告"，并在所有具体准则的制定中统一使用了"财务报告"这一术语②。

4. 财务报告与财务报表

这里实际是讲"报表"和"报告"的关系。有关研究显示，资产负债表作为会计中的第一张会计报表，在复式簿记产生时既已萌芽，而"财务报表"一词却使用并广泛流行于 20 世纪六七十年代以后③。在实务中，财务报表和财务报告经常混同使用。但是，财务报告与财务报表是既有联系又有区别的两个概念。《国际财务报告准则（2008）》指出："财务报表是财务报告程序的组成部分。全套财务报表通常包括资产负债表、收益表、财务状况变动表（此表有很多编制方法，例如，可以是现金流量表或资金流量表），以及作为财务报表必要组成部分的附注、其他报表和说明材料。财务报表还可能包括基于或源自上述报表并应随

---

① 余新培. 企业财务报告体系研究［M］. 北京：中国财政经济出版社，2006：14.

② 财政部会计司. 企业会计准则讲解（2008）［M］. 北京：人民出版社，2008.

③ 高娟. 我国财务报告体系的改进：国际趋同下的思考［J］. 财务与金融，2011（5）.

之一同阅读的附表和补充信息。"① 葛家澍教授从狭义和广义两个角度对两者关系进行了揭示。

狭义的理解如下：

$$财务报告 = 财务报表 + \underbrace{附注 + 补充信息}_{其中大部分属于财务信息} = 财务报表 + 其他财务报告$$

广义的理解如下：

$$财务报告 = 财务报表 + 附注 + 补充信息 + \underbrace{财务报告的其他手段 + 其他信息}_{\substack{其中大部分属于非财务信息 \\ 但同使用者决策有关}}$$

可见，财务报告提供的信息要比财务报表广泛得多，其采纳的手段和方式也比财务报表灵活。但财务报表概念的出现早于财务报告，两者是在不同时期，由于财务信息的使用者对信息需求的不同而产生的对财务信息披露或表述的两种不同概念表述。财务报表的种类、格式、项目和编制方法严格受各国会计准则或制度的约束。财务报表及其附注是财务报告的核心内容。如果没有财务报表，也就谈不上财务报告。

陈国辉教授指出："财务报表是财务报告的最初形式，从这个意义上讲，往往可以把财务报表等同于财务报告，它们具有基本相同的目的和作用。但是，尽管财务报表是财务报告的基本手段，却不是唯一的手段。其他财务报告也是补充提供财务信息和非财务信息的重要手段。"②

由于社会经济的迅速发展和管理水平、信息技术手段的提高，财务报表披露的信息已经无法完全满足各有关方面对信息的需求。为了满足各类信息使用者对信息的需求，企业往往采用其他报告手段（如分析、预测等）来披露企业经营规划方面的信息，从而成为企业对外披露财务信息的一个重要组成部分，这是财务报表所做不到的。

孙铮教授认为，在会计实务中，财务报告与财务报表时常混用，实际上二者

---

① 国际财务报告准则（2008）［M］. 北京：中国财政经济出版社，2008：75.
② 陈国辉. 会计理论研究［M］. 2 版. 大连：东北财经大学出版社，2012：146.

是有区别的。财务报表是财务报告的核心内容，财务报表是最基本的形式，但是财务报表不是财务报告的唯一形式，在财务报告中，还需要考虑提供用户决策所需要的信息的财务报告其他形式①。

5. 披露、列报和附注

披露、列报和附注是财务报告的重要组成部分。列报，是指交易和事项在报表中的列示和在附注中的披露。在财务报表的列报中，"列示"通常是指反映资产负债表等报表中的信息，"披露"通常反映附注中的信息。财务报告披露与财务报告确认，分别简称"披露"和"确认"，财务报表的编制属于再确认，而附注及其他财务报告或财务情况说明书的内容属于披露。披露与确认相比，其特点表现在：一是它列于表外，适用于一切表外表述的形式，因此，其数据、资料来源不一定要来自日常会计记录；二是文字、数字兼备，形式多样；三是除附注外，不必遵守企业会计准则和制度，不必经过注册会计师审计②。

广义上讲，确认与披露同属于列报，但确认列报（财务报表上）与披露列报（附注及其他财务报告中）不在同一个层面：首先，披露的内容不需要全部来自日常记录，即不必完全依赖第一步确认；其次，披露规范的历史较近，1978年美国财务会计准则委员会第 1 号概念公告才将财务报表拓展为财务报告，而其他财务报告不需要确认，甚至不需要计量。因此，确认（表内列报）与披露（表外列报）有质的差别，披露可先于确认独立展开，并构成确认的必要补充。

（三）财务报告体系

1. 从财务报表到财务报告

不论是企业会计主体还是政府会计主体，其财务报告都是由财务报表逐渐演变而来的。这种变化，首先发生在企业会计领域。直到 20 世纪中期，典型的公司年度报告仍然只包括财务报表。此后，人们逐渐认识到财务报表内容的局限性，开始尝试在基本财务报表之外提供其他辅助性信息，从而使财务报表开始向财务报告转化。1978 年 11 月，美国财务会计准则委员会发布了《论财务会计概念》第一辑《企业编制财务报告的目的》，它标志着财务报表正式向财务报告转

---

① 孙铮. 财务会计理论［M］. 北京：中国财政经济出版社，2007：55.
② 张蕊. 财务报告的列报［M］. 大连：大连出版社，2005：206.

化①，开启了在会计领域广泛使用"财务报告"概念的大门。在这个转化过程中，有诸多因素起了促进作用：首先，企业生产经营与投资活动日益复杂，使没有非货币性解释的财务报表内容难以理解；其次，以历史成本为基础的传统财务报表信息越来越难以满足使用者的决策需要；最后，企业责任的扩大也促使企业拓展对外报告的内容。

前已述及，堪称新中国预算会计体系和会计方法奠基石的《各级人民政府暂行总预算会计制度》《各级人民政府暂行单位预算会计制度》，都设置了以"会计报表"称谓的独立一章。

《事业单位会计准则（2012）》明确提出财务报告概念，并指出"财务会计报告是反映事业单位某一特定日期的财务状况和某一会计期间的事业成果、预算执行等会计信息的文件。事业单位的财务会计报告包括财务报表和其他应当在财务会计报告中披露的相关信息和资料"。

从会计报表到财务报告的变化，不仅仅是概念的更替，更是社会环境等诸多深层原因影响的结果。一是 2000 年以来，我国实施的国库集中收付、政府收支分类、部门预算等各项财政改革措施，对政府会计主体的预算编制、资金运转、资产管理等各方面产生了深刻的影响，同时涉及政府会计核算方法的调整和改进，财务报告也要适应这些改革措施的需要进行调整和变迁。二是随着公共事业的发展，政府会计主体内外部环境都发生了显著的变化。政府会计主体拥有的资产规模在扩大，管理要求在不断提升；政府会计主体债务规模、结构（内债、外债）、形式（显现、潜在、确定、或有）以及不确定性在影响着政府；政府会计主体财务资源的来源日益多样化（预算收支、其他财务收支）；政府支出在不断膨胀，如何控制支出、取得充分的控制信息显得尤为重要。可见，这些因素的变化，对提供信息和使用信息方都产生了影响。提供的政府会计信息不仅全面还要多样化，定量与定性信息、货币信息与非货币信息、财务信息与非财务信息等都应该成为会计信息的内容，报表形式已经难以担当此项重任，提供报表之外相关的会计信息成为必然，会计报表向财务报告转变成为一定趋势。三是政府会计国际发展趋势、企业财务会计报告改革成功经验，为政府会计报告发展提供了可资借鉴的素材。

---

① 方红星. 公众公司财务报告架构研究［D］. 博士论文打印稿.

2. 财务报告体系

财务报告是由不同部分组成的完整科学体系。《基本准则》指出："政府财务报告应当包括财务报表和其他应当在财务报告中披露的相关信息和资料。财务报表包括会计报表和附注。"

（1）财务报表。财务报表的目标在于为其使用者提供关于政府会计主体财务状况、财务业绩和现金流量的信息，以反映受托责任以及进行决策制定。财务报表包括以下内容：①会计报表。会计报表是财务报告的主体，政府会计主体向外界传递的最相关和最重要的会计信息主要是通过会计报表来实现的。《基本准则》规定："会计报表至少应当包括资产负债表、收入费用表和现金流量表。"②附注。附注是为了帮助会计信息使用者理解会计报表的内容而对报表有关项目等所做的解释。会计报表附注主要包括两项内容：一是对会计报表各项目的补充说明；二是对那些会计报表中无法描述的其他财务信息的补充说明。

（2）其他应当在财务报告中披露的相关信息和资料。

（四）会计报表分类

1. 动态报表与静态报表

不管在哪一个领域，大多数报告都可以归入以下两种类型：①静态报告或状况报告；②动态报告。在某一时刻的蓄水池的蓄水量属于静态指标，而一天内通过蓄水池的水流量则属于动态指标。静态报告总是和某一时刻相关，而动态报告则和某一特定时期相关。静态报告仿佛一张快照，而动态报告则更像一部动画片。财务报告中的资产负债表属于静态报告，它表述某一特定时刻有关该组织的资源的信息。另外两张报表——损益表和现金流量表，则属于动态报表，它们报告组织在一个时期的活动，譬如说一年或一个季度①。

2. 月报、季报与年报

在这三种报表中，年报要求的种类和揭示的信息最为完整齐全，以便能全面地反映全年的经营活动。而月报的信息，则要求简明扼要，以便能及时地反映主要情况与主要问题。月报甚至可以是提供主要信息的电讯报告，或者是一种形式简明的会计报表。季报则是在会计信息的详细程度方面介于月报和年报之间的会

---

① 安索尼，里斯，赫特斯坦，等. 会计学：教程与案例［M］. 骆珣，龚如峰，王浩，译. 北京：北京大学出版社，2000：12.

计报表。

3. 单位报表与汇总报表

单位报表是指由会计主体在自身会计核算的基础上，对账簿记录进行加工而编制的会计报表，反映的是会计主体本身的财务状况和运营成果。汇总报表是指由政府会计主管部门或上级机关，根据所属单位报送的会计报表，连同本主体报表汇总编制的综合性会计报表。

4. 内部报表与外部报表

内部报表是指为适应政府会计主体内部管理需要而编制的不对外公开的会计报表，内部报表一般不需要统一规定的格式，也没有统一的指标体系。外部报表是指政府会计主体向外提供的，供政府部门、其他单位和个人使用的会计报表。

二、资产负债表

资产负债表是反映政府会计主体在某一特定日期的财务状况的报表。

（《政府会计准则——基本准则》第五十二条）

（一）资产负债表的概念及作用

资产负债表也称"财务状况表"，是反映政府会计主体在某一特定日期的财务状况的报表。该表是根据"资产＝负债＋净资产"这一会计等式，按照一定分类标准和次序，将政府会计主体一定日期的资产、负债和净资产项目适当排列，并对日常核算资料进行高度浓缩整理后形成的主要财务报表之一。它表明政府会计主体在某一特定日期所拥有或控制的预期会给各级政府、各部门、各单位带来经济利益的资源、所承担的现有义务和所有者对净资产的要求权。

科学编制政府资产负债表，监测各级政府、各部门、各单位运行，摸清其家底，一方面是为了促进政府职能转变，推动财政体制改革，防范政府运行风险；另一方面是为了提高政府透明度，便于公众监督，提高宏观决策的科学性和前瞻性，同时与国际标准接轨。

资产负债表是政府财务报表体系中的主要报表，它能够提供丰富的信息，具有以下作用：

（1）资产负债表中的资产项目，反映了各级政府、各部门、各单位所拥有的各种资源数量、结构以及其偿还债务的能力，有助于预计各级政府、各部门、各单位履行支付承诺的能力。

（2）资产负债表中的负债、净资产项目，揭示了各级政府、各部门、各单位所承担的长短期债务的数量、偿还期限的长短；反映了各级政府、各部门、各单位的投资者对本政府会计主体资产所持有的权益；有助于会计信息使用者了解政府会计主体资金来源的构成，分析各级政府、各部门、各单位的资金结构，了解各级政府、各部门、各单位所面临的财务风险。

（3）通过对资产负债表的分析，可以了解各级政府、各部门、各单位的偿债实力、投资实力和支付力。若把不同时期资产负债表中相同项目做横向对比和不同时期不同项目做纵向对比，还可以反映各级政府、各部门、各单位资金结构的变化情况及财务状况的发展趋向。

（二）资产负债表的格式

关于资产负债表的格式，目前国际上流行的主要有"账户式"和"报告式"两种。

1. 账户式资产负债表

所谓账户式资产负债表，是指报表用左右排列成"T"字的账户基本结构的形式，反映资产、负债和净资产的基本状况。资产项目列示在报表的左方，负债和净资产项目列示在报表的右方。左方资产总额等于右方负债和净资产总额之和，"账户式"资产负债表（适用于政府单位）格式如表 8 – 11 所示。

表 8 – 11 资产负债表

会事业 01 表

编制单位：甲事业单位　　　　　　2×13 年 12 月 31 日　　　　　　单位：元

资产	期末余额	年初余额	负债和所有者权益	期末余额	年初余额
流动资产：			流动负债：		
货币资金	146 373 000	125 000 000	短期借款	200 000	200 000
短期投资	300 000	0	应缴税费	703 600	240 000
财政应返还额度	24 060 000	23 200 000	应缴财政专户款	6 540 000	0
应收票据	500 000	500 000	应付职工薪酬	630 000	630 000
应收账款	32 550 000	28 050 000	应付票据	80 000	0

续表

资产	期末余额	年初余额	负债和所有者权益	期末余额	年初余额
预付账款	800 000	800 000	应付账款	460 000	460 000
其他应收款	600 000	600 000	预收账款	930 000	930 000
存货	3 713 600	3 420 000	其他流动负债		
其他流动资产	20 030 000	20 030 000			
流动资产合计	228 926 600	201 600 000	流动负债合计	9 543 600	2 460 000
非流动资产：			非流动负债：		
长期投资	1 250 000	1 000 000	长期借款	3 000 000	3 000 000
固定资产	254 798 000	255 360 000	长期应付款	6 361 000	6 280 000
固定资产原价	559 398 000	558 650 000	非流动负债合计	9 361 000	9 280 000
减：累计折旧	304 600 000	303 290 000	负债合计	18 904 600	11 740 000
在建工程	1 862 000	1 862 000	净资产		
无形资产	537 000	1 107 000	事业基金	160 173 000	145 680 000
无形资产原价	880 000	1 380 000	非流动资产基金	257 666 000	258 329 000
减：累计摊销	343 000	273 000	专用基金	39 830 000	39 580 000
待处置资产损溢	300 000	0	财政补助结转	0	0
非流动资产合计	258 747 000	259 329 000	财政补助结余	8 300 000	5 600 000
			非财政补助结转	2 800 000	0
			非财政补助结余	0	0
			1. 事业结余		
			2. 经营结余		
			净资产合计	468 769 000	449 189 000
资产总计	487 673 600	460 929 000	负债和净资产总计	487 673 600	460 929 000

（1）流动资产。流动资产各项目按流动性和变现能力的大小顺序排列。流动性较高、变现能力较强的资产项目排列在先，流动性较低、变现能力较弱的资产项目排列在后。

资产负债表中列示的流动资产项目一般包括：货币资金、应收及预付款项、存货等。

（2）非流动资产。非流动资产是指流动资产以外的资产。资产负债表中列示的非流动资产项目一般包括长期投资、在建工程、固定资产、无形资产等。

（3）流动负债。流动负债是指需在 1 年或者超过 1 年的一个营业周期内偿还的债务。流动负债是在债权人提出要求时，或预期在资产负债表日后一年内需要清偿的债务。资产负债表中列示的流动负债项目一般包括短期借款、应付及预收款项、应付职工薪酬、应缴款项等。

（4）非流动负债。非流动负债是指偿还期在 1 年或者超过 1 年的一个营业周期以上的债务。非流动负债项目通常包括长期借款、长期应付款以及其他非流动负债等。长期负债通常是不需要即期支付的债务。

需要说明的是，流动负债与非流动负债的划分是否正确，直接影响对政府会计主体短期和长期偿债能力的判断。如果混淆了负债的类别，将歪曲政府会计主体的实际偿债能力，误导报表使用者的决策。

（5）净资产。净资产是指政府会计主体资产扣除负债后的余额。政府会计主体的净资产至少包括事业基金、专用基金、财政补助结转结余、非财政补助结转等。

资产负债表的"负债及净资产"方项目是按照需要偿还出资额的先后顺序排列的。流动负债需要在 1 年内或一个营业周期内偿还，排在最先；净资产只有在政府会计主体解散时才需要偿还，排在最后。负债部分也是按照债务清偿缓急排列的，先流动负债，后长期负债。

在资产负债表中，资产各项目年初总计数和期末总计数，应分别与负债、净资产方各项目年初总计数和期末总计数相等。

账户式资产负债表中，有关资产、负债和净资产项目平行列示，各项目之间内在勾稽关系得以充分揭示和披露。所以，这种结构的资产负债表，较好地将形式和内容统一于一体，有利于人们对资产负债表的分析。同时，账户式资产负债表将资产类的项目放在突出的地位，突出表明政府会计主体的资产情况，从而表明政府会计主体的运营能力和前景。

2. 报告式资产负债表

报告式资产负债表又称"垂直式资产负债表"。它是运用"资产 = 负债 + 净资产"的会计等式，将资产负债表的项目自上而下排列，首先列示资产的数额，然后列示负债项目及金额，最后再列示净资产项目及数额。它形似向外报告政府会计主体的资产、负债和净资产的情况，着重突出表现政府会计主体资产与其资金来源的对应关系。报告式资产负债表结构如表 8 - 12 所示。

表 8 - 12　资产负债表

编制单位：　　　　　　　　　　　年　月　日　　　　　　　　　　单位：元

项　　目	附注	期初数	期末数
流动资产			
货币资金			
财政应返还额度			
应收票据			
应收利息			
应收股利			
应收账款			
预付账款			
其他应收款			
短期投资			
存货			
1 年内到期的非流动资产			
非流动资产			
长期投资			
固定资产净值			
在建工程			
无形资产净值			
政府储备资产			
公共基础设施净值			
公共基础设施在建工程			
其他资产			
受托代理资产			
资产合计			
流动负债			
短期借款			
应缴财政款			

续表

项　　目	附注	期初数	期末数
应缴税费			
应付票据			
应付利息			
应付账款			
预收账款			
其他应付款			
应付职工薪酬			
应付政府补贴款			
1年内到期的非流动负债			
非流动负债			
长期借款			
长期应付款			
受托代理负债			
负债合计			
净资产			
负债及净资产合计			

（三）资产负债表的编制

总的来说，资产负债表是根据政府会计主体总分类账的期末余额来编制的。根据"表从账出"的原则，编制资产负债表应当以总分类账或有关明细账的期末余额为依据。资产负债表中有关资产类的项目，一般应根据各资产科目借方余额填列；资产负债表中的负债类项目和净资产类项目，一般应根据各相应科目的贷方余额填列。与企业资产负债表相比，政府会计主体编制资产负债表相对简化：一是其多数资产不计提减值，根据有关科目余额减去其备抵项目余额后净额填列项目的计算简单；二是往来款项尚不频繁，债权债务关系简单，报表中的应收应付项目的填列也不需要复杂的分析与计算；三是存货计价采用的方法相对简单，没有像企业那样对存货采用计划成本、零售价格法等。

三、收入费用表

收入费用表是反映政府会计主体在一定会计期间运行情况的报表。

（《政府会计准则——基本准则》第五十三条）

（一）收入费用表的概念与作用

收入费用表是反映政府会计主体在一定会计期间运行情况的报表。利用该表可以全面反映政府会计主体运营活动发生的收入、费用情况，并通过收入与费用的比较，确定政府会计主体在某一会计期间运营活动的成果。具体来说，收入费用表的作用主要表现在以下方面：

（1）反映作用。反映主要是回顾过去。收入费用表可以反映政府会计主体过去的活动业绩，如公共成本的多少、服务质量的高低、政策结果等情况。这些业绩都会直接或间接地使净资产发生增减变动，可见，收入费用表还可以向会计信息使用者报告其净资产的增加、使用、结存情况。

（2）评价作用。评价是面对现在，其形式是结果。收入费用表提供的收入、支出数据资料，可以反映政府会计主体管理机构和管理者的业绩，有助于考核管理者受托经济资源管理责任的履行情况。

（3）预测作用。预测则是面向未来，总之，通过收入费用表可以了解政府会计主体的结余水平，判断政府会计主体的运营成果，考核政府会计主体的运营业绩，预测政府会计主体未来运营与结余的发展趋势，为编制未来结余预算、做出未来运营决策提供依据。

（二）收入支出（费用）表的结构

1.《事业单位会计制度》与收入支出（费用）表

收入支出（费用）表由表头和正表两个部分构成。表头说明报表的名称、编制单位的名称、编制报表的日期和货币的计量单位等。正表是收入支出表的核心，分为项目栏和金额栏两部分。其结构如表 8 - 13 所示。

表 8-13 收入支出（费用）表

会事业 02 表

编制单位：　　　　　　　　　　　　年　　　　　　　　　　　　单位：元

项　　目	本月数	本年累计数
一、本期财政补助结转结余		
财政补助收入		
减：事业支出（财政补助支出）		
二、本期事业结转结余		
（一）事业类收入		
1. 事业收入		
2. 上级补助收入		
3. 附属单位上缴收入		
4. 其他收入		
其中：捐赠收入		
减：（二）事业类支出		
1. 事业支出（非财政补助支出）		
2. 上缴上级支出		
3. 对附属单位补助支出		
4. 其他支出		
三、本期经营结余		
经营收入		
减：经营支出		
四、弥补以前年度亏损后的经营结余		
五、本年非财政补助结转结余		
减：非财政补助结转		
六、本年非财政补助结余		
减：应缴企业所得税		
减：提取专用基金		
七、转入事业基金		

　　正表项目栏反映政府会计主体全部收支相抵后运营成果各项指标的构成、分类和排列。采取了报告式形式，各项目依次为事业类收入、事业类支出、事业结

转结余、经营结转结余、非财政拨款结转结余、非财政拨款结余、转入事业基金。表内各项目之间关系如下：

$$事业类收入 - 事业类支出 = 事业结转结余$$

$$经营收入 - 经营支出 - 其他支出 = 经营结转结余$$

正表金额栏则反映政府会计主体不同时期（月份、年份）各项收支及运营成果达到的水平以及财务成果的分配、结余情况，便于报表使用者对政府会计主体进行分析与考核。

2.《政府部门财务报告编制操作指南（试行）》与收入支出（费用）表

《政府部门财务报告编制操作指南（试行）》规定的收入支出（费用）表格式，如表 8 - 14 所示。

表 8 - 14　收入支出（费用）表

编制单位：　　　　　　　　　　　　　年　　　　　　　　　　　　单位：元

项　　目	附注	上年数	本期数
一、收入类			
财政拨款收入			
事业收入			
经营收入			
投资收益			
上级补助收入			
附属单位上缴收入			
其他收入			
收入合计			
二、费用类			
工资福利费用			
商品和服务费用			
对个人和家庭的补助			
对企事业单位的补贴			
折旧费用			
摊销费用			
财务费用			

续表

项　　目	附注	上年数	本期数
经营费用			
上缴上级支出			
对附属单位补助支出			
其他费用			
费用合计			
当期盈余			

如果从格式分析，表8－13本质上讲是一种"多步式收入支出表"。多步式收入支出（费用）表是指按照收入或支出（费用）的构成因素和不同的构成内容，根据业务成果或业绩层次排列的计算表。该表的好处在于：能向使用者提供较为详细的分类信息，有利于政府会计主体间及其自身前后期相应项目的比较。但是，多步式收入支出（费用）表将本期收入与支出（费用）原本总体性的比较人为地排列出先后顺序，并按顺序计算若干阶段性金额，容易使会计信息使用者对业务成果或业绩形成错觉。

如果从格式分析，表8－14本质上讲是一种"单步式收入支出表"。单步式收入支出表将本期所有收入在一个类目下相加，本期所有的支出（费用）在另一个类目下相加，再将两个类目的合计数相减，通过一次计算得出本期业务成果或业绩。该表的优点是结构简单，并避免了可能使人误解或引起混乱的分类和配比顺序，被有些人认为具有现实性。但是，这种将全部收入和全部支出（费用）一次直接比较分析的方法，缺少一些有用的中间资料，也往往有其不便之处。

四、现金流量表

现金流量表是反映政府会计主体在一定会计期间现金及现金等价物流入和流出情况的报表。

（《政府会计准则——基本准则》第五十四条）

（一）现金流量表的概念与作用

众所周知，资产负债表、利润表和现金流量表是现代企业会计的三张主要报表。从历史看，现金流量表的出现远远晚于资产负债表和利润表，它实际上是适应工业经济的要求而产生的。18 世纪英国的产业革命，使资本密集型的经济发展模式对资金（尤其现金）的依赖程度剧增，能否筹集、掌控一定数量的现金，并及时获取现金流量和存量的相关信息，对企业的生存和发展也是至关重要的。资产负债表、利润表的天然局限性，使现金流量表的应用成为必然。鉴于资金流量表日益受到关注并在实务中广泛采用，1963 年美国会计原则委员会发布了规范现金流量表的《第 3 号意见书》，这是最早、最权威的关于现金流量表的报告。现金流量表的前身是"资金来源和运用表"和"财务状况变动表"，1987 年美国财务会计委员会要求以现金流量表代替财务状况变动表。国际会计准则委员会于1989 年发布了第 7 号国际会计准则《现金流量表》。我国财政部于 1992 年发布的《企业会计准则》规定，企业可以编制财务状况变动表，也可以编制现金流量表。1998 年，财政部发布《企业会计准则——现金流量表》，要求所有企业从1998 年起编制现金流量表代替财务状况变动表。

2000 年 5 月国际公共部门会计准则理事会发布了《国际公共部门会计准则第 2 号——现金流量表》并指出，现金流量表主要说明报告期内现金流入的来源、支出现金的项目以及报告日的现金余额。编制现金流量表的目的是能够让使用者了解公共部门主体如何获得其活动所需的现金和这些现金使用的方式。

《基本准则》将现金流量表作为政府会计报表体系的重要组成部分并指出："现金流量表是反映政府会计主体在一定会计期间现金及现金等价物流入和流出情况的报表。"它是政府财务报表的重要组成部分。

其作用主要表现在以下方面：

（1）预测作用。利用现金流量的信息，有助于使用者预测该主体的未来现金需求、未来创造现金流量的能力以及应对其活动范围和性质变动的能力。

（2）评价作用。利用现金流量信息，有助于使用者评价主体现金流量，评价主体是否遵循法律和规章（包括批准预算），以及做出是否向该主体提供资源或进行交易的决策。根据《国际公共部门会计准则第 2 号——现金流量表》的规定，现金流量表与其他财务报表一起使用时，所提供的信息可以使使用者评价主体净资产/权益变动、财务结构（包括流动性和偿付能力）以及为适应环境和时机变化而影响现金流量金额和时间的能力。同时，现金流量表消除了对相同交易和其他事项使用不同会计处理的影响，从而加强了不同主体经营业绩报告的可比性。总之，通过主体提供的报告期内现金流入和现金流出信息，可以评价其受托责任履行情况。

（3）检查作用。历史现金流量信息常常被用作未来现金流量金额、时间和确定性的指示，其有助于检查过去对未来现金流量所做评估的准确性。

（二）现金、现金流量及现金流量的分类

根据《基本准则》的规定，现金流量表反映的内容为现金及现金等价物。《国际公共部门会计准则第 2 号——现金流量表》指出："现金，指库存现金和活期存款。""现金等价物，指期限短、流动性强、易于转换为已知金额的现金且价值变动风险很小的投资。"

需要说明的是，政府会计主体持有现金等价物的目的，在于满足短期现金承诺而非投资或其他目的。一项投资若要作为现金等价物，其必须易于转换为已知金额的现金并且价值变动的风险很小。因此，一项投资通常仅在其期限很短时，比如从购买日起 3 个月或更短，才可以被视为现金等价物。权益投资不属于现金等价物，除非其实质上是现金等价物。

现金流量是指现金和现金等价物的流入和流出。现金流量不包括构成现金或现金等价物的项目之间的变动，因为这些项目属主体现金管理范围，这些项目的变动非经营、投资和筹资活动的一部分。现金管理包括将多余现金投资于现金等价物。

《国际公共部门会计准则第 2 号——现金流量表》指出："现金流量表应当按经营活动、投资活动和筹资活动分类报告当期的现金流量。"

《政府会计制度——行政事业单位会计科目和报表》将政府会计主体现金流量主要划分为日常活动产生的现金流量净额、投资活动产生的现金流量净额和筹资活动产生的现金流量净额三部分。每一部分分为现金流入小计和现金流出小计。

无论是国际公共部门会计准则将现金流量划分为经营活动、投资活动和筹资活动三部分，还是政府会计制度将现金流量划分为财政拨款现金流量、非财政拨款现金流量、代管及应缴的现金流量，会计信息使用者按照政府、政府部门或政府单位的活动分类提供信息，令使用者可以评价这些活动对该主体财务状况及其现金和现金等价物金额的影响。这些信息还可以被用来评价这些活动之间的关系。

（三）现金流量表的结构

《国际公共部门会计准则第 2 号——现金流量表》关于直接法现金流量表结构，如表 8 - 15 所示。

表 8 - 15 公共部门主体——合并现金流量表

截至 20 × 2 年 12 月 31 日的年度   单位：千元

	20 × 2	20 × 1
经营活动产生的现金流量		
收入		
税收		
销售商品和劳务		
补助		
收到的利息		
其他收入		
支出		
雇员费用		
离职费用		
供应商		
支付的利息		
其他支付		
经营活动净现金流量		
投资活动现金流量		
购买不动产和设备		
出售不动产和设备的收入		
出售投资的收入		
购买外币证券		
投资活动净现金流量		
筹资活动现金流量		
借款收入		
偿还借款		

续表

	20×2	20×1
向政府分配利润/股利		
筹资活动净现金流量		
现金和现金等价物净增加（减少）		
期初现金和现金等价物		
期末现金和现金等价物		

《政府会计制度——行政事业单位会计科目和报表》关于现金流量表结构如表 8 – 16 所示。

表 8 – 16　现金流量表

会政财 04 表

编制单位：＿＿＿＿＿＿＿＿　　　　　　　　　＿＿＿＿＿＿年　　　　　　　　　单位：元

项　　目	本年金额	上年金额
一、日常活动产生的现金流量：		
财政基本支出拨款收到的现金		
财政非资本性项目拨款收到的现金		
事业活动收到的除财政拨款以外的现金		
收到的其他与日常活动有关的现金		
日常活动的现金流入小计		
购买商品、接受劳务支付的现金		
支付给职工以及为职工支付的现金		
支付的各项税费		
支付的其他与日常活动有关的现金		
日常活动的现金流出小计		
日常活动产生的现金流量净额		
二、投资活动产生的现金流量：		
收回投资收到的现金		
取得投资收益收到的现金		
处置固定资产、无形资产、公共基础设施等收回的现金净额		

续表

项 目	本年金额	上年金额
收到的其他与投资活动有关的现金		
投资活动的现金流入小计		
购建固定资产、无形资产、公共基础设施等支付的现金		
对外投资支付的现金		
上缴处置固定资产、无形资产、公共基础设施等净收入支付的现金		
支付的其他与投资活动有关的现金		
投资活动的现金流出小计		
投资活动产生的现金流量净额		
三、筹资活动产生的现金流量：		
财政资本性项目拨款收到的现金		
取得借款收到的现金		
收到的其他与筹资活动有关的现金		
筹资活动的现金流入小计		
偿还借款支付的现金		
偿还利息支付的现金		
支付的其他与筹资活动有关的现金		
筹资活动的现金流出小计		
筹资活动产生的现金流量净额		
四、汇率变动对现金的影响额		
五、现金净增加额		

五、附注

附注是对在资产负债表、收入费用表、现金流量表等报表中列示项目所作的进一步说明，以及对未能在这些报表中列示项目的说明。

（《政府会计准则——基本准则》第五十五条）

（一）附注的概念与作用

无论是社会科学研究，还是自然科学研究，明确界定研究过程中应用的一些基本概念，是减少不必要的混乱和争论的有效方式①。

在会计领域，"附注"是会计报表附注的简称。会计报表附注是"会计报表"与"附注"复合而成的会计专业术语。从汉语字面看，附注是"附"和"注"的合成词。根据《现代汉语词典》的解释，"附"有"附带""依附"等含义；"注"有"用文字来解释字句"的含义。将"附"和"注"合起来的含义是补充说明或解释正文的文字。以此推论，会计报表附注依附于会计报表，主表是根，附注是补充。会计报表附注是对报表项目、内容及其背景的附加解释和说明，目的是帮助报表使用者理解和应用会计报表。

《国际公共部门会计准则第1号——财务报表的列报》指出："附注，包含除在财务状况表、财务业绩表、净资产/权益变动表和现金流量表中列报的信息以外的信息。附注提供了对在这些报表中披露的项目的文字描述或明细资料，以及不符合在这些报表中确认的那些项目的信息。"

《基本准则》将附注定义为："是对在资产负债表、收入费用表、现金流量表等报表中列示项目所作的进一步说明，以及对未能在这些报表中列示项目的说明。"

需要说明的是，附注既是对会计报表的补充说明，也是会计报表不可缺少的内容。许多情况下只有通过参阅报表附注，才能对财务报告有全面、准确的理解。一些在报表中以表格形式难以表达的内容，也需要通过报表附注加以反映。

附注与基本会计报表及其附表相比，具有一定的特点：①附注主要以文字而非数字来表达信息；②附注侧重提供定性而非定量信息；③附注对报表兼具基础和补充的作用。当然，即使附注具有其相对独立的地位和重要的作用，但不能用以取代报表中对项目的适当分类与描述，也不能与报表信息相重复甚至相矛盾。

概括地讲，财务报表主表与财务报表附注的关系可概括为：主表是根，附注是补充。没有主表的存在，附注就失去了依靠；而没有附注恰当的补充，财务报表主表的功能就难以有效地实现②。

财务报告使用者阅读财务报表及其相关附注，能为其决策提供更充分的信息。关于附注的作用，正如美国财务会计准则委员会在第5号概念公告中指出的

---

① 温茹春.财务报表附注研究［D］.成都：西南财经大学，2000.
② 龚光明，伍骏鹏.财务报表附注：国际比较与改进［J］.财经理论与实践，2004（5）.

那样，是"揭示财务报表的附注或表内括号插入的信息，诸如重要的会计政策或资产（负债）的其他计量结果，对财务报表上确认的信息作了进一步阐述或解释。这类信息对于理解财务报表提供的信息极有帮助。长期以来，它一直被看作是根据公认会计原则编制的财务报表的组成部分"①。

具体来说，附注的作用具体表现在以下几个方面：

（1）附注能够说明政府会计主体所采用的会计政策。所谓会计政策，指政府会计主体在会计核算时所遵循的具体原则以及政府会计主体所采纳的具体会计处理方法。政府会计主体采用某种会计政策，就会形成与之相应的会计核算结果。财务报表使用者看到的不同时期、不同政府会计主体的会计报表存在差异，除了外界环境和政府会计主体运营管理的原因之外，很大程度上是因为政府会计主体采用了不同的会计政策。对此，政府会计主体必须给予充分的说明，以使报表使用者能正确地理解会计报表，否则必然误导他们的判断与决策。对会计政策的说明通常是以会计报表附注的形式完成的。

（2）附注能够说明影响政府会计主体财务状况和运营成果的特殊事项。政府会计主体在运营中总会遇到某些有别于正常交易的事项，如与具有特殊关系的单位或个人之间的交易、对未来可能产生较大影响的不确定事项（或有事项）、政府会计主体合并与分立等。这些事项所带来的财务结果是正常交易情况下所不可能产生的，因而需要通过会计报表附注给予特别说明，否则，亦会对会计报表使用者产生不利影响。

（3）附注能够突出政府会计主体重大事项的信息。会计报表是对政府会计主体财务状况、运营成果的综合反映，涉及面广、数据多，有的报表使用者可能抓不住重点，也有的报表使用者不太关注政府会计主体与前期相比没有多大变化的一般性情况，而希望了解重大变化事项及其细节，如政府会计主体发生的重要资产转让、政府会计主体的合并与分立等。阅读会计报表附注，可以帮助报表使用者了解哪些是应当引起注意的重要信息，满足他们这方面的要求。

（4）附注能够补充说明会计报表本身无法表达的情况。会计报表表格所规定的内容具有一定的固定性和规定性，并只能提供定量的财务信息，使得一些情况无法通过表格表达，或以表格形式表达起来过于复杂。在正式的会计报表之外

---

① 财务会计准则委员会. 论财务会计概念［M］. 娄尔行，译. 北京：中国财政经济出版社，1992：228.

以附注的形式对这些情况做单独说明，能够表达得很清楚，可以补充会计报表列示方式的不足。

（二）附注的内容

鉴于《基本准则》的性质，该准则未对附注的具体内容做出规范。其内容主要在如表 8－17 所示的会计标准中进行揭示。

表 8－17　附注内容的比较

《财政总预算会计制度》	《行政单位会计制度》	《事业单位会计制度》
（1）遵循《财政总预算会计制度》的声明； （2）本级政府财政预算执行情况和财务状况的说明； （3）会计报表中列示的重要项目的进一步说明，包括其主要构成、增减变动情况等； （4）或有负债情况的说明； （5）有助于理解和分析会计报表的其他需要说明的事项	（1）遵循《行政单位会计制度》的声明； （2）单位整体财务状况、预算执行情况的说明； （3）会计报表中列示的重要项目的进一步说明，包括其主要构成、增减变动情况等； （4）重要资产处置、资产重大损失情况的说明； （5）以名义金额计量的资产名称、数量等情况，以及以名义金额计量理由的说明； （6）或有负债情况的说明、1 年以上到期负债预计偿还时间和数量的说明； （7）以前年度结转结余调整情况的说明； （8）有助于理解和分析会计报表的其他需要说明事项	（1）遵循《事业单位会计准则》和《事业单位会计制度》的声明； （2）单位整体财务状况、业务活动情况的说明； （3）会计报表中列示的重要项目的进一步说明，包括其主要构成、增减变动情况等； （4）重要资产处置情况的说明； （5）重大投资、借款活动的说明； （6）以名义金额计量的资产名称、数量等情况，以及以名义金额计量理由的说明； （7）以前年度结转结余调整情况的说明； （8）有助于理解和分析会计报表需要说明的其他事项

（三）附注的形式

在会计实务中，会计报表附注可采用旁证、附表和底注等形式。

（1）旁注。旁注是指在会计报表的有关项目后面以括号方式对其加注说明。

如果会计报表中使用简明名称的项目不足以反映其全部含义，可以直接用括号加注说明。在会计报表的附注形式中，旁注是最简单的形式。

由于会计报表本身结构规范，具有法定性的特点，因此，旁注只适用于个别只需简单补充的信息项目，并且其内容不宜冗长，以保持报表项目的简明扼要、清晰明了。

一般地说，旁注可揭示的信息包括：指明所采用的特定会计方法或计价基础，如在长期投资项目后注明"按购买法"；说明某个项目的性质，如在某项资产后注明"已作为抵押"，或在应收票据项目后注明"其中×××已向银行贴现"；列示某个标题中包括的构成项目；按备选计价方法确定某项金额，如在存货的历史成本后用括号说明其现行市价；需要参见其他部分的说明。

（2）附表。附表是指反映会计报表内重要项目的构成及其增减变动数额的表格。附表所反映的是会计报表中某一项目的明细信息。

（3）底注。底注也称"脚注"，是指在会计报表后面用一定文字和数字所做的补充说明。底注的主要作用是揭示那些不便于列入报表正文的有关信息。一般而言，每一种报表都可以有一定的底注，其篇幅大小随各种报表的复杂程度而定。我国会计报表附注主要是采取这种形式。

（四）附注的局限性

必须指出，尽管附注与表内信息不可分割，共同组成会计报表的整体，但是，附注中的定量或定性说明都不能用来更正表内的错误，也不能用以代替报表正文中的正常分类、计价和描述，或与正文数据发生矛盾。此外，附注作为一种会计信息的披露手段，还存在以下缺陷：

（1）如果使用者对附注不做认真研究，便难以阅读和理解，从而可能忽视这项资料。

（2）附注提供的信息，比报表中所汇总的数据资源更难以用于决策。

（3）随着政府会计主体业务复杂性的增加，存在着过多地使用附注的风险，这样势必会削弱基本报表的作用。

主要参考文献

［1］刘积斌．西方政府与非营利组织会计摘译［M］．北京：中国财政经济出版社，1997.

［2］赵西卜．政府会计建设研究［M］．北京：中国人民大学出版社，2012.

［3］项怀诚．新中国会计50年［M］．北京：中国财政经济出版社，1999.

［4］财政部会计司．政府会计研究报告［M］．大连：东北财经大学出版社，2005.

［5］联合国，欧盟委员会，经济合作与发展组织，等．国民账户体系（2008）［M］．北京：中国统计出版社，2012.

［6］国际公共部门会计文告手册（2010）［M］．北京：中国财政经济出版社，2011.

［7］张通．中国公共支出管理与改革［M］．北京：经济科学出版社，2010.